ENQUÊTE

SUR

LES FILS ET TISSUS DE LIN ET DE CHANVRE.

MINISTÈRE
DES TRAVAUX PUBLICS, DE L'AGRICULTURE
ET DU COMMERCE.

CONSEIL SUPÉRIEUR DE COMMERCE.

ENQUÊTE

SUR

LES FILS ET TISSUS DE LIN ET DE CHANVRE.

PARIS.
IMPRIMERIE ROYALE.

NOVEMBRE 1838.

MINISTÈRE DES TRAVAUX PUBLICS,

DE L'AGRICULTURE ET DU COMMERCE.

CONSEIL SUPÉRIEUR DE COMMERCE.

ENQUÊTE

SUR LES FILS ET LES TISSUS DE LIN ET DE CHANVRE,

ORDONNÉE PAR ARRÊTÉ DU MINISTRE DU COMMERCE,

EN DATE DU 28 MAI 1838,

ET SUIVIE PAR UNE SOUS-COMMISSION DU CONSEIL SUPÉRIEUR DE COMMERCE,

COMPOSÉE

De MM. ODIER, Pair de France, Président;

GAUTIER, Pair de France, Sous-Gouverneur de la Banque de France,

GANNERON, Joseph PÉRIER, } Membres de la Chambre des Députés;

DAVID, GRÉTERIN, } Conseillers d'État;

Isidore DAVID, Auditeur au Conseil d'État, Secrétaire.

SOMMAIRE DU CONTENU.

A.

§ II.

Interrogatoires.

§ III.

§ IV.

ARRÊTÉ.

LE MINISTRE SECRÉTAIRE D'ÉTAT AU DÉPARTEMENT DES TRAVAUX PUBLICS, DE L'AGRICULTURE ET DU COMMERCE,

Vu les pétitions renvoyées au Gouvernement, par la Chambre des Pairs (séance du 20 mars dernier), sur le rapport de M. le comte d'Harcourt, et par la Chambre des Députés (séance du 7 avril dernier), sur le rapport de M. Demeufve, par lesquelles pétitions les cultivateurs et les fabricants de fils et toiles de lin réclament le changement ou le maintien du tarif d'entrée;

ARRÊTE :

Une sous-commission, formée de membres du Conseil supérieur de commerce, sera chargée de procéder à une enquête à l'effet de constater tous les faits qui se rapportent à la culture, à la filature et au tissage du lin et du chanvre, soit à la main, soit à la mécanique; elle entendra les personnes signalées comme connaissant les industries dont il s'agit de régler les intérêts; elle réunira leurs déclarations, et donnera son avis sur les conséquences qu'elles doivent avoir.

La sous-commission se composera de :

MM. ODIER, Pair de France, Président;

GAUTIER, Pair de France, Sous-Gouverneur de la Banque de France;

Joseph PÉRIER, Régent de la Banque de France, Député;

GANNERON, membre du Conseil général de la Seine, Député;

MM. DAVID, Conseiller d'État, Directeur au ministère du commerce;

GRÉTERIN, Conseiller d'État, Directeur de l'administration générale des douanes.

M. Isidore DAVID, Auditeur au Conseil d'État, tiendra la plume.

Paris, le 28 mai 1838.

N. MARTIN (DU NORD).

FRANCE.

CHANVRE, LIN, FILS ET TOILES DE LIN ET DE CHANVRE.

Tarif d'importation en vigueur au 1er juin 1838.

DÉSIGNATION DES OBJETS.	UNITÉS TAXÉES.	TITRES de PERCEPTION.	DROITS (décime non compris) par navires français.	DROITS (décime non compris) par navires étrangers et par terre.
Chanvre — en tiges brutes, vertes, sèches ou rouies	100 kil. *brut*	27 juillet 1822.	0f 40c	0f 40c
Chanvre — teillé et étoupes	*Idem.*	*Idem.*	8 00	8 80
Chanvre — peigné	*Idem.*	*Idem.*	15 00	16 50
Lin — brut, en tiges — vertes	*Idem.*	2 juillet 1836.	0 50	0 50
Lin — brut, en tiges — sèches	*Idem.*	*Idem.*	0 60	0 60
Lin — brut, en tiges — rouies	*Idem.*	*Idem.*	0 75	0 80
Lin — teillé et étoupes	*Idem.*	*Idem.*	5 00	5 50
Lin — peigné	*Idem.*	*Idem.*	15 00	16 50
Fils — simples — écrus, bis ou herbés — d'étoupes	*Idem.*	27 juillet 1822.	14 00	15 40
Fils — simples — écrus, bis ou herbés — à voile	*Idem.*	*Idem.*	24 00	26 40
Fils — simples — écrus, bis ou herbés — de mulquinerie	*Idem.*	*Idem.*	24 00	26 40
Fils — simples — écrus, bis ou herbés — autres	*Idem.*	*Idem.*	24 00	26 40
Fils — simples — blanchis	*Idem.*	*Idem.*	34 00	37 40
Fils — simples — teints	100 kil. net.	*Idem.*	44 00	48 40
Fils — retors — écrus — à voile	100 kil. *brut.*	*Idem.*	29 00	31 90
Fils — retors — écrus — autres	100 kil. *net.*	*Idem.*	44 00	48 40
Fils — retors — bis, herbés ou blanchis — à dentelle	1 kil. *net.*	17 mai 1826.	10 00	11 00
Fils — retors — bis, herbés ou blanchis — autres	100 kil. *net.*	28 avril 1816.	62 00	67 60
Fils — retors — teints	*Idem.*	*Idem.*	123 00	31 60
Toile — unie — écrue, avec ou sans apprêt — de moins de 8 fils	*Idem.*	17 mai 1826.	30f 00c	
Toile — unie — écrue, avec ou sans apprêt — de 8 fils	*Idem.*	5 juillet 1836.	36 00	
Toile — unie — écrue, avec ou sans apprêt — de 9 fils inclusiv. à 12 exclusiv.	*Idem.*	17 mai 1826.	65 00	
Toile — unie — écrue, avec ou sans apprêt — de 12 fils	*Idem.*	5 juillet 1836.	75 00	
Toile — unie — écrue, avec ou sans apprêt — de 13 fils inclusiv. à 16 exclusiv.	*Idem.*	17 mai 1826.	105 00	
Toile — unie — écrue, avec ou sans apprêt — de 16 fils	*Idem.*	5 juillet 1836.	150 00	
Toile — unie — écrue, avec ou sans apprêt — de 17 fils	*Idem.*	17 mai 1826.	170 00	
Toile — unie — écrue, avec ou sans apprêt — de 18 et 19 fils	*Idem.*	5 juillet 1836.	180 00	
Toile — unie — écrue, avec ou sans apprêt — de 20 fils	*Idem.*	*Idem.*	225 00	
Toile — unie — écrue, avec ou sans apprêt — au-dessus de 20 fils	*Idem.*	17 mai 1826.	350 00	
Toile — unie — blanche ou mi-blanche — de moins de 8 fils	*Idem.*	*Idem.*	60 00	
Toile — unie — blanche ou mi-blanche — de 8 fils	*Idem.*	5 juillet 1836.	72 00	
Toile — unie — blanche ou mi-blanche — de 9 fils inclusiv. à 12 exclusiv.	*Idem.*	17 mai 1826.	130 00	
Toile — unie — blanche ou mi-blanche — de 12 fils	*Idem.*	5 juillet 1836.	150 00	
Toile — unie — blanche ou mi-blanche — de 12 fils inclusiv. à 16 exclusiv.	*Idem.*	17 mai 1826.	210 00	
Toile — unie — blanche ou mi-blanche — de 16 fils	*Idem.*	5 juillet 1836.	300 00	
Toile — unie — blanche ou mi-blanche — de 17 fils	*Idem.*	17 mai 1826.	340 00	
Toile — unie — blanche ou mi-blanche — de 18 et 19 fils	*Idem.*	5 juillet 1836.	360 00	
Toile — unie — blanche ou mi-blanche — de 20 fils	*Idem.*	*Idem.*	450 00	
Toile — unie — blanche ou mi-blanche — au-dessus de 20 fils	*Idem.*	17 mai 1826.	700 00	
Toile — croisée ou coutil — pour tenture ou literie	*Idem.*	5 juillet 1836.	140 00	149 00
Toile — croisée ou coutil — pour vêtements	*Idem.*	*Idem.*	250 00	265 00
Linge de table en pièces, ouvragé et damassé — écru	*Idem.*	*Idem.*	150 00	160 00
Linge de table en pièces, ouvragé et damassé — blanc	*Idem.*	*Idem.*	300 00	317 00

B

FRANCE.

(COMMERCE SPÉCIAL.)

CHANVRE TEILLÉ ET ÉTOUPES DE CHANVRE.

IMPORTATIONS.

ANNÉES.	PAYS DE PROVENANCE.													TOTAL.
	RUSSIE.	PRUSSE.	VILLES anséatiq.	HOLLANDE.	BELGIQUE.	ANGLETERRE.	ESPAGNE.	AUTRICHE.	SARDAIGNE.	DEUX-SICILES.	TOSCANE.	ALLEMAGNE.	AUTRES PAYS.	
	kilogr.	kilogr.	kilogr.	kilogr.	kilogr.	kilogr.	kilogr.	kilogr.	kilogr.	kilogr.	kilogr.	kilogr.	kilogr.	kilogr.
1825......	1,744,532	11,830	16,904	—	10,202	146,566	216	50,072	637,044	456	1,299,865	361,691	2,870	4,292,157
1826......	4,066,700	18,080	43,029	—	26,720	157,737	6,204	60,910	1,029,283	48,164	950,388	748,938	120,310	7,286,738
1827......	2,654,770	85,046	171,610	—	5,956	173,488	5,060	48,149	701,181	33,803	1,706,639	412,423	9,436	6,007,561
1828......	3,141,803	8,355	67,647	—	2,304	39,431	6,197	54,385	328,223	34,811	2,415,407	306,555	1,293	6,406,561
1829......	1,292,703	1,898	8,480	—	1,802	25,268	5,498	130,860	788,417	57,536	1,616,028	448,132	10,575	4,388,187
1830......	980,541	7,156	8,008	—	164	69	12,454	52,047	373,208	84,736	1,456,442	246,427	26,418	3,226,070
1831......	260,380	2,146	16	—	5,140	—	3,353	467	207,781	40,906	916,271	127,796	17,457	1,671,653
1832......	1,362,330	32,508	31,638	3,788	6,287	29,216	4,056	4,806	238,237	96,949	1,490,657	206,398	11,478	3,520,950
1833......	2,534,572	4,334	269,457	—	40,933	33,635	4,601	20,200	276,218	103,961	2,266,398	219,706	72,665	5,936,680
1834......	3,020,090	103,505	314,607	12,136	31,498	64,055	4,450	30,098	201,032	355,860	2,781,661	229,450	35,051	7,789,525
1835......	3,065,485	49,447	73,852	—	11,136	8,045	1,521	16,814	310,503	279,686	2,333,306	205,590	21,028	6,976,415
1836......	2,960,616	36,930	2,914	1,909	6,658	966	1,431	29,943	432,094	468,392	2,533,016	249,930	901	6,725,707
1837......	3,062,785	9,402	5,892	4,108	27,707	65,767	641	4,032	143,479	390,451	2,307,872	183,162	58,545	6,264,443
TOTAUX..	31,362,496	371,246	1,014,654	21,941	178,516	764,243	56,279	522,285	5,756,702	2,055,737	24,074,906	3,946,204	388,036	70,513,247
MOYENNE..	2,412,500	28,557	78,050	1,687	13,732	58,788	4,329	40,176	442,825	158,133	1,851,916	303,554	29,849	5,424,096

EXPORTATIONS.

ANNÉES.	PAYS DE DESTINATION.		TOTAL.
	ANGLETERRE.	AUTRES PAYS.	
	kilogr.	kilogr.	kilogr.
1825..................	5,511	60,254	65,765
1826..................	5	45,637	45,642
1827..................	5,751	62,224	67,975
1828..................	675	31,785	32,460
1829..................	—	52,629	52,629
1830..................	72,224	63,123	135,347
1831..................	10,651	153,086	163,737
1832..................	—	215,955	215,955
1833..................	451	152,984	153,435
1834..................	7,901	192,303	200,204
1835..................	1,421	208,162	209,583
1836..................	800	143,068	143,868
1837..................	246	244,870	245,116
TOTAUX........	105,636	1,626,080	1,731,716
MOYENNE.........	8,126	125,083	133,209

FRANCE.

(COMMERCE SPÉCIAL.)

LIN TEILLÉ ET ÉTOUPES DE LIN.

IMPORTATIONS.

ANNÉES.	PAYS DE PROVENANCE.								TOTAL.
	RUSSIE.	PRUSSE.	VILLES ANSÉATIQUES	HOLLANDE.	BELGIQUE.	ANGLETERRE	ALLEMAGNE.	AUTRES PAYS.	
	Kilog.	Kilog.	Kilog.	Kilog.	Kilog.	Kilog.	Kilog.	Kilog.	Kilog.
1825....	682	–	9	–	223,512	30	9,206	610	234,049
1826....	15,459	731	–	–	403,563	–	24,318	9,185	453,256
1827....	6,459	7,848	–	–	440,582	157	5,703	698	461,447
1828....	26,105	902	–	–	357,093	2,322	1,555	–	389,977
1829....	2,083	24	–	–	198,527	89	80	125	200,928
1830....	3,826	15	1,745	–	132,263	–	598	157	138,604
1831....	–	9	–	5,282	189,218	49	6,012	1,187	201,757
1832....	588	–	–	19,212	157,802	102	5,803	2,141	185,648
1833....	5,681	1,768	–	1,300	113,816	679	22,671	413	146,328
1834....	9,486	11,044	374	5,255	185,759	14,278	5,332	472	232,000
1835....	5,472	673	5,671	4,122	320,096	–	37,067	595	373,696
1836....	2,736	–	–	5,094	533,007	162	100,551	1,287	642,837
1837....	12,552	374	–	8,540	1,027,660	–	52,112	1,529	1,102,768
TOTAUX.	93,129	23,388	7,799	48,805	4,342,898	17,868	271,009	18,379	4,823,275
MOYENNE	7,163	1,799	600	3,754	334,069	1,375	20,847	1,414	371,021

EXPORTATIONS.

ANNÉES.	PAYS DE DESTINATION.		TOTAL.
	ANGLETERRE.	AUTRES PAYS.	
	Kilog.	Kilog.	Kilog.
1825..............	2,472,671	162,436	2,635,107
1826..............	137,681	123,440	261,121
1827..............	575,674	96,365	675,039
1828..............	1,503,698	64,183	1,567,881
1829..............	1,151,237	138,476	1,289,713
1830..............	1,247,581	107,518	1,355,099
1831..............	2,033,394	77,102	2,110,496
1832..............	1,225,877	59,539	1,285,416
1833..............	1,175,510	235,876	1,411,386
1834..............	287,882	144,209	432,091
1835..............	600,142	129,840	729,982
1836..............	944,571	278,763	1,223,334
1837..............	535,455	186,796	722,251
TOTAUX....	14,194,373	1,804,543	15,998,916
MOYENNE....	1,091,875	138,811	1,230,686

FRANCE.

(COMMERCE SPÉCIAL.)

FILS DE LIN ET DE CHANVRE.

IMPORTATIONS.

ANNÉES.	PAYS DE PROVENANCE.						TOTAL.
	BELGIQUE.	ANGLETERRE.	PRUSSE.	ALLEMAGNE.	SARDAIGNE.	AUTRES PAYS.	
	Kilog.	Kilog.	Kilog.	Kilog.	Kilog.	Kilog.	Kilog.
1825............	820,759	161	71,231	47,411	33,924	3,545	983,031
1826............	774,101	1,151	84,477	57,032	40,352	26,173	983,286
1827............	862,645	12	55,283	64,612	22,184	6,019	1,010,815
1828............	920,008	455	72,815	66,208	18,383	8,320	1,092,279
1829............	768,746	524	58,451	81,056	22,338	3,001	934,206
1830............	831,243	3,049	77,419	82,729	19,846	4,113	1,018,399
1831............	676,655	14,532	43,892	45,600	13,088	1,450	795,217
1832............	688,125	56,378	65,624	23,838	22,126	4,407	860,498
1833............	824,782	418,383	96,995	50,663	28,415	4,080	1,423,324
1834............	714,501	826,439	81,309	72,575	32,302	4,499	1,731,715
1835............	654,749	1,295,593	64,404	75,779	24,439	11,088	2,126,652
1836............	635,690	1,901,074	78,003	89,446	29,767	12,787	2,746,767
1837............	541,950	3,109,917	68,006	71,368	26,781	11,761	3,919,783
TOTAUX....	9,726,044	7,717,698	917,909	828,437	333,945	101,939	19,625,972
MOYENNE....	748,157	593,669	70,608	63,726	25,688	7,842	1,509,690

EXPORTATIONS.

ANNÉES.	PAYS DE DESTINATION.		TOTAL.
	ANGLETERRE.	AUTRES PAYS.	
	Kilog.	Kilog.	Kilog.
1825............	6,565	155,824	162,389
1826............	1,651	149,426	151,077
1827............	1,607	166,772	168,379
1828............	1,812	204,942	206,754
1829............	1,131	170,248	171,379
1830............	1,050	166,906	167,956
1831............	2,507	142,580	145,087
1832............	1,373	219,218	220,591
1833............	1,083	185,436	186,519
1834............	1,628	170,537	172,165
1835............	1,564	195,866	197,430
1836............	945	237,217	238,162
1837............	1,485	207,048	208,533
TOTAUX....	24,401	2,372,020	2,396,421
MOYENNE....	1,877	182,463	184,340

FRANCE.

(COMMERCE SPÉCIAL.)

TOILES DE LIN ET DE CHANVRE.

IMPORTATIONS.

ANNÉES.	ÉCRUES.					BLANCHES.				
	Belgique.	Allemagne, Suisse, Villes anséatiques.	Angleterre	Autres pays.	TOTAL.	Belgique.	Allemagne, Suisse, Villes anséatiques.	Angleterre	Autres pays.	TOTAL.
	kilogr.	kilogr.	kilogr.	kilogr.	kilogr.	kilogr.	kilogr.	kilogr.	kilogr.	kilogr.
1825...	4,285,220	134,497	340	82,253	4,502,310	81,263	43,445	669	6,613	131,990
1826...	3,711,297	180,081	257	165,971	4,058,206	53,455	46,137	4,353	11,955	115,900
1827...	3,912,982	141,296	371	38,154	4,092,803	22,212	35,201	623	13,019	71,05[illegible]
1828...	3,933,018	152,413	1,412	44,064	4,130,907	21,872	50,078	933	24,514	97,397
1829...	3,603,654	164,634	996	56,250	3,825,534	19,357	48,654	344	12,535	80,890
1830...	3,405,744	163,695	1,560	41,300	3,612,299	18,719	19,592	337	31,182	69,830
1831...	2,825,619	91,618	3,443	67,348	2,998,028	8,757	10,462	229	17,963	37,111
1832...	2,902,611	114,636	2,097	52,271	3,071,615	14,581	25,698	1,134	33,774	75,187
1833...	3,605,822	165,490	2,550	57,107	3,830,969	28,735	16,133	626	42,267	87,761
1834...	3,446,548	255,367	6,802	122,203	3,830,920	17,047	27,585	2,713	46,013	93,358
1835...	3,458,705	280,110	8,976	96,399	3,844,190	12,785	22,712	4,255	24,414	64,166
1836...	4,246,184	336,141	71,204	253,381	4,906,910	14,863	34,727	12,726	48,769	111,085
1837...	3,634,440	269,807	333,103	172,540	4,409,989	20,092	27,369	142,357	38,908	228,726
1838... 8 1ers mois).	//	//	//	//	3,218,970	//	//	//	//	437,319
TOTAUX..	46,971,853	2,450,475	433,111	1,249,241	(1) 51,104,680	333,738	407,813	171,279	351,926	(1) 1,264,756
MOYENNE.	3,613,219	188,498	33,316	96,096	3,931,129	25,672	31,370	13,175	27,071	97,288

EXPORTATIONS.

ANNÉES.	ÉCRUES.			BLANCHES.		
	Angleterre.	Autres pays.	TOTAL.	Angleterre.	Autres pays.	TOTAL.
	kilogr.	kilogr.	kilogr.	kilogr.	kilogr.	kilogr.
1825........	28,510	578,586	607,096	9,108	523,339	532,447
1826........	23,449	504,449	527,898	7,238	430,663	437,901
1827........	21,223	543,476	564,699	9,766	389,707	399,473
1828........	2,555	542,309	544,864	9,561	355,811	365,372
1829........	13,151	470,864	484,015	3,638	313,554	317,192
1830........	14,877	394,994	409,871	6,353	223,509	229,862
1831........	12,489	402,150	414,639	6,786	209,378	216,164
1832........	14,561	583,364	597,925	2,015	294,686	296,701
1833........	17,149	380,753	397,902	7,349	218,694	226,043
1834........	19,664	368,132	387,796	9,371	204,063	213,434
1835........	19,443	416,876	436,319	7,066	198,759	205,825
1836........	15,796	352,389	368,185	3,544	202,303	205,847
1837........	11,735	341,642	353,377	6,522	207,561	214,083
TOTAUX.....	214,602	5,879,984	6,094,586	88,317	3,772,027	3,860,344
MOYENNE....	16,507	452,307	468,814	6,793	290,156	296,949

(1) Ces deux *totaux* ne comprennent pas 1838.

FRANCE.

TISSUS DE LIN ET DE CHANVRE.

HALLE AUX TOILES DE PARIS.

Relevé des ventes effectuées de 1833 à 1838.

ANNÉES.	NOMBRE DE PIÈCES de toile vendues.		PRIX MOYEN DES TOILES CRETONNES BLANCHES, largeur 1m 00c (1), compte 25 (2), ayant 70 portées de 40 fils ou 2,800 fils de chaîne.				PART pour laquelle CHAQUE CENTRE DE FABRICATION contribue à l'approvisionnement de la halle de Paris.			OBSERVATIONS.
			Par aune.	Par mètre.	Sur les prix de 1833 (3), Hausse.	Sur les prix de 1833 (3), Baisse.			Sur 100 pièces.	
			fr. c.	fr. c.						
1833		14,454	3.07,5	2.57,5	"	"				(1) La largeur 7/8es ou 1m 00c sert de base à la fabrication : toutes les autres en dérivent ; elle est donc la seule moyenne.
1834		15,370	3. " "	2.50	"	2/2 p. 0/0	Toiles blanches (4).	Calvados — Lisieux	36	(2) Le compte est moyen relativement aux espèces de toiles vendues à la halle.
1835		15,150	3.07,5	2.57,5	"	"	Toiles blanches (4).	Orne.... Vimoutiers.	50	(3) M. le préfet de police, qui a fourni ce relevé, observe que, quant aux prix moyens et aux variations en hausse ou en baisse, il a dû s'adresser au commerce pour obtenir des renseignements et qu'il n'en garantit pas l'exactitude ; mais qu'il paraît certain qu'il y a eu baisse sur le prix des toiles pendant les deux dernières années.
1836		12,254	3.15	2.62,5	2/2 p. 0/0	"	Toiles blanches (4).	Eure.... Bernay.	10	
1837 { 6 pers mois	6,435	12,158	2.85	2.37,5	"	7 1/2 p. 0/0	Toiles jaunes (5).	Orne.... Alençon.	3	(4) Les toiles blanches sont de lin, tant la chaîne que la trame.
1837 { 6 ders mois	5,723									
6 pers mois de 1838		7,690	2.70	2.25	"	12 1/2 p. 0/0	Toiles jaunes (5).	Sarthe.. Mamers.	1	(5) Les toiles jaunes sont de chanvre : leur prix est de 35 p. 0/0 moindre que celui des toiles blanches.

FRANCE.

HALLE AUX TOILES DU MANS.

Relevé des ventes effectuées en 1836 et 1837 et pendant les sept premiers mois de 1838.

1836			327,210 aunes 1/4.
1837			383,514 aunes 1/4.
1838.	Sept premiers mois	225,282	386,197 aunes.
	Évaluation des cinq derniers mois	160,915	

Prix moyen des toiles pendant la même période.

Toile à tapisserie 4/4	de 0f 30c à 0f 35c
Canevas (Emballage) 4/4	de 0 50 à 0 80
Taroupes (Sacs) 4/4 à 5/4	de 0 50 à 1 00
Bâtards (Paillasses, tabliers, etc.) 4/4	de 1 10 à 1 60
Brins écrus (Draps) 4/4	de 1 60 à 1 90
Communes (Matelas, draps) 4/4	de 1 60 à 2 00
Brins (Draps) 4/4	de 1 85 à 2 75
Brins (Chemises, serviettes) 2/3	de 1 40 à 2 00
Brins (Draps) 4/4	de 1 90 à 3 00
Lins (Chemises) 2/3	de 1 60 à 3 00
Lins (Draps) 4/4	de 2 70 à 3 70

FRANCE.

LIN.

Situation comparative de l'industrie du lin en 1835 et 1837 dans les environs de Roanne.

(Tableau fourni par M. Baude, Député.)

CANTONS.	NOMBRE DE FILEUSES.		KILOGRAMMES DE LIN FILÉ.		OBSERVATIONS.
	1835.	1837.	1835.	1837.	
La Pacaudière	2,000	400	50,000	6,000	En 1835, les façons des fileuses étaient de 50 centimes à 2 francs par livre. En 1837 les façons étaient de 25 c. à 1 franc 50 cent. par livre. Une partie de ces lins filés se tisse en toile unie, dans les cantons de Chauffaille et de La Claytte; une autre se tisse en linge de table, dans les environs de Panissière et de Marcigny; une autre se tisse en chevelière, dans l'arrondissement d'Ambert. On en exporte enfin en Espagne. Les toiles de Panissière, qui se vendaient, en 1835, 1 fr. 85 cent. l'aune, se sont vendues, en 1837, 1 franc 35 centimes. Les lins bruts, qui valaient, en 1835, 2 francs 50 centimes la botte du poids de 1 kilogramme 50, se sont vendus, en 1837, 2 fr. 10 cent. La baisse est de 8 pour 0/0 sur la matière première, et de 30 p. 0/0 sur la main d'œuvre.
Saint-Haon-le-Châtel	3,000	600	75,000	9,000	
Roanne	2,800	560	70,000	8,400	
Charlieu	2,200	440	55,000	6,600	
Belmont	400	80	10,000	1,200	
Perreux	1,600	320	40,000	4,800	
Saint-Just-en-Chevalet	3,200	620	80,000	9,300	
Saint-Germain-Laval	1,200	240	30,000	3,600	
Boën	1,600	320	40,000	4,800	
Noiretable	800	160	20,000	2,400	
Néronde	1,000	200	35,000	3,000	
Mariguy	2,000	400	50,000	6,000	
La Claytte	1,500	300	27,000	9,000	
Chauffaille	2,000	400	50,000	6,000	
TOTAUX	25,300	5,040	632,500	180,600	

FRANCE.

FILS ET TOILES DE LIN ET DE CHANVRE.

NOTE ADRESSÉE AU CONSEIL SUPÉRIEUR DE COMMERCE, PAR M. MILLESCAMP.

Les divers délégués de l'agriculture et de l'industrie des lins et chanvres, entendus dans l'enquête, ont demandé :

1° *Pour les Fils :*

Une classification comme cela a lieu pour les toiles, et sans distinction pour les fils de lin ou d'étoupe, par la raison qu'il est impossible à la douane de les reconnaître.

La 1re classe comprendrait les numéros depuis le plus bas jusqu'au n° 20, et serait taxée à 42 fr. les 100 kilog.

Il entre très-peu de numéros au-dessous du n° 14.

Le kilog. de ce numéro vaut, aujourd'hui, (d'après le tarif des fils vendus sur la place de Lille, dans les divers entrepôts, tarif publié par les journaux le *Constitutionnel* et le *Commerce,* en septembre dernier) en fil d'étoupe 2f 00c

Le kilog. de fil de lin, même n° 14 . . . . 2 20

——— d'étoupe, n° 20 . . . . 2 80

——— de lin, même numéro 3 30

Pour 4 kilog 10 30

La moyenne d'un kilog. serait donc de 2 fr. 57 c. 1/2.

Le droit, réclamé sur cette classe, étant de 42 cent., cela donnerait une protection de 16 p. 0/0.

La 2e classe comprendrait les numéros 21 à 40, pour lesquels on a demandé un droit de 85 fr. par 100 kilog.

Le kilog. de fil d'étoupe n° 21 coûte..........	3f 00c
——— de lin n° 21..................	3 40
——— d'étoupe n° 40................	4 25
——— de lin n° 40	5 75
Pour 4 kilog....	16 40

Soit, pour prix moyen d'un kilog. 4 fr. 10 cent.

Le droit réclamé sur cette classe étant de 85 fr. par 100 kilog. ou 85 cent. par kilog., la protection serait d'environ 19 p. 0/0.

La 3e classe comprendrait les numéros 41 à 80; pour cette dernière classe on réclame un droit de 150 fr. par 100 kilog.

Le kilog. de fil d'étoupe, n° 41, se vend........	4f 25c
——— de lin, n° 41.................	5 75
——— d'étoupe, n° 80...............	8 50
——— de lin, n° 80.	10 50
Pour 4 kilog...............	29 00

Le prix moyen d'un kilog. est donc de 7 fr. 25 cent.

La protection réclamée est de 1 fr. 50 cent. par kilog., ce qui donnerait environ 20 p. 0/0 de droit sur cette dernière classe.

Il sera bon de remarquer qu'il entre, en France, des fils anglais jusqu'au n° 160; mais les numéros, au-dessus du n° 80, étant d'une consommation très-minime, on a négligé d'en tenir compte, afin de compenser les numéros au-dessous du n° 14, qui ne figurent également pas dans cette note.

2° *Pour les Toiles :*

On a demandé l'ancien classement et l'ancien tarif de 1826, si malencontreusement changés par la loi de 1836, avec une augmentation relative à celle que subiront les fils.

Il est inutile d'appuyer sur l'urgence d'appliquer un remède à la crise qui pèse sur l'industrie des lins et des chanvres. MM. les Ministres ont tous reconnu combien la question était grave. Il restera à décider si l'Angleterre, qui, malgré sa supériorité sur les produits qu'elle nous envoie, est protégée, chez elle, contre ceux analogues venant de l'étranger, par des droits de 40 p. 0/0, devra, à l'avenir, avoir le monopole de notre marché, en écrasant une industrie qui représente un capital énorme, et occupe au delà de deux millions d'individus.

ANGLETERRE.

CHANVRE, LIN, FILS ET TOILES DE LIN ET DE CHANVRE.

Tarif d'importation en vigueur au 1er juin 1838.

DÉSIGNATION DES OBJETS.	UNITÉS TAXÉES.	TITRES de PERCEPTION.	DROITS.
CHANVRE — brut et étoupes	100 kilog.	3 août 1832.	0f 21c
CHANVRE — teillé et peigné	*Idem.*	5 juillet 1825.	237 00
LIN brut, étoupes, lin teillé et peigné	*Idem.*	*Idem* (1).	0 21
FILS — simples — pour câbles	*Idem.*	*Idem.*	26 37
FILS — simples — autres	*Idem.*	*Idem.*	2 46
FILS — retors — écrus (*Bruges* et *outnal*)	*Idem.*	*Idem.*	418 00
FILS — retors — mi-blancs (*whited brown*)	*Idem.*	*Idem.*	502 00
FILS — retors — blancs (*sisters*)	*Idem.*	*Idem.*	1,339 00
FILS — retors — d'emballage (*pack*), à trois tors	*Idem.*	*Idem.*	37 50
FILS — retors — à voiles, à deux tors	*Idem.*	*Idem.*	77 50
FILS — retors — non dénommés	La valeur.	*Idem.*	25 p. 0/0.
TOILE — d'emballage	Mètre carré.	*Idem.*	0 86
TOILE — à voiles	*Idem.*	*Idem.*	0 80
TOILE — en pièces, unie, rayée, avec des fils teints ou non teints, — en raison du nombre de fils par 0m 000645 de chaîne. — Pas plus de 20 fils	*Idem.*	*Idem.*	0 23
Plus de 20, pas plus de 24	*Idem.*	*Idem.*	0 33
—— 24 —— 30	*Idem.*	*Idem.*	0 43
—— 30 —— 40	*Idem.*	*Idem.*	0 48
—— 40 —— 60	*Idem.*	*Idem.*	0 87
—— 60 —— 80	*Idem.*	*Idem.*	1 14
—— 80 —— 100	*Idem.*	*Idem.*	1 36
Plus de 100	*Idem.*	*Idem.*	2 01
à la valeur (L'importateur a le choix entre les deux modes de droits.)	A la valeur.	*Idem.*	40 p. 0/0.

(1) Le droit ci-dessus, sur le lin, n'est perçu que depuis le 5 juillet 1828.

ANGLETERRE.

CHANVRE BRUT.

IMPORTATIONS.

ANNÉES.	PROVENANCES.									TOTAL.
	RUSSIE.	ITALIE et îles italiennes.	INDES orientales (Territoires de la Compagnie des) et Ceylan.	PRUSSE.	ÎLES PHILIPPINES.	PAYS-BAS. Hollande.	PAYS-BAS. Belgique.	ÉTATS-UNIS.	AUTRES. (2)	
	quint. (1)	quint.	quint.	quint.	quint.	quint.		quint.	quint.	quint.
1825...	578,647	8,967	3,822	2,681	″	62	12	1	897	595,089
1826...	465,089	16,928	6,330	800	″	1		″	181	489,329
1827...	524,868	30,631	13,788	1,856	1,011	234		″	975	573,393
1828...	454,303	32,032	13,473	3,136	″	323		″	853	504,120
1829...	327,379	14,505	26,430	3,604	″	481		243	2,287	374,932
1830...	461,099	23,283	14,080	6,626	49	31		595	1,007	506,770
1831...	506,803	7,405	9,472	1,417	2,262	249		2,248	964	530,320
1832...	492,354	32,948	55,389	1,974	5,834	″		24	3,041	593,564
1833...	469,959	16,378	34,008	3,776	99	″		1,241	1,998	527,459
1834...	583,840	30,921	52,035	3,741	″	71		″	3,202	673,810
1835...	610,519	18,926	40,854	1,691	9,554	492	1,030	3,157	1,329	687,558
1836...	556,458	4,784	18,380	608	2,677	248	157	″	2,720	586,032
1837...	591,675	3,126	168,386	33	1,845	508	95	5,347	2,606	773,621

(1) Le quintal : 50 kilogr. 796.
(2) Les importations de France figurent, dans cette colonne, pour une quantité moyenne de 10 quintaux par année.

ANGLETERRE.

LIN BRUT, ÉTOUPE DE LIN ET DE CHANVRE.

IMPORTATIONS.

ANNÉES.	PROVENANCES.										TOTAL.
	RUSSIE.	PAYS-BAS. Hollande.	PAYS-BAS. Belgique.	PRUSSE.	FRANCE.	ALLEMAGNE.	NOUVELLE GALLES du Sud, terre de Van Diemen et rivière des Cygnes.	DANEMARCK.	ITALIE et îles italiennes	AUTRES contrées.	
	quint. (1)	quint.		quint.	quint.	quint.	quint.	quint.	quint.	quint.	quint.
1825..	664,194	128,997	94,182	100,979	50,365	4,022	"	"	15	203	1,042,957
1826..	520,260	134,563		21,032	3,390	363	5	6	"	56	688,665
1827..	669,936	139,046		86,673	9,869	766	146	271	368	2	907,079
1828..	643,154	130,529		59,447	39,210	44	2,336	"	1,468	4	876,190
1829..	683,956	99,688		100,718	32,319	9	2,587	630	529	1,603	922,039
1830..	703,682	110,654		85,306	30,175	323	6,246	76	293	949	944,096
1831..	623,256	128,231		101,729	55,324	7,615	15,725	1,055	1,475	2,001	936,411
1832..	667,668	114,191		144,138	31,512	8,104	15,867	23	697	116	982,516
1833..	776,635	45,728	80,628	147,385	27,147	34,221	7,391	1,011	17	249	1,129,632
1834..	562,615	81,157	39,426	103,940	7,904	7,704	4,997	2,493	595	691	811,722
1835..	438,483	104,434	72,731	84,387	16,192	11,792	7,812	1,309	693	2,782	740,816
1836..	1,037,022	153,016	119,259	180,291	26,118	6,873	1,828	2,293	26	290	1,529,116
1837..	682,025	134,916	118,298	20,709	39,557	3,227	"	785	33	1,314	1,000,864

(1) Le quintal : 50 kilogr. 796.

ANGLETERRE.

FILS ET TISSUS DE LIN ET DE CHANVRE.

EXPORTATIONS.

ANGLE[TERRE]

FILS ET TISSUS DE [...]

EXPOR[TATION]

DESTINATIONS.	1833. Tissus à la mesure. Yards. (1)	1833. Tissus à la mesure. Valeur déclarée.	1833. Rubannerie et mercerie. Valeur déclarée.	1833. Fils. Livres pesant. (2)	1833. Fils. Valeur déclarée.	1834. Tissus à la mesure. Yards.	1834. Tissus à la mesure. Valeur déclarée.	1834. Rubannerie et mercerie. Valeur déclarée.	1834. Fils. Livres pesant.	1834. Fils. Valeur déclarée.
		liv. sterl.	liv. sterl.		liv. sterl.		liv. sterl.	liv. sterl.		liv. sterl.
Russie	3,901	306	133	"	"	3,010	272	31	"	"
Suède	4,836	226	"	"	"	673	37	3	"	"
Norwège	22,223	655	278	"	"	16,985	574	383	"	"
Dannemarck	"	"	"	"	"	16,746	774	"	"	"
Prusse	"	"	"	"	"	42	4	"	"	"
Allemagne	168,728	8,326	3 271	"	"	275,020	14,274	4,200	8,021	869
Hollande	70,494	2,452	397	206	20	53,932	3,562	1,436	2,503	306
Belgique	59,197	4,288	663	12,269	600	97,430	7,300	1,362	41,453	2,297
France	183,598	13,055	663	867,288	68,299	263,961	21,513	1,336	1,430,369	130,561
Portugal, îles Açores et Madère	1,330,297	32,575	21	1,068	49	2,020,203	54,699	84	856	32
Espagne et îles Canaries	3,774,447	202,165	1,183	830	40	3,738,627	131,161	492	5,625	185
Gibraltar	910,862	24,090	50	"	"	732,695	22,063	114	"	"
Italie	228,438	16,712	180	7,685	806	366,672	22,525	26	2,524	182
Malte	185,028	7,152	"	"	"	45,301	2,125	29	"	"
Iles Ioniennes	18,129	911	55	"	"	25,252	1,168	47	"	"
Turquie et Grèce continentale	52,967	2,358	"	"	"	42,334	2,135	30	"	"
Morée et îles grecques	"	"	"	"	"	3,583	316	"	"	"
Cap de Bonne-Espérance	150,752	7,126	"	"	"	242,226	6,046	960	"	"
Afrique (Autres parties d')	125,925	5,849	419	"	"	172,445	7,917	255	"	"
Indes orientales et Chine	693,613	31,035	53	1,000	50	552,692	33,653	317	"	"
Nouvelle Galles du sud, terre de Van Diemen et rivière des Cygnes	770,551	25,605	893	112	80	1,026,546	35,525	1,270	"	"
Colonies anglaises de l'Amérique du Nord	2,339,778	88,698	8,001	1,248	53	1,432,442	61,224	8,358	"	"
Indes occidentales. anglaises	10,734,800	319,121	4,281	2,706	176	10,510,954	329,726	5,260	"	"
Indes occidentales. étrangères	4,273,130	127,891	5,866	"	"	6,010,994	162,202	5,465	"	"
États-Unis d'Amérique	21,227,307	790,285	40,535	37,220	1,792	25,810,636	997,682	50,062	41,616	1,816
Mexique	1,693,092	61,614	"	"	"	1,456,317	65,212	148	"	"
Guatimala	21,900	1,050	"	"	"	32,835	1,440	"	"	"
Colombie	861,149	19,263	"	"	"	1,755,420	39,113	100	"	"
Brésil	7,327,781	187,581	2,075	"	"	6,976,588	181,777	1,041	"	"
États de Rio de la Plata	500,528	21,090	327	"	"	1,487,376	43,919	1,073	"	"
Chili	1,003,892	37,620	107	"	"	1,497,411	60,904	"	"	"
Pérou	974,961	41,408	138	"	"	905,772	34,383	28	"	"
Iles de Guernesey, Jersey, Alderney et Man	246,045	15,332	102	3,390	37	240,736	27,181	525	258	42
TOTAUX	63,233,509	2,097,273	69,751	935,682	72,006	67,834,305	2,357,991	85,355	1,533,325	136,312
	mètres.	francs.	francs.	kilogr.	francs.	mètres.	francs.	francs.	kilogr.	francs.
Soit, en unités françaises	57,794,513	52,431,825	1,743,775	349,197	1,800,150	62,000,555	58,949,775	2,133,875	572,237	3,407,800

(1) La yard = 0m 914.

(2) La livre impériale = 0k 3732.

TERRE.

LIN ET DE CHANVRE.

TATIONS.

1835.					1836.					1837.				
TISSUS à la mesure.		RUBANNERIE et mercerie.	FILS.		TISSUS à la mesure.		RUBANNERIE et mercerie.	FILS.		TISSUS à la mesure.		RUBANNERIE et mercerie.	FILS.	
Yards.	Valeur déclarée.	Valeur déclarée.	Livres pesant.	Valeur déclarée.	Yards.	Valeur déclarée.	Valeur déclarée.	Livres pesant.	Valeur déclarée.	Yards.	Valeur déclarée.	Valeur déclarée.	Livres pesant.	Valeur déclarée.
	liv. sterl.	liv. sterl.		liv. sterl.		liv. sterl.	liv. sterl.		liv. sterl.		liv. sterl.	liv. sterl.		liv. sterl.
21,896	1,738	101	»	»	4,477	378	59	1,840	143	9,070	1,013	64	3,062	219
1,000	65	»	»	»	1,783	37	11	700	60	2,780	104	»	2,055	207
10,366	491	605	»	»	30,635	1,237	370	102	6	11,538	602	908	820	62
833	46	»	»	»	12,615	798	»	8	1	13,880	778	5	»	»
160	20	»	»	»	»	»	»	»	»	»	»	»	»	»
180,777	13,960	4,863	111,320	10,850	101,728	17,408	7,027	316,784	26,210	205,028	16,332	6,978	320,039	25,010
57,496	3,947	1,293	47,039	3,246	75,172	4,917	1,158	124,476	7,830	86,013	4,102	1,878	324,746	19,406
104,902	8,609	609	31,035	2,073	126,475	11,403	238	58,082	3,520	85,927	8,200	479	588,505	26,274
1,247,901	61,612	703	2,384,678	198,823	1,098,158	118,666	722	4,012,141	276,942	3,368,388	142,612	1,786	7,010,983	401,007
1,315,153	39,532	126	»	»	659,941	23,275	14	»	»	1,164,264	31,157	12	»	»
3,414,320	121,839	1,487	1,456	84	6,264,610	209,581	155	151	69	4,475,063	157,139	1,327	934	96
539,073	17,778	183	»	»	880,149	27,574	40	200	20	1,023,806	30,595	487	»	»
483,265	34,124	72	10,856	609	611,255	45,814	761	55,438	3,012	442,029	33,774	24	92,818	5,240
20,747	1,449	15	»	»	30,105	1,567	207	»	»	61,039	2,722	145	»	»
25,857	1,473	107	»	»	22,636	1,307	133	»	»	24,224	1,445	308	»	»
90,819	5,324	»	»	»	66,858	4,821	»	»	»	106,354	5,029	10	»	»
6,332	411	»	»	»	737	30	»	»	»	4,077	187	12	»	»
437,367	17,033	1,210	»	»	662,874	24,814	1,483	»	»	300,510	13,132	852	»	»
205,108	9,342	405	»	»	302,198	14,616	970	»	»	376,412	14,048	1	»	»
761,719	30,556	40	2,016	120	804,435	44,165	874	»	»	774,843	34,894	631	»	»
871,916	34,507	1,084	»	»	834,161	34,363	1,536	»	»	1,023,830	43,008	626	»	»
2,885,264	103,033	10,006	1,028	55	2,897,031	107,504	13,264	»	»	2,367,428	88,017	8,450	5,005	338
11,676,821	362,823	7,311	300	10	11,226,000	401,403	3,378	2,011	205	12,391,446	370,144	4,499	2,200	170
5,870,108	182,983	6,145	»	»	3,980,024	140,195	5,324	»	»	4,531,470	125,633	9,315	»	»
37,978,974	1,505,948	58,878	15,079	650	30,937,620	1,639,343	48,534	2,425	135	13,495,453	502,779	21,818	16,983	1,190
1,545,386	62,650	»	»	»	691,538	17,153	34	»	»	1,628,738	65,872	30	»	»
8,239	230	»	»	»	»	»	»	»	»	»	»	»	»	»
532,933	12,928	12	»	»	1,457,496	35,205	73	»	»	1,205,586	26,318	165	»	»
5,279,435	155,531	1,773	»	»	5,086,997	193,997	1,924	»	»	4,655,711	121,142	1,557	»	»
948,026	34,789	841	»	»	794,772	27,844	460	»	»	1,477,302	42,391	656	»	»
506,270	21,145	45	»	»	820,899	30,277	30	»	»	1,337,167	46,751	330	»	»
685,250	29,736	»	»	»	719,715	32,306	»	»	»	1,462,352	53,629	445	»	»
263,377	17,284	360	5,208	106	280,595	17,073	215	36	10	313,076	15,805	153	2,240	28
77,977,089	9,893,139	99,004	2,611,215	216,035	82,068,760	3,238,031	88,294	4,574,504	315,772	58,420,333	2,083,425	64,090	8,373,100	479,307
mètres.	francs.	francs.	kilogr.	francs.	mètres.	francs.	francs.	kilogr.	francs.	mètres.	francs.	francs.	kilogr.	francs.
71,271,089	72,328,475	2,475,100	974,505	5,415,875	75,028,460	80,950,775	2,207,350	1,707,206	7,969,300	53,[illegible]31,868	51,585,625	1,600,500	3,124,[illegible]	11,982,875

Bureau de l'inspecteur général, douane de Londres,
24 avril 1838.

WILLIAM IRVING,
Inspecteur général des importations et exportations.

ANGLETERRE.

FILS DE LIN ET DE CHANVRE.

Prix, en fabrique, par kilogramme, le 28 août 1838.

FILS DE M. MARSHALL.

NUMÉROS des fils.	DE LIN. 1re qualité.	DE LIN. 2e qualité.	D'ÉTOUPE.
20	4^{f} 50^{c}	"	2^{f} 39^{c}
22	4 72	"	2 36
25	5 63	"	2 81
30	6 75	4^{f} 46^{c}	3 26
40	8 21	5 35	4 23
50	9 52	6 68	5 27
60	10 54	"	6 33
70	12 37	"	7 12
80	14 06	10 67	8 06
90	15 81	12 01	"
100	17 55	13 35	10 88
120	21 09	"	13 84
140	26 63	"	17 72
160	"	28 11	"
180	"	34 61	"
200	"	40 80	"
220	"	49 75	"
240.	"	60 80	"

FILS DE PLUSIEURS AUTRES FILATEURS.

NUMÉROS des fils.	DE LIN.	D'ÉTOUPE.
16	"	2^{f} 02^{c}
18	"	2 15
20	3^{f} 37^{c}	2 25
22	"	2 21
25	3 87	2 63
30	3 79	3 05
35	4 17	3 44
40	4 47	4 00
50	5 63	4 92
60	6 75	5 91
80	9 55	"

NOTA. Le tableau ci-dessus a été composé, d'après les prix-courants des filateurs anglais, par M. MALO, de Dunkerque, pour rendre facile un rapprochement avec les prix des filateurs français; ce que n'eût pas permis une simple reproduction des prix-courants anglais. On en jugera par les explications suivantes.

Les fils de lin et d'étoupe de lin se vendent, en Angleterre, au *bundle*. Le *bundle* a une longueur constante de 60,000 yards (la yard $= 0^{m}\ 914^{mill.}$). Le *lea* a 300 yards; il y a donc 200 *leas* dans un *bundle*. Le *lea*, avec la livre anglaise, sert à déterminer le numéro du fil. Par exemple, si dans une livre anglaise il y a 25 *leas*, ou 25 fois 300 yards de fil, ce sera du n° 25; s'il y a 10 *leas*, ce sera du n° 10; s'il y en a 200, ce sera du n° 200. La longueur du *bundle* étant constante, il est évident que son poids varie selon la grosseur du fil. Pour avoir le poids du *bundle*, il faut diviser le nombre de *leas* contenu dans le *bundle*, ou 200, par le nombre de *leas* contenu dans la livre, ou par le numéro du fil. Par exemple, le *bundle* du n° 115 pèse 1 3/4 livre anglaise, parce que 200, divisé par 115, donne 1,74 ou 1 3/4. Le *bundle* du n° 60 pèse 3 1/3 livres anglaises ; le *bundle* du n° 50 pèse 4 livres, et le *bundle* du n° 25 pèse 8 livres.

Voilà pour les poids et mesures.

Quant aux prix des fils, ils varient plus ou moins, chez les différents filateurs anglais, selon qu'ils apportent plus ou moins de soin dans leur fabrication, ou emploient de plus ou moins bonne matière première, ou qu'ils qui ont plus ou moins besoin de réaliser. — On voit chez M. Marshall le prix du *bundle* de lin augmenter par série, depuis le n° 120 jusqu'au n° 20, parce que la matière première, qui entre dans le *bundle*, augmente très-sensiblement avec la grosseur du fil. Il augmente par série (par exemple, le *bundle* du n° 120, qui pèse 1 livre 2/3, se paye le même prix que le *bundle* du n° 60, qui pèse 3 1/3 livres), parce qu'on a trouvé que, du n° 120 au n° 60, il y avait compensation entre la main-d'œuvre et la matière première. Depuis le n° 120 jusqu'au n° 200, il suit une marche tout-à-fait opposée, parce que la main-d'œuvre et le soin à apporter dans la fabrication de ces numéros augmentent dans une proportion qui n'a pour ainsi dire plus de rapport avec la matière première.

En opérant comme suit, on trouvera facilement le prix du kilogramme du fil que l'on veut avoir.

Soit le n° 240 que M. Marshall cote 18 *shillings* le *bundle* : la longueur du bundle, en *leas* 200, divisée par le numéro du fil 240, donne le poids du *bundle* 0,833 en livre anglaise ; d'où la proportion : 0^{liv},833, poids du *bundle*, sont à 2,205, rapport de la livre anglaise au kilogramme, comme 18 *shillings*, prix du *bundle*, sont à x ; effectuant les opérations, on trouve, pour quatrième terme du rapport, 47 *shillings* 88 centièmes, soit au change de 25 fr. 40 cent. par livre sterling : 60 fr. 80 cent. M. Marshall vend donc 60 fr. 80 cent. le kilogramme du n° 240.

Pour le n° 70, fil d'étoupe, qu'il cote 7 *shillings* 3 *pence* le *bundle*, même opération : $\frac{200}{70}$ = 2,85 livres anglaises, poids du *bundle* de ce numéro ; ainsi 2,85 livres anglaises, poids du *bundle* du n° 70, sont à 2,205, rapport de la livre anglaise au kilogramme, comme 7 *shillings* 3 *pence* sont à 5 *shillings* 8 *pence*, soit au change de 25 fr. 40 cent. par livre sterling, 7 fr. 18 cent. M. Marshall vend donc son n° 70, fil d'étoupe, 7 fr. 18 cent. le kilogramme.

Autre exemple : M. Gould vend son n° 40, seconde qualité, 9 *shillings* ; en suivant la marche précédente, on trouve que la valeur d'un kilogramme de ce numéro est de 5 fr. 08 cent.

MM. Brooks, Smith et Cie, de Bolton, vendent leur n° 14, 3e qualité, 12 *shillings* 3 *pence* le *bundle* ; ce qui fait 2 fr. 40 cent. le kilogramme.

M. William Hall vend son n° 80, 8 *shillings* le *bundle*, soit près de 9 fr. pour un kilogramme, et M. Marshall vend ce même numéro, 10 fr. 35 cent. le kilogramme.

MM. Hinckman, Furne et Cie vendent leur n° 25, 1re qualité, 9 *shillings* 3 *pence* le *bundle*, soit 2 fr. 37 cent. le kilogramme.

MM. William Renshaw et Cie vendent leur n° 30, fil de lin, 8 *shillings* le *bundle*, ce qui fait 2 fr. 37 le kilogramme.

Sauf erreurs de chiffres.

Pour l'intelligence des prix courants anglais, il est utile de connaître la signification de certains signes. Par exemple, 7/6^{d}, signifie 7 *shillings* 6 *pence* : $\frac{16}{9/}$ indique que le n° 16, vaut 9 *shillings*, le *bundle* : $\frac{40^{d}\,45}{7/6}$, que les n°s 40 à 45 valent 7 *shillings* 6 *pence* : $\frac{22}{7/6}$, que les n°s 22 à 25 valent 7 *shillings* 6 *pence*.

D.

ANGLETERRE.

FILS ET TISSUS DE LIN ET DE CHANVRE.

NOTE SUR LA FABRICATION EN IRLANDE.

Les principales fabrications du nord de l'Irlande, seule partie de ce pays qui exporte des tissus et du fil de lin et de chanvre, en quantité de quelque importance, sont le fil à la mécanique, appelé en Irlande *mill-spun-yarn,* et les tissus de lin et de chanvre. Le dernier de ces articles a longtemps constitué la seule industrie notable de l'Irlande; elle était encouragée et soutenue par le Gouvernement qui accordait des primes sur tous les tissus de lin et de chanvre exportés dans nos possessions coloniales, aux États-Unis d'Amérique, et dans les autres pays n'appartenant pas à la Grande-Bretagne, où nos marchands pouvaient en expédier. Depuis vingt ans, c'est-à-dire depuis la paix de l'Europe, ces primes ont été graduellement retirées : elles ont cessé tout à fait, il y a environ huit ans.

La filature du lin à la mécanique a été pratiquée, en Angleterre, près d'un demi-siècle avant son introduction en Irlande; mais, depuis qu'on a employé ici ce procédé, ce qui remonte à 1827, il s'est répandu avec une rapidité surprenante.

Le résultat de la production d'une si grande quantité de fil de lin, comparée avec celle de la filature à la main, avant l'introduction des machines, a été naturellement d'accroître la fabrication de la toile, et je puis dire sans exagération que maintenant on fabrique quatre fois plus de toile de lin et de chanvre qu'il y a vingt ans.

Les tisserands préfèrent le fil à la mécanique comme plus aisé à tisser que le fil à la main, parce qu'il est beaucoup plus égal quand il a été fait avec du lin de bonne qualité. Un fait singulier, c'est que le fil à la mécanique est plus cher que le fil à la main, et que le premier a presque remplacé le second. Cela provient de ce que le fil à la mécanique, étant plus lourd que le fil à la main, produit un tissu plus *fort* et plus *lourd;* mais, quand on veut un tissu *fin, léger,* le fil à la main convient beaucoup plus pour cette fabrication, et revient à bien meilleur marché.

Il existe un préjugé en faveur de la toile faite avec du fil à la main, parmi d'excellents juges qui désirent ce qu'on appelle, en termes techniques, *un tissu serré;* les Français y tiennent beaucoup. Cette apparence tient au fil, quand il est fait avec du lin de bonne qualité, quand il est bien tors, quand, avant de le tisser, on l'a fait légèrement bouillir, dans une eau de potasse ou de soude, pendant environ deux heures, préparation qui lui donne une nuance plus claire et le rend ce que les tisserands appellent *doux au tissage.* Une pièce de toile, faite avec du fil à la main de bonne qualité, quand elle est bien tissée, est certainement fort belle et présente un aspect qui joue la belle soie très-serrée. Le brin du lin est moins brisé dans le fil à la main que dans le fil à la mécanique, qui doit passer par une série d'opérations plus rudes. Je me suis un peu écarté du sujet sur lequel vous désirez avoir des informations; mais ce que j'ai rapporté s'y rattache matériellement, en tant qu'il faut du *fil* pour faire de la *toile.*

Le fil à la mécanique, exporté en France, n'est pas la meilleure qualité qui se confectionne : c'est ordinairement celle dont nous nous servons pour *ourdir* nos toiles, c'est-à-dire pour monter la *chaîne;* il faut que ce soit toujours du fil très-fort pour faire de la bonne toile. En effet, les fils expédiés en France sont ce que nous appelons de deuxième qualité, comparés avec la meilleure qui se file dans ce pays, quoiqu'il se fabrique en Angleterre des fils beaucoup plus chers, en première qualité, que ce que les filateurs font ici.

Afin que vous puissiez parfaitement comprendre de quel fil je veux parler, je vous envoie, ci-joint, une liste des prix d'un filateur anglais [1]. Vous y verrez six qualités de fil. La première est rarement ou n'est jamais employée en Irlande, le prix en étant trop élevé; la deuxième est ce que nous appelons *le meilleur fil*, cette qualité étant celle dont nous nous servons, et qu'il faut pour la chaîne ou la longueur de la toile; la troisième qualité produit à l'œil à peu près le même effet que la seconde, mais elle est confectionnée avec du lin inférieur; la quatrième est la plus mauvaise qualité de fil de lin qui se fasse, elle diffère peu du fil d'étoupe : cette qualité et la troisième sont les espèces habituellement expédiées en France; les cinquième et sixième qualités, vous le remarquerez, sont appelées *fils d'étoupe*, parce qu'elles sont faites avec le rebut du lin, appelé *étoupe*. Je crois qu'il va en France une bonne partie de la sixième qualité.

Voici les prix auxquels MM. Ja. Boomer et compagnie expédient actuellement pour la France :

NUMÉROS.		POIDS par *bundle* (1).	PRIX par *bundle*.	
		livres.	sch.	d.
Lin....	30............	6 1/2	9	0
	35............	5 3/4	8	3
	40............	5	7	9
	45............	4 1/2	7	6
	50............	4		
	à		7	3
	70............	3		
	80............	2 1/2		
	à		7	6
	85............	"		
Étoupe..	18............	"	7	3
	20............	10	7	0
	25............	8	6	6
	30............	6 1/2	6	3
	35............	"	6	0
	40............	"	6	0

[1] La liste dont il s'agit est un document imprimé sous ce titre : *Prix des fils de lin et de chanvre de Wilkinson et Cie*. Leeds, 16 juillet 1838.

BELGIQUE.

CHANVRE, LIN, FILS ET TOILES DE LIN ET DE CHANVRE.

Tarif d'importation en vigueur au 1er juin 1838.

Nota. Aux droits de douane ci-dessous, il est ajouté, lors de la liquidation, 13 p. 0/0 du montant de ces droits, à titre de droit *de syndicat.*

DÉSIGNATION DES OBJETS.			UNITÉS TAXÉES.	TITRES de PERCEPTION.	DROITS.
Chanvre.	brut		100 kilog.	26 août 1822.	1f 38c
	peigné		*Idem.*	*Idem.*	0 36
Lin	brut, y compris le déchet dit *suint*		*Idem.*	*Idem.*	0 53
	peigné		*Idem.*	*Idem.*	10 24
Fils	écrus		La valeur.	*Idem.*	1/2 p. 0/0.
	à tisser		*Idem.*	*Idem.*	1/2 p. 0/0.
	à dentelle	dit *fil de France*, écru et non retors.	*Idem.*	24 janv. 1824.	Exempt.
		dit *fil de France*, blanc et retors	*Idem.*	*Idem.*	5 p. 0/0.
		autres, simples ou non retors	*Idem.*	26 août 1822.	1/2 p. 0/0.
	à voiles		100 kilog.	*Idem.*	4f 24c
	non dénommés, à coudre, etc.		La valeur.	*Idem.*	6 p. 0/0.
	Des droits spéciaux se perçoivent sur le fil de caret, le fil dit *shafgarn*, le fil à filets pour harengs, et toute ficelle filée au rouet de corderie.				
Toile	écrue, avec ou sans apprêt,	de moins de 5 fils	100 kilog.	31 juillet 1834.	10f 00c
		Sont soumises au droit ci-dessus les toiles à voile, quel que soit le nombre de fils qu'ils contiennent en chaîne dans l'espace de 5 millimètres.			
		de 5 à 8 fils exclusivement	*Idem.*	*Idem.*	30 00
		de 8 à 12 fils *idem*	*Idem.*	*Idem.*	65 00
		de 12 à 16 fils *idem*	*Idem.*	*Idem.*	105 00
		de 16 à 18 fils *idem*	*Idem.*	*Idem.*	170 00
		de 18 à 20 fils *idem*	*Idem.*	*Idem.*	240 00
		de 20 fils et au-dessus	*Idem.*	*Idem.*	350 00
	blanche, mi-blanche et imprimée,	de moins de 5 fils	*Idem.*	*Idem.*	15 00
		de 5 à 8 fils exclusivement	*Idem.*	*Idem.*	45 00
		de 8 à 12 fils *idem*	*Idem.*	*Idem.*	97 57
		de 12 à 16 fils *idem*	*Idem.*	*Idem.*	157 50
		de 16 à 18 fils *idem*	*Idem.*	*Idem.*	255 00
		de 18 à 20 fils *idem*	*Idem.*	*Idem.*	360 00
		de 20 fils et au-dessus	*Idem.*	*Idem.*	525 00
	teinte	de moins de 8 fils dans l'espace de 5 millimètres	*Idem.*	*Idem.*	60 00
		de 8 à 12 fils exclusivement	*Idem.*	*Idem.*	85 00
		de 12 à 16 fils *idem*	*Idem.*	*Idem.*	120 00
		de 16 à 18 fils *idem*	*Idem.*	*Idem.*	200 00
		de 18 à 20 fils *idem*	*Idem.*	*Idem.*	280 00
		de 20 fils et au-dessus	*Idem.*	*Idem.*	420 00
	autre non dénommée		La valeur.	*Idem.*	10 p. 0/0.

BELGIQUE.

CHANVRE EN MASSE ET PEIGNÉ.

IMPORTATIONS.

ANNÉES.	PROVENANCES.							TOTAL.
	RUSSIE.	FRANCE.	ANGLETERRE.	ALLEMAGNE.	PRUSSE.	HOLLANDE.	AUTRES CONTRÉES.	
	kilogr.	kilogr.	kilogr.	kilogr.	kilogr.	kilogr.	kilogr.	kilogrammes.
1831.......	38,875	20,026	21,181	828	"	"	"	80,910
1832.......	229,494	109,003	21,600	356	"	90	1,750	362,293
1833.......	243,208	80,305	51,228	507	7,260	50,584	"	433,152
1834.......	638,754	64,832	47,337	999	"	4,289	7,240	763,451
1835.......	688,321	67,444	78,400	"	2,573	6,842	5,000	848,580
1836.......	200,951	46,834	62,022	"	2,751	4,576	125,060	442,194
1837.......	668,300	84,092	60,305	"	2,735	13,111	61,772	890,405

BELGIQUE.

LIN BRUT ET PEIGNÉ.

IMPORTATIONS.

ANNÉES.	PROVENANCES.								TOTAL.
	FRANCE.	ALLEMAGNE.	HOLLANDE.	ANGLETERRE.	PRUSSE.	RUSSIE.	VILLES ANSÉATIQUES.	AUTRES CONTRÉES.	
	kilogr.	kilogr.	kilogr.	kilogr.	kilogr.	kilogr.	kilogr.	kilogr.	kilogr.
1831...	14,000	11,470	18,785	1,380	"	"	"	"	45,644
1832...	13,046	6,373	5,500	"	"	56	"	"	25,675
1833...	135,126	8,253	290,449	6,600	"	223	"	"	440,651
1834...	131,219	6,458	105,701	15,021	"	800	"	"	259,199
1835...	130,729	"	235,400	36,634	6,556	"	162	"	409,490
1836...	249,827	"	305,921	2,100	11,094	"	"	"	568,942
1837...	140,162	"	341,345	"	9,416	159	"	1,160	492,242

BELGIQUE.

FILS DE LIN ET DE CHANVRE.

EXPORTATIONS.

ANNÉES.	AU POIDS.					A LA VALEUR.							
	FRANCE.	PRUSSE et villes anséatiq.	HOL-LANDE.	ALLE-MAGNE.	TOTAL.	FRANCE.	PRUSSE.	VILLES anséatiq.	HOL-LANDE.	ALLE-MAGNE.	ANGLE-TERRE.	AUTRES CONTRÉES	TOTAL.
	kilogr.	kilogr.	kilogr.	kilogr.	kilogr.	francs.	francs.	francs.	francs.	francs.	francs.	francs.	francs.
1831...	89	-	469	562	1,120	623,335	-	1,093	56,114	291,087	1,253	-	974,382
1832...	-	-	2,013	688	2,701	742,627	2,681	-	104,631	467,964	753	13,147	1,331,803
1833...	19	-	960	18,794	19,773	1,271,830	-	746	129,558	389,280	127	7,250	1,798,791
1834...	266	-	312	362	942	1,510,786	3,070	-	115,324	381,483	50	27	2,010,740
1835...	114	235	82	-	431	1,444,304	497,602	3,145	125,723	2,485	-	-	2,073,349
1836...	309	50	183	-	542	1,309,191	400,296	6,405	123,646	-	-	8,140	1,847,678
1837...	255	25	62	-	342	1,080,320	480,333	1,145	102,006	-	-	11,308	1,681,232

BELGIQUE.

TOILES DE LIN ET DE CHANVRE.

EXPORTATIONS.

BEL

TOILES DE LIN

EXPOR

ANNÉES (1)	ÉCRUES.								
	FRANCE.	VILLES ANSÉATIQUES.	HOLLANDE.	CUBA.	ALLEMAGNE.	PRUSSE.	ANGLETERRE	AUTRES CONTRÉES.	TOTAL.
	kilogr.	kilogr.	kilogr.	kilogr.	kilogr.	kilogr.	kilogr.	kilogr.	kilogr.
1835............	3,933,168	118,582	102,081	45,778	24,865	22,759	16,430	6,403	4,270,126
1836............	3,910,925	46,716	57,932	34,643	4,025	24,316	3,622	10,230	4,093,709
1837............	3,174,512	66,049	5,893	70,200	7,713	44,148	4,488	3,698	3,376,701

(1) Pour les années 1831 à 1834, les tableaux officiels énoncent les exportations en *francs*, et sans distinguer les des exportations durant cette période :

1831............ 11,024,180f
1832............ 12,724,775
1833............ 16,956,165
1834............ 28,386,958

IQUE.

T DE CHANVRE.

ATIONS.

BLANCHES ET MI-BLANCHES.

FRAN	HOLLANDE.	VILLES ANSÉATIQUES.	ANGLETERRE.	ALLEMAGNE.	PRUSSE.	CUBA.	AUTRES CONTRÉES.	TOTAL.
kilogr.	kilogr.	kilogr.	kilogr.	kilogr.	kilogr.	kilogr.	kilogr.	kilogr.
137,507	72,086	35,937	5,122	3,529	"	2,500	5,731	262,412
198,616	95,332	50,135	41,939	41,558	3,239	5,722	4,100	440,641
265,543	112,248	76,071	4,886	1,656	1,831	200	552	464,989

s écrues des toiles blanches et mi-blanches, avec lesquelles ils confondent les toiles imprimées. Voici la valeur

10,652,950f pour France.
12,050,340 *idem.*
15,914,426 *idem.*
25,313,150 *idem.*

ALLEMAGNE.

(ÉTATS COMPOSANT L'ASSOCIATION)

CHANVRE, LIN, FILS ET TOILES DE LIN ET DE CHANVRE.

Tarif d'importation en vigueur au 1er juin 1838.

DÉSIGNATION DES OBJETS.			UNITÉS TAXÉES.	TITRES de PERCEPTION.	DROITS.
LIN, chanvre et étoupe de lin et de chanvre			100 kilog.	Tarif d'octobre 1836.	1f 23c
FILS	simples	écrus	*Idem.*	*Idem.*	1 23
		blanchis ou teints	*Idem.*	*Idem.*	7 43
	retors		*Idem.*	*Idem.*	14 86
TOILE	écrue, sans apprêt (1)		*Idem.*	*Idem.*	14 86
	blanchie, teinte, imprimée ou autrement apprêtée		*Idem.*	*Idem.*	14 86
	d'emballage		*Idem.*	*Idem.*	4 95
	à voiles		*Idem.*	*Idem.*	4 95
COUTIL	écru		*Idem.*	*Idem.*	14 86
	blanchi		*Idem.*	*Idem.*	14 86
TREILLIS			*Idem.*	*Idem.*	14 86

(1) La toile écrue, non blanchie, est *exempte* de droits, à l'*entrée*, dans les États et pour les destinations ci-après :

En Prusse, pour les blanchisseries nationales et les marchés aux toiles, — par la ligne frontière de Leubschutz à Seidenberg, dans la haute Lusace; — de Heiligenstadt à Nordhausen et sur la frontière de la province de Westphalie.

En Saxe, sur autorisation spéciale, par la ligne frontière d'Ostritz à Schandau.

Dans la *Hesse-Cassel*, pour les blanchisseries nationales et les marchés aux toiles, sur autorisation.

RUSSIE.

GRAINE DE LIN.

EXPORTATIONS GÉNÉRALES.

ANNÉES.	DESTINATIONS.							TOTAL.
	ANGLETERRE.	PRUSSE.	HOLLANDE.	VILLES anséatiques.	FRANCE.	DANEMARCK.	AUTRES.	
	tchetverts(1)	tchetverts.	tchetverts.	tchetverts.	tchetverts.	tchetverts.	tchetverts.	tchetverts.
1827.......	260,463	96,944	94,421	27,292	24,432	19,995	3,029	527,197
1828.......	305,694	64,380	103,652	15,398	15,145	63,424	4,336	572,029
1829.......	275,806	82.696	135,995	26,336	12,953	68,184	3,499	605,469
1830.......	292,258	98,248	128,971	30,803	26,247	78,139	23,386	678,052
1831.......	410,918	58,869	105,027	15,104	7,452	5,577	31,126	634,073
1832.......	275,000	72,056	53,959	12,715	6,960	87,318	37,310	545,327
1833.......	267,790	77,775	52,460	8,717	19,004	52,539	36,459	534,764
1834.......	231,590	52,007	54,469	9,708	9,709	16,660	32,269	406,432
1835.......	312,501	62,297	138,221	12,306	21,028	33,834	37,778	617,965
1836.......	368,498	92,126	108,142	14,335	13,442	21,410	38,806	656,759

(1) Le tchetvert = 209 litres 720.

RUSSIE.

LIN.

EXPORTATIONS GÉNÉRALES.

ANNÉES.	DESTINATIONS.							TOTAL.
	ANGLETERRE.	DANEMARCK.	ESPAGNE.	PRUSSE.	SUÈDE et NORWÈGE.	FRANCE.	AUTRES.	
	pouds (1).	pouds.	pouds.	pouds.	pouds.	pouds.	pouds.	pouds.
1827.......	2,012,174	256,307	152,660	88,131	21,880	1,275	43,820	2,576,263
1828.......	1,797,658	220,820	232,432	93,840	16,428	73	46,931	2,408,178
1829.......	1,875,124	220,860	112,487	129,074	28,973	752	32,070	2,399,346
1830.......	1,792,045	190,414	207,711	92,080	10,445	2,870	13,731	2,309,302
1831.......	1,624,336	39,082	124,995	47,076	3,182	"	11,621	1,850,222
1832.......	1,813,510	132,371	100,827	96,970	14,640	13	37,187	2,195,533
1833.......	2,058,707	159,728	74,547	171,304	15,106	308	36,760	2,516,526
1834.......	1,263,397	96,898	73,909	99,967	10,550	5,268	9,414	1,552,403
1835.......	1,097,422	38,045	125,634	89,788	10,847	42	56,416	1,478,194
1836.......	2,505,694	50,933	258,784	109,298	14,373	143	63,771	3,002,996

(1) Le poud = 16 kilogr. 370.

RUSSIE.

CHANVRE.

EXPORTATIONS GÉNÉRALES.

ANNÉES.	DESTINATIONS.									TOTAL.
	ANGLETERRE.	ÉTATS-UNIS.	DANEMARCK.	PRUSSE.	HOLLANDE.	FRANCE.	SUÈDE et NORWÈGE.	VILLES anséatiq.	AUTRES.	
	pouds (1).	pouds.	pouds.	pouds.	pouds.	pouds.	pouds.	pouds.	pouds.	pouds.
1827...	1,563,870	240,734	223,376	159,257	141,709	125,162	119,354	115,912	48,807	2,744,190
1828...	1,514,330	303,457	195,060	152,646	84,878	112,935	112,009	105,474	43,233	2,024,081
1829...	997,813	137,406	198,708	119,232	71,090	35,771	113,320	70,904	41,176	1,785,510
1830...	1,431,041	48,275	114,766	135,806	92,314	45,960	107,033	61,241	159,791	2,196,727
1831...	1,053,860	177,554	53,889	97,003	58,611	11,789	63,842	56 321	143,908	2,310,777
1832...	1,531,904	199,676	180,550	235,736	121,711	59,053	115,907	132,384	215,624	2,782,545
1833...	1,683,866	314,289	198,059	166,624	55,514	100,136	121,620	88,916	51,925	2,708,949
1834...	1,684,808	155,649	226,800	81,808	206,278	122,917	150,269	81,599	98,805	2,824,933
1835...	1,877,942	281,685	125,682	132,906	111,926	123,775	166,177	41,585	180,243	3,041,823
1836...	1,715,216	411,742	93,181	89,226	115,404	75,207	149,789	55,847	171,378	2,876,996

(1) Le poud = 16 kilogr. 370.

RUSSIE.

GRAINES DE CHANVRE ET DE LIN — CHANVRE ET LIN BRUTS.

EXPORTATION DE RIGA EN 1837.

DESTINATIONS.	GRAINES				CHANVRE BRUT.	LIN BRUT.
	de CHANVRE.	DE LIN				
		à semer.	à battre.	TOTAL.		
	francs.	francs.	francs.	francs.	francs.	francs.
Angleterre	18,796	304,552	1,690,455	2,085,007	6,181,307	13,730,688
PAYS ÉTRANGERS. Hollande	76,067	93,912	1,395,751	1,489,663	691,325	4,823
Belgique	1,353,333	978,497	959,070	1,937,567	516,072	1,205
France	21,696	334,950	309,187	644,137	417,354	3,659
Villes anséatiques. Lubeck	〃	469,095	〃	469,095	119,629	16,192
Villes anséatiques. Brême	〃	146,822	〃	146,822	58,404	2,904
Suède et Norwège	1,082	200,157	31,615	231,772	698,324	369,131
Danemarck	1,434	5,747	25,179	30,926	693,530	387,164
Hanôvre	〃	89,237	8,431	97,668	45,278	〃
Mecklembourg	766	〃	〃	〃	19,962	〃
Portugal	〃	〃	〃	〃	133,374	593,111
Espagne	〃	〃	〃	〃	2,392	530,548
Amérique (États-Unis)	〃	〃	14,125	14,125	〃	〃
Autres contrées	〃	〃	〃	〃	124,777	28,555
Russie	〃	846,422	17,695	86[illegible],517	198,809	12,385
TOTAUX	1,473,174	3,559,391	4,450,908	8,010,399	9,901,137	15,[illegible]

RUSSIE.

CHANVRE ET LIN.

PRIX À S^T-PÉTERSBOURG ET À RIGA, D'APRÈS LES *TABLEAUX OFFICIELS* DU COMMERCE DE LA RUSSIE (1).

ANNÉES.		CHANVRE. (Les 100 kilogrammes.)						LIN. (Les 100 kilogrammes.)					
		SAINT-PÉTERSBOURG.			RIGA.			SAINT-PÉTERSBOURG.			RIGA.		
		fr. c.	fr. c.	fr. c.	fr. c.	fr. c.	fr. c.	fr. c.	fr. c.	fr. c.	fr. c.	fr. c.	fr. c.
1827	Janvier	62 94	65 32	67 67	70 38	73 43	76 49	66 33	67 90	67 67	70 61	71 48	72 00
	Juillet	60 91	62 94	64 97	73 10	74 80	76 49	67 67	69 37	71 07	71 40	72 25	73 10
1828	Mars	42 30	54 99	74 45	63 12	68 78	74 45	60 91	62 60	64 31	40 47	55 68	70 00
	Juillet	45 34	57 19	69 04	40 41	62 04	74 07	62 27	63 28	65 31	42 86	56 73	70 61
1829	Janvier	44 67	56 85	69 04	52 79	61 92	71 07	48 07	70 05	91 37	50 09	58 75	67 41
	Juillet	50 76	63 06	77 16	46 70	60 57	74 45	47 37	69 37	91 37	46 37	58 30	70 25
1830	Janvier	43 99	57 53	71 07	52 79	61 35	69 02	64 31	71 07	67 99	43 72	53 71	63 60
	Juillet	42 64	56 85	71 07	52 79	60 24	67 67	74 45	87 99	101 57	64 64	74 72	85 14
1831	Mars	40 61	50 76	60 91	64 30	65 99	67 67	84 64	96 45	108 20	83 25	98 05	113 47
	Juillet	40 61	52 45	64 31	40 61	52 45	64 31	87 99	104 91	121 83	75 80	87 31	98 81
1832	Janvier (2)	35 87	48 30	60 91	39 25	50 42	61 59	67 67	85 24	102 88	51 44	61 50	71 57
	Juillet	33 84	43 99	54 14	35 19	47 04	58 88	60 91	81 89	102 88	58 88	70 22	81 56
1833	Janvier	32 44	41 62	50 76	38 24	48 05	58 88	77 83	82 90	87 99	51 84	63 28	74 11
	Juillet	31 14	40 94	50 76	33 16	53 97	74 79	67 67	81 22	94 75	55 77	71 31	86 85
1834	Janvier	31 14	39 25	47 37	35 87	55 70	75 53	77 83	89 67	101 52	64 57	73 09	86 40
	Juillet	32 44	40 27	48 05	33 16	53 04	72 92	87 99	91 37	94 75	72 75	88 41	101 05
1835	Janvier (3)	35 87	40 94	44 67	39 25	43 65	48 05	108 20	111 64	115 06	95 16	108 57	121 99
	Juillet	36 55	41 96	47 37	43 31	46 34	49 41	98 14	106 11	115 06	57 80	86 17	114 62
1836	Janvier	42 64	45 69	48 67	42 64	46 09	49 41	74 45	79 52	84 64	55 34	86 97	91 37
	Juillet	52 1[illegible]	53 81	55 50	42 64	52 90	63 17	81 22	84 64	87 99	68 90	81 69	94 35

(1) Les prix sont cotés, dans les *tableaux officiels*, en *berkovets* et *roubles* assignations. On a converti ces unités en kilogrammes et francs sur le pied de 164 kilogrammes pour 1 *berkovets* et de 1 fr. 11 cent. pour 1 *rouble*.

(2) Les prix indiqués pour le *lin* à *Saint-Pétersbourg* sont ceux du mois d'*avril*, les tableaux officiels ne donnant pas le prix de janvier.

(3) Même observation que ci-dessus.

Les informations ci-dessus peuvent déjà être considérées comme anciennes, à

F.

cause de toutes les circonstances survenues depuis 1837 à l'égard du lin, du chanvre et de leurs produits. Aussi croit-on devoir ajouter ici les derniers renseignements que fournit la correspondance de Riga.

En juin 1838, l'exportation du lin, sur cette place, avait été évaluée, pour l'année courante, à environ 170,000 *schipponds* (27,710,000 kilogrammes), quantité qui surpasserait de beaucoup celles qui ont été exportées jusqu'à ce jour :

Au 12 septembre, Riga avait exporté :

Lin.	135,000 *schipponds*	(22,055,000 kilogrammes.)	
Étoupe de lin.	4,000 *idem*	(652,000 *idem*.)	

A la même époque, la quantité de chanvre exporté, toujours de la même place, était :

Chanvre.	69,917 *schipponds*	(11,396,471 kilogrammes.)
Chanvre tors.	6,061 *idem*	(1,087,941 *idem*.)

L'exportation, pour France, de l'ouverture de la navigation au 12 septembre, avait été :

Chanvre.	4,000 *schipponds*	(652,000 kilogrammes).
Chanvre tors.	166 *idem*	(27,058 *idem*).

D'autres renseignements portent à 6,371 *schip*[ds] (1,038,473 kil.) l'exportation pour France jusqu'au 26 juillet 1838 seulement.

Aux quatre époques ci-après, les prix, en 1838, ont été :

				roub. arg.	kop.		r.	kop.		fr.	c.		fr.	c.
Lin.	Juin.	1re qualité	le *schippond*	30	〃		〃	〃	(100 kil.	73	67		〃	〃)
		2e *idem*..	*idem*	26	〃		〃	〃	(*idem*..	63	41		〃	〃)
		3e *idem*..	*idem*	20	〃		〃	〃	(*idem*..	48	78		〃	〃)
	Juillet.	1re *idem*..	*idem*	30	50		〃	〃	(*idem*..	74	45		〃	〃)
		2e *idem*..	*idem*	26	50		〃	〃	(*idem*..	64	69		〃	〃)
		3e *idem*..	*idem*	20	50		〃	〃	(*idem*..	50	06		〃	〃)
	Août.	1re *idem*..	*idem*	32	〃	à	32	50	(*idem*..	78	80	à	85	21)
		2e *idem*..	*idem*	28	〃		〃	〃	(*idem*..	68	54		〃	〃)
		3e *idem*..	*idem*	22	〃		〃	〃	(*idem*..	53	15		〃	〃)
	Septembre .	1re *idem*..	*idem*	34	〃		〃	〃	(*idem*..	83	93		〃	〃)
		2e *idem*..	*idem*	30	〃		〃	〃	(*idem*..	73	67		〃	〃)
		3e *idem*..	*idem*	24	〃		〃	〃	(*idem*..	58	28		〃	〃)

					r. b. k.		r. k.		r. k.			f. c.		f. c.		f. c.	
CHANVRE.	Juin....	1re qualité	Ukraine........	le schippd	83	» »	86	»	»	»	(100 kil.	56	18 à	51	25	-	»)
			Pologne..	idem	84	»	89	»	»	»	(idem..	5085		60	24	-	»)
		2e idem..	Ukraine et Pologne	idem	78	»	80	»	»	»	(idem..	52	77	54	14	»	»)
		3e idem..	Idem...........	idem	73	-	75	»		»	(idem..	49	41	50	76	»	.)
	Juillet...	1re idem.	Ukraine........	idem	88	50	92	50	»	«	(idem..	59	90	62	61	»	»)
			Pologne........	idem	88	50	94	50	»	«	(idem..	59	90	63	96	»	»)
		2e idem..	Ukraine........	idem	82	50	83	50	»	«	(idem..	55	84	56	51	·	·)
			Pologne........	idem	83	50	87	50	-	»	(idem..	56	51	59	22	»	»)
		3e idem..	Ukraine........	idem	78	50	-	-	»	-	(idem..	53	15	-	-	»	-)
			Pologne........	idem	80	50	82	50	»	»	(idem..	54	48	55	84	-	-)
	Août....	1re idem.	....	idem	89	-	95	50	98	50	(idem..	60	24	64	64	66	67)
		2e idem..	....	idem	85	50	88	50	»	»	(idem..	57	86	59	90	«	»)
		3e idem..	....	idem	81	50	84	50	»	»	(idem..	55	15	57	18	-	-)
	Septemb.	1re idem..	....	idem	102	50	108	50	»	»	(idem..	69	34	73	41	»	»)
		2e idem..	....	idem	95	50	97	50	»	»	(idem..	88	59	59	95	»	»)
		3e idem..	....	idem	88	50	90	50	»	»	(idem..	59	90	61	26	-	»)
CHANVRE TORS.	Juin....	....	....	idem	42	»	»	»	»	«	(idem..	28	26	-	-	-	-)
	Juillet..	....	....	idem	47	50	50	50	»	»	(idem..	32	84	34	40	»	»)
	Août...	....	....	idem	50	50	52	50	-	»	(idem..	34	40	35	44	-	-)
	Septemb.	....	....	idem	47	50	53	50	»	»	(idem..	32	84	35	90	»	»)

Ainsi, pour les *lins*, malgré l'abondance de la récolte de 1837, malgré la crise américaine qui a eu, sur la fabrication anglaise, une si grande influence, les prix de 1838 ont été constamment assez élevés. Il y avait même, en septembre, un mouvement de hausse sensible, quoique la récolte de 1838 s'annonçât comme abondante et de bonne qualité et que les demandes de l'Angleterre et de l'Écosse eussent diminué.

On sait que les arrivages, à Riga, n'ont lieu que vers la fin de septembre, les expéditions ne se faisant, en majeure partie, que l'année suivante.

Pour les chanvres, dont la qualité, dans les ventes de 1838, a été généralement bonne, les prix, jusqu'à juillet, avaient peu varié.

Un mouvement de hausse, au commencement de juillet, était attribué à un achat de 750 tonnes, de qualité supérieure, par le Gouvernement anglais. Les maisons de Riga, qui s'étaient engagées à faire cette fourniture, avaient dû payer la tonne jusqu'à 92 roubles (banque) 50 kop. (100 kilog. 62 fr. 61 cent.) pour compléter leur livraison.

Un peu avant cette hausse, environ 2,600 *schip*ds (423,800 kil.) de chanvre d'Ukraine, qu'on disait fort beau, avaient été achetés, pour compte du gouvernement des États-Unis, à raison de 88 r. b. 50 k. (100 kil. 59 fr. 90 cent.) : ils devaient être exportés par bâtiments américains.

En juillet également, 2,200 *schipponds* (358,600 kil.) avaient été achetés pour une maison française, qui elle-même avait contracté un engagement avec le Gouvernement français. Mais cet achat s'était fait si secrètement qu'on n'avait pu savoir à quel prix il avait eu lieu. Seulement, comme ce chanvre était bien inférieur à celui qu'on avait acheté pour l'Angleterre et les États-Unis, on avait dû le payer beaucoup moins cher.

Le chanvre de Pologne étant plus doux que celui d'Ukraine, on l'emploie de préférence pour les cordes de pêche et pour les manufactures; pour les câbles et tous les autres agrès, on se sert de celui d'Ukraine qui convient mieux à la confection de ces articles.

En septembre, quoique les prix du chanvre fussent très-élevés comparativement à ceux des marchés étrangers, il avait fallu les subir parce que les approvisionnements de Riga suffisaient à peine aux livraisons à réaliser et que les apports, attendus avant la fin de la navigation, n'étaient pas de nature à déterminer une baisse.

Au 23 août, il ne restait sur place que 2,000 *schipponds* (326,000 kilogr.), et, de cette époque à la fin de la navigation, les arrivages ne devaient guère fournir que 8,000 *schip*[ds] (1,304,000[k]).

A la fin de septembre, pour des chanvres à livrer seulement en mai 1839, on demandait :

1re qualité.........	le *schippond*	90 roub. br.	(100 kil.	60	90)
2e *idem*...........	*idem*	85	(*idem*	57	52)
3e *idem*...........	*idem*	80	(*idem*	54	14)

plus 10 p. 0/0 payables d'avance.

Les graines de lin, exportées de Riga en 1838, ont été, en majeure partie, dirigées sur la France et la Belgique.

Au 5 août, la quantité de graine à battre expédiée pour France était évaluée à 186,000 tonnes (258,540 hectol.), soit 84,550 tonnes (117,524 hectol.) de plus qu'en 1837.

Au 12 juillet, l'exportation de graine de chanvre n'avait pas dépassé 21,000 tonnes (29,190 hectol.)

En 1837, à la même époque, elle avait atteint 117,862 tonnes (163,133 hectol.)

Cette diminution s'expliquait à la fois par la mauvaise récolte de 1837 et par la substitution de la graine de chanvre à celle du lin dans la fabrication de l'huile.

Les prix, pour les graines de lin et pour celle de chanvre, ont été :

			r. b.	kop.		r. b.	k.		f.	c.		f.	c.
Juin......	Graine de lin..........	la tonne	16	"	à	16	75	(100 kil.	10	84	à	11	35)
	—— de chanvre......	*idem*...	12	75		13	"	(*idem*	8	64		8	80)
Juillet.....	—— de lin (à battre)..	*idem*...	16	50		17	"	(*idem*	11	17		11	51)
	—— de chanvre......	*idem*...	12	"		12	25	(*idem*	8	12		8	30)
			r. ar.	kop.									
Septembre .	—— de lin (à semer)..	*idem*,..	7	"		"	"	(*idem*	17	14		"	")

Au 15 septembre, on n'avait encore reçu que des échantillons des nouvelles graines à semer. Ces échantillons avaient paru beaux.

Le dernier des prix ci-dessus était celui des graines à livrer au 1er octobre, vieux style.

La récolte des graines de lin à battre et des graines de chanvre était fort belle dans les provinces qui avoisinent la Duna.

De nombreux arrivages de graine de lin à semer étaient attendus à Riga pour la fin de septembre.

Les basses eaux de la Duna avaient arrêté les barques et augmenté les frais de transport.

A la fin de septembre, quoiqu'il n'y eût pas encore de contrat passé pour les graines nouvelles, les prix de celles de lin et de chanvre s'établissaient comme suit, pour des parties livrables seulement en mai 1839 :

Graine de lin à battre...............	la tonne	16 roub. b.	(100 kil.	10	84)
—— de chanvre...............	*idem* ..	11	(*idem*	7	44)

Pour les graines de lin, la totalité du prix payable à l'avance; pour celle de chanvre, avance seulement de moitié du prix.

Au commencement d'août 1838, le fret du chanvre pour France était coté comme suit, à Riga :

Rochefort........	Pavillon français, par *last* (1)	70 fr.	et 15 p. 0/0.
Nantes..........	*Idem*... étranger, *idem*..	37 fl. (2)	et 15 p. 0/0.
Dunkerque......	*Idem*... *idem*.... *idem*..	32	et 15 p. 0/0.

Au 20 août :

Calais..........................	par *last*	30 fl. sans chapeau.	

A la fin de septembre, on présumait que le fret pour France serait de 50 à 55 *stuvers* courants de Hollande (3), plus 15 p. 0/0 de chapeau.

(1) Le *last* (10 tonnes) = 2,000 kilogr.
(2) Le florin de Hollande = 2 fr. 12 cent.
(3) Le *stuver* = 0 fr. 10 cent.

ENQUÊTE

SUR LES FILS ET LES TISSUS

DE LIN ET DE CHANVRE.

SÉANCE DU 31 MAI 1838.

M. Frédéric Rouxel, délégué des cultivateurs et tisseurs de lin du département des Côtes-du-Nord.

1. *D.* Existe-t-il un moyen pour apprécier la superficie du sol français qui est affectée à la culture du lin? — *R.* Je ne suis point en mesure de répondre à une question aussi étendue; je n'ai de chiffres à donner que pour le département des Côtes-du-Nord, où il a été fait une enquête.

2. *D.* Quels sont ces chiffres? — *R.* On cultive, en lin, de 9,000 à 10,000 hectares, sur une superficie totale de 605,503 hectares.

3. *D.* Ainsi ce serait environ 1/60e; cela paraît considérable. — *R.* Cela est tout naturel, attendu que le pays est propre à ce genre de culture. Elle ne se répartit pas également entre tous les cantons; il en est où elle couvre jusqu'au dixième de la superficie en terres cultivables, surtout dans les cantons où l'on est à même de se servir du varech qui est à la fois le meilleur engrais et l'amendement le plus propre à cette culture.

4. *D.* Que produit moyennement un hectare de terre cultivé en lin? — *R.* De 2,000 à 2,500 kilogrammes en tiges brutes sèches après le rouissage.

5. *D.* Mais, cette culture étant sujette à de grandes vicissitudes, pouvez-vous dire quelles sont les meilleures et les plus mauvaises ré-

M. Frédéric Rouxel.

coltes? — *R.* Une excellente récolte peut être de 3,000 kilogrammes; la plus mauvaise, de 1,000 à 1,200, quoique quelquefois, mais très-rarement, le lin manque tout à fait sur certains points.

6. *D.* Suivant ces récoltes si différentes, le prix doit varier beaucoup; quel taux admettriez-vous comme étant le taux normal? — *R.* La variation des produits n'influe pas sur le prix autant que l'on pourrait le croire, parce que la demande peut se porter ailleurs, et que l'industrie ne peut y mettre qu'un certain prix qui varie, de la plus belle à la plus basse qualité, de 15 à 30 francs. Ainsi, on peut admettre le terme moyen de 22 à 25 francs les 100 kilogrammes.

7. *D.* Quelle quantité de graines recueille-t-on par hectare? — *R.* En moyenne, 300 kilogrammes.

8. *D.* Quel emploi lui donne-t-on? — *R.* Les 4/5 servent aux semailles du pays, dont la quantité peut facilement s'évaluer, puisqu'il faut environ 300 kilogrammes *de graine du pays* par hectare. Pour le surplus des semailles, on emploie des graines qui viennent de Zélande et de la Baltique, et dont la quantité importée annuellement s'élève à 400,000 kilogrammes dans notre département; ce qui, à raison de 200 kilogrammes par hectare, suffit à 2,000 hectares, attendu que la graine neuve s'emploie en moindre quantité que celle du pays, dont la maturité est moins complète, et qui doit être par suite semée plus dru.

Je dois vous dire que le renouvellement des semences varie suivant la nature des terres; pour tel territoire il faut de la graine neuve tous les ans, tandis que pour tel autre tous les deux, trois ans, et il en est même où on ne la remplace que tous les dix ans. Je dis *territoire* et non pas *champ*, parce que la culture convenable du lin exige qu'on ne le ressème pas plusieurs fois de la même manière.

9. *D.* Ainsi, on emploierait à ensemencer un hectare, en graine du pays, autant que cet hectare a produit? — *R.* Cela est exact; et souvent la quantité récoltée est moindre que celle qu'on a semée; il ar-

rive même qu'elle est tout à fait impropre à la reproduction. Le lin, en général, a besoin de changer de sol, et, pourvu que la graine soit suffisamment mûre, elle réussit dans une terre différente. L'expérience semble l'indiquer; c'est en allant vers le midi qu'elle a le plus de chances de succès. Ainsi nous en allons chercher à Riga, et l'on en vient chercher chez nous pour le midi de notre province.

M. Frédéric Rouxel.

10. *D.* Quels sont, après les semailles, les autres emplois de la graine de lin? — *R.* Nous en vendons pour les semailles d'autres localités, et le reste sert à faire de l'huile qui, en partie, est préparée dans les moulins à eau du département.

11. *D.* Combien 100 kilogrammes de tiges rouies donnent-ils de filasse? — *R.* De 20 à 28, soit, en moyenne, 25.

12. *D.* Et de ces 25 kilogrammes de filasse, combien sort-il de fil? — *R.* De 14 à 15 kilogrammes de fil; de 5 à 8 kilogrammes d'étoupe, et de 2 à 6 kilogrammes de perte ou déchet.

13. *D.* Ce fil s'emploie-t-il dans le pays? — *R.* Oui.

14. *D.* Quelle espèce de toile fabrique-t-on le plus généralement? — *R.* Les toiles très-communes employées pour le linge et l'habillement des gens de campagne; mais on file aussi, chez nous, assez fin pour produire de la toile de 20 à 22 fils que nous exportons sous le nom de belle toile de Bretagne ou platille.

15. *D.* A combien évaluez-vous les toiles fabriquées dans votre département? — *R.* A 19,000,000 fr. sans compter la valeur des étoupes, qui servent à faire des toiles à sacs et à greniers de navires.

16. *D.* Est-ce que la production du lin est actuellement en souffrance dans votre département? — *R.* Oui; car les produits se vendent mal.

17. *D.* Mais diminue-t-elle? — *R.* Non. On continue à produire;

M. Frédéric Rouxel.

mais le lin s'accumule dans les fermes, et il y a tel riche cultivateur qui a le produit de 3 récoltes en réserve, attendant, pour le vendre, la hausse des prix.

18 *D.* A quoi attribuez-vous cette stagnation dans les affaires? — *R.* A l'importation des toiles étrangères qui sont venues nous fermer nos marchés habituels.

19. *D.* Qu'appellez-vous vos marchés habituels? — *R.* Toute la France, Paris surtout, où nous vendions beaucoup de toiles pour linge de table, linge de femmes et d'enfants, emploi qui leur est particulier à cause de leur souplesse; c'était aussi l'étranger, et les colonies espagnoles surtout.

20. *D.* Quel était donc le montant de vos ventes avant la nouvelle concurrence que vous signalez? — *R.* Il était de 6,000,000 francs pour les toiles dites de Quintin seulement. On expédie aussi, de la fabrique de Dinan, des toiles de diverses sortes pour une somme que je ne connais pas.

21. *D.* A quoi se réduit-il aujourd'hui? — *R.* En 1837, Quintin n'a expédié que pour 1,500,000 francs.

22 *D.* Dinan éprouve-t-il aussi une réduction dans les ventes? — *R.* Je l'ignore.

23 *D.* Mais si, comme vous venez de le dire, la production totale s'élève à 19,000,000 fr., et qu'il ne s'en vende, soit au dehors, soit à l'intérieur, que pour 6,000,000, et même 1,500,000 fr., il faudrait croire que le département a consommé tout le surplus? — *R.* Cela n'a rien de singulier, attendu que toute la population du département, laquelle s'élève à 605,000 habitants, ne s'habille presque exclusivement qu'avec des tissus de lin, et que la prospérité de quelques parties du département, causée par le succès de la pêche de la mo-

rue et les progrès de l'agriculture, leur donne le moyen d'augmenter leur consommation en tous genres. Il faut ajouter que, dans la valeur de 19,000,000 fr. dont j'ai parlé, se trouve celle des fils retors, blancs et teints, que l'on fabrique dans le département, et que l'on vend au dehors, ainsi que celle de la fabrique de Dinan. M. Frédéric Ro

24. *D.* Est-ce que la concurrence anglaise dont vous parlez se borne à repousser vos produits de certains marchés, ou vient-elle s'établir jusque dans le département? — *R.* Oui : j'apprends que, depuis un mois, des marchands ont reçu des toiles anglaises, et que d'autres se disposent à en importer pour les vendre jusqu'au foyer même de la fabrication. Mais je ne voudrais pas que le navire qui les apportera fût à ma consignation; car je craindrais quelque résistance de la part d'une population qui sent bien que l'industrie de la toile lui est nécessaire.

25. *D.* Quant à présent, vous nous l'avez dit, il n'y a pas diminution de culture; le même nombre d'hectares est employé pour la culture du lin. Peut-on croire qu'elle diminuera réellement si, dans votre localité, on cesse de filer et tisser à la main? L'économie que produira l'emploi de la mécanique n'augmentera-t-elle pas tellement la consommation, que l'on viendra chercher les produits de vos récoltes pour les porter dans les nouvelles fabriques? — *R.* Je crois, effectivement, que notre agriculture ne sera pas la dernière à profiter de l'accroissement de consommation que le lin pourra recevoir, surtout lorsque nous aurons introduit quelques perfectionnements dans les premiers apprêts du lin avant le peignage. Mais cet avantage serait payé bien cher par la suppression de l'industrie qui, sur place, donne les façons du fil et de la toile. Nous avons 200,000 individus, c'est-à-dire le tiers de notre population, occupés au travail du lin à tous ses degrés, et c'est peu dire : car dans notre pays tout le monde s'en occupe; il n'y a pas une maison où il n'y ait un rouet ou des fuseaux. Si nous cessions de transformer les produits de notre agriculture linière en toile, nous perdrions une grande partie de la main-d'œuvre.

Voici la proportion dans laquelle entre chacune des opérations qui concourent à cette production :

rie Rouvel.

Valeur du lin en tiges	27,04	p. 0/0
Préparation pour la conversion en filasse	14,09	
Filature	30,30	
Tissage	20,25	
Blanchiment et apprêt	7,72	

Si donc nous vendions notre lin en filasse, nous perdrions le bénéfice des trois dernières opérations, qui représente les 57/100 du bénéfice total.

26. *D.* Quel est le prix du fil que l'on produit le plus habituellement? — *R.* On file à des degrés très-différents : depuis 60,000 mètres au demi-kilogramme, au prix de 37 fr., 50 cent., jusqu'au gros numéro de 1,500 mètres au demi-kilogramme, au prix de 90 cent.; mais, pour parler d'un objet de grande consommation, et de ce qui fait la moyenne des prix, il faut se fixer sur le numéro de 11,500 mètres au demi-kilogramme, qui vaut 2 fr. 15 cent.

27. *D.* Quelle espèce de toile fait-on avec ce fil? — *R.* C'est déjà une bonne toile qui sert très-bien pour linge de lit et pour serviettes dans le commun.

28. *D.* Avez-vous perfectionné vos méthodes pour la filature du lin? — *R.* La filature à la main est de son espèce, et n'est inférieure, dans notre contrée, à celle d'aucune autre. La perfection des produits varie d'un paysan à l'autre.

29. *D.* Et quant au tissage? — *R.* Les améliorations qu'on a fait subir à nos métiers s'appliquent aux peignes que l'on fait plus réguliers avec des broches de métal qu'avec des broches de roseau; en général ils sont aussi bien montés qu'ailleurs.

30. *D.* Mais quant à la manière de travailler? — *R.* On se sert

aussi de la navette volante ; mais son usage n'est pas général, parce qu'avec le fil à la main, qui présente toujours des inégalités, elle occasionne de plus fréquentes ruptures que la navette à la main. Cet inconvénient disparaîtra quand les chaînes se composeront de fils faits à la mécanique.

M. Frédéric Rouxel

31. *D.* Cependant, vous ne doutez pas que les produits faits à la mécanique, étant plus réguliers, plus forts et moins chers que les produits obtenus par le travail manuel, ne doivent nécessairement finir par être seuls employés, et qu'il arrivera, pour le lin, ce qui est arrivé pour la laine et le coton, que l'on a cessé de filer et même de tricoter à la main depuis l'introduction des machines? — *R.* Je le crois, en effet; aussi ce n'est que pour ménager la transition que nous désirons que l'on s'occupe de notre industrie.

32. *D.* Ainsi vous espérez que l'on pourra continuer à travailler avec des fils faits à la main? — *R.* Assurément, nous l'espérons, parce que l'on obtiendra un heureux mélange des fils réguliers et des fils souples, et que ceux-ci, à cause du bas prix de la main d'œuvre chez nous, pourront encore longtems soutenir la concurrence; et d'ailleurs le tissu obtenu sera beaucoup plus parfait et exécuté plus promptement, et par conséquent avec plus d'économie.

33. *D.* Mais, pour améliorer la fabrication des toiles, il faudrait que les tisserands travaillassent sous une direction et une surveillance continues; et, chez vous, ce sont des gens dispersés dans la campagne? — *R.* Cela est vrai : mais nous ne désirons pas voir cette industrie se concentrer dans les ateliers; car son mérite le plus réel est précisément d'occuper les hommes au milieu de leur famille qui les aide dans leur travail, le salaire suffisant à la fois aux besoins de tous; tandis que, si le chef seul venait en fabrique, le travail de la femme et des enfants serait perdu, et les ouvriers seraient forcément assujettis à de nouvelles dépenses. C'est d'ailleurs une chose à laquelle les ouvriers bretons se soumettraient peu volontiers.

M. Frédéric Rouxel.

34. *D.* Existe-t-il un moyen d'apprécier le nombre d'ouvriers employés aujourd'hui au tissage du lin, et le nombre des journées de travail que représente cette fabrication faite accessoirement par les gens de la campagne, pendant les heures qu'il ne peuvent employer au labour? — *R.* Il résulte du tableau que j'ai l'honneur de vous remettre, (voir à la fin de la déposition) que, dans le département des Côtes-du-Nord, les 10,000 hectares qui sont cultivés en lin occupent 200,000 ouvriers travaillant chacun 224 jours par an, au taux moyen de 42 centimes par jour.

35. *D.* Avez-vous remarqué que la loi du 5 juillet 1836, qui a modifié le tarif des douanes, ait agi d'une manière défavorable sur la vente de vos produits? — *R.* Je vous ai déjà dit qu'en 1837 il y avait eu mévente, tant du lin que de la toile, et, quoique la loi dont vous parlez n'ait pas directement agi sur les toiles que nous vendons le plus, je dois croire qu'elle n'a pas été sans influence sur le mauvais état de nos affaires.

36. *D.* Cependant l'importation des toiles étrangères en 1837 a été, d'après nos états de douanes, de 379,000 kilogrammes au-dessus de celle de 1836? — *R.* Je ne suis pas en mesure de répondre sur les échanges avec l'étranger, parce que notre principal marché se trouve dans l'intérieur, et que ce n'est que d'une manière indirecte que les importations ou les exportations agissent à notre égard. Tout ce que je puis dire, c'est que la toile importée à Paris nous fait autant de tort que si elle arrivait jusque chez nous.

37. *D.* Avez-vous une proposition à faire sur les moyens d'améliorer votre position; en un mot, quel changement demandez-vous que l'on fasse subir au tarif des douanes? — *R.* Les industriels qui ont importé les plus nouvelles machines, et qui doivent être entendus, pourront mieux que moi préciser le chiffre nécessaire pour qu'ils puissent lutter avec l'industrie étrangère : nous nous en contenterons,

quoique, dans notre isolement de toute industrie manufacturière avancée, nous puissions avoir besoin d'une protection plus marquée. Au reste nous en appelons à la sollicitude du Gouvernement.

M. Frédéric Rouxel.

Frais et rendement d'un hectare de terre cultivé en lin et dont la récolte est convertie en toile dans le pays.

Agriculture	Main-d'œuvre........	296 journées d'hommes et de chevaux, à	223f 90c	393f	qui produisent 2,500 kil. de lin en bois sec après roulissage.
	Bénéfice du cultivateur.	....	169 10		
Préparation pour convertir le lin en filasse,..........................		700 journées d'hommes et de femmes.		280	Produit : 375 kilog. de filasse.
Filature..........................		2,666 journées de femmes.		600	Produit : 625 kilogr. de fil n° 9.
Tissage....	Décruage et ourdissage du fil............	164 journées de femmes	82f	410	Produit : 1,035 mètres carrés de toile à 16 fils
	Tillage.............	287 journées d'hommes	287		
	Tramage...........	143 journées d'enfants.	41		
Blanchimen	Main-d'œuvre........	90 journées d'hommes	68	103	Cette toile revient à 1 fr. 85 cent. le mètre carré, et vaut 1f 80 c.
	Cendres et combustible.	....	35		
Apprêts. Main-d'œuvre............		137 journées........		103	
Total...........		4,483 journées. Total..		1,889f	

SÉANCE DU 1er JUIN 1838.

MM. Malo et Dickson, filateurs de lin à Coudekerque, près Dunkerque.

38. *D.* Filez-vous par les procédés anglais? — *R.* Oui, et par les plus nouveaux.

39. *D.* En quoi consiste le perfectionnement de vos machines, comparées à celles qui existaient déjà à Lille? — *R.* Nos machines donnent un fil de meilleure qualité, plus abondant, plus uniforme, et qui éprouve moins de déchet.

40. *D.* Mais, est-ce que le plus grand perfectionnement ne consiste pas dans le bas prix du fil que l'on obtient plus vite et plus régulièrement? — *R.* C'est là sans doute l'avantage essentiel du nouveau système; mais on ne peut l'obtenir que lorsqu'on arrive à fabriquer en grand, de manière à ce que les frais généraux se répartissent sur une plus grande masse de produits et s'atténuent par là de plus en plus.

41. *D.* Le système de vos machines est-il différent de celui des anciennes machines de Lille? — *R.* Oui; nous pouvons dire que notre système est tout à fait différent, ce que prouvent bien les résultats que nous obtenons; mais nous n'avons pas assez étudié l'ancien système pour pouvoir, avec connaissance de cause, dire en quoi consiste la différence.

42. *D.* Filez-vous indistinctement du lin et des étoupes? — *R.* Oui, nous filons indistinctement le lin et les étoupes.

43. *D.* Jusqu'à quel numéro filez-vous les étoupes? — *R.* Nous filons les étoupes jusqu'au n° 20 anglais, et nous pourrions même filer jusqu'au n° 40, si ce numéro nous était demandé; car les Anglais filent jusqu'au n° 120.

44. *D.* De quelle force est la machine à vapeur que vous employez dans votre filature? — *R.* La machine est de la force de 15 chevaux, et à basse pression. MM. Malo et Dickson

45. *D.* Quelle est sa consommation en houille? — *R.* 118 hectolitres, pour 6 jours de travail.

46. *D.* De combien d'heures de travail se compose le jour? — *R.* De 12 heures, mais la combustion de la houille dure moyennement 13 heures 1/2 environ.

47. *D.* Depuis quelle époque votre établissement est-il en activité? — *R.* Nous avons commencé en 1832 les premières démarches qu'exigeait l'établissement de notre filature, mais ce n'est qu'au mois de juin 1837 que nous avons commencé à obtenir des produits.

48. *D.* Quelle est l'importance de votre établissement? — *R.* Notre établissement, que nous avons fait comme essai, comporte quinze métiers et nous n'en avons que douze en activité, avec tout le matériel nécessaire pour les mettre en œuvre.

49. *D.* Combien chaque métier a-t-il de broches? — *R.* En moyenne 50, puisqu'en tout nous avons 600 broches.

50. *D.* Que filez-vous par jour? — *R.* Nous filons 1,000 à 1,200 livres par jour.

51. *D.* Les machines dont vous vous servez sont-elles de fabrication anglaise, ou bien en avez-vous fait fabriquer en France à l'imitation de celles que vous auriez importées? — *R.* Non, nous les avons toutes tirées d'Angleterre.

52. *D.* Avez-vous obtenu du gouvernement anglais l'autorisation d'exporter les machines que vous employez? — *R.* Non : nous les avons exportées en fraude; ce qui, avec les frais, nous a occasionné une dépense de 70 p. o/o.

MM. Malo et Dickson.

53. *D.* Comprenez-vous, dans ces 70 p. 0/0, les droits payés à la douane française ? — *R.* Non ; ces droits qui n'auraient dû être que de 15 p. 0/0 de la valeur, nous sont encore revenus à 30, parce que l'on a forcé la valeur.

54. *D.* Les machines fabriquées en France sur des modèles venus d'Angleterre, et copiées rigoureusement pièce à pièce, sont-elles aussi bonnes que les machines venues d'Angleterre ? — *R.* Non, pour le moment ; car je ne crois pas que l'ouvrier français, même le plus habile, ait les connaissances et les outils nécessaires pour construire ces machines avec toute la précision qu'elles exigent. Nous avons, du reste, trop bonne opinion de l'ouvrier français, pour ne pas croire qu'il puisse arriver à fabriquer des machines semblables à celles qui se fabriquent en Angleterre ; mais il a, pour cela, besoin d'une expérience qu'il n'a pas encore acquise ; et je crois qu'il lui faudra quelques années encore pour arriver à ce résultat. Au reste, nous n'avons encore aucun fait qui nous fixe à cet égard.

55. *D.* Y a-t-il dans votre département, pour la filature du lin, des fabriques semblables à la vôtre ? — *R.* A notre connaissance, nous sommes les seuls fabricants qui filent aujourd'hui, en France, les étoupes sèches dans toute leur longueur ; mais beaucoup d'établissements se forment en ce moment, qui devront entrer en concurrence avec nous. M. Scrive seul, dans le département du Nord, possède des machines anglaises, avec lesquelles il fabrique, au moyen de procédés différents des nôtres, des fils à des numéros plus fins que ceux que nous fabriquons.

56. *D.* Y a-t-il, à Lille et dans le département, d'autres filatures ? — *R.* A notre connaissance, il y en a douze à Lille, et plusieurs dans d'autres parties du département. Mais toutes ces machines sont construites d'après l'ancien système qui est presque aussi fort au-dessous du nôtre que la filature à la main.

57. *D.* Où vendez-vous vos produits? — *R.* Nous les vendons à Lille qui est un marché d'approvisionnement pour les tisserands; et nous expédions aussi directement sur la Picardie et la Bretagne. MM. Malo et Dickson.

58. *D.* Vendez-vous vos produits aussitôt qu'ils sont fabriqués? — *R.* Nous avons en ce moment pour plus de 50,000 francs de fil qui nous reste en magasin, parce que l'on ne nous offre pas un prix suffisant pour nous engager à le vendre.

59. A quoi tient la baisse de prix dont vous parlez? — *R.* Cette baisse a été occasionnée par l'importation, en France, d'immenses quantités de fils anglais qui viennent faire concurrence aux nôtres.

60. *D.* Depuis quand ressentez-vous les effets de cette importation? — *R.* Cette importation a commencé il y a plusieurs années; mais, dans le principe, les quantités importées étaient si minimes, qu'il n'y avait pas alors concurrence : ce n'est que depuis neuf ou dix mois qu'elle a réellement commencé à se faire sentir, et elle est arrivée graduellement à encombrer, depuis quelques mois, tous nos marchés, et à rendre nos ventes impossibles.

61. *D.* Quels sont les numéros que vous fabriquez de préférence? — *R.* A l'époque où nous avons commencé à nous établir, on avait déjà introduit en France des fils fins de Leeds ; c'est nous qui avons les premiers importé, comme essai, les fils de gros numéros, que l'on fabrique en grande quantité dans les filatures de Dundee (Ecosse). Depuis lors, nous n'en avons plus introduit ; mais nous avons constamment fabriqué du fil semblable, depuis le numéro 2 jusqu'au numéro 20 (anglais). Nous trouvions jusqu'ici un débouché facile pour nos fils, qui ne peuvent plus se vendre aujourd'hui, depuis que les fils anglais sont arrivés en si grande masse que toute concurrence est devenue impossible.

62. *D.* Pensez-vous que l'importation des gros fils soit plus con-

sidérable que celle des fils fins? — *R.* Oui, nous croyons que les gros fils importés entrent pour la moitié au moins dans le poids de la totalité des fils importés.

63. *D.* De combien l'importation des fils étrangers a-t-elle fait diminuer le prix des vôtres? — *R.* Cette diminution a été pour nous de plus de 20 p. 0/0 ; car, au mois de septembre 1837, nous vendions 80 centimes la livre du fil numéro 7 anglais, et, depuis deux mois, nous avons été obligés de réduire à 62 centimes le prix de ce même fil, pour qu'il pût, jusqu'à un certain point, soutenir la concurrence des mêmes fils anglais, qui se vendent sur le marché de Lille 55 et même 50 centimes la livre.

64. *D.* Mais, avec cette différence de prix, comment pouvez-vous encore vendre vos fils? — *R.* Le peu que nous vendons, malgré notre prix supérieur au prix anglais, nous le devons à la supériorité de nos fils sur les fils anglais. Mais cette concurrence ne nous porte pas moins un immense préjudice, parce que le bon marché des fils anglais séduit une grande quantité d'acheteurs.

65. *D.* Pourquoi vous serait-il impossible d'abaisser le prix au taux des fils anglais, afin de conserver la vente? — *R.* Nous ne le pouvons pas, à moins de commencer par la ruine; car les fils anglais dont nous parlons défient toute concurrence. Ils sont le résultat d'une situation embarrassée : non-seulement ils ne donnent pas de bénéfice au fabricant, mais encore ils supposent une perte à laquelle le fabricant se résout pour continuer le travail, en attendant de meilleures circonstances. Ensuite, quand même le prix anglais reviendrait à un taux normal, taux qui paye les frais et donne un bénéfice raisonnable, nous ne pourrions pas encore nous en contenter, parce que toutes les conditions de travail sont plus onéreuses en France qu'en Angleterre. Voici un tableau détaillé (voir à la fin de la déposition) qui vous donnera toutes les dépenses d'un établissement de 600 broches

MM. Malo et Dickson.

tel que le nôtre, et qui vous fera voir que pour l'achat du lin et des étoupes, pour la consommation de la houille, et surtout pour l'achat et l'entretien des machines, nous avons un désavantage marqué sur nos voisins. Ajoutez que la valeur des machines que nous employons est beaucoup plus considérable et que la détérioration de ces machines doit s'évaluer au dixième par année, parce que, si elles ne s'usent pas dans cette proportion, on est obligé de les remplacer, au bout de ce temps, par d'autres machines plus parfaites, si l'on veut rester en progrès et obtenir les mêmes bénéfices. Indépendamment de cette plus grande cherté dans l'achat et l'entretien des matières premières que nous employons, nous avons encore à supporter une prime d'assurance sur ce même excédant de valeur.

66. *D.* Nous vous ferons remarquer que, depuis que vous avez formé votre établissement, vous avez obtenu, par l'ordonnance du 25 novembre 1837, une réduction de 50 centimes par hectolitre de houille venant d'Angleterre; vous n'aviez cependant pas dû compter sur cet avantage : est-ce qu'il est sans résultat pour vous? — *R.* C'est un avantage sans doute; mais il n'empêche pas que nous payions encore la houille 2 fr. 50 cent. l'hectolitre, tandis que le filateur anglais, à Leeds, ne la paye que 75 centimes.

67. *D.* Ce prix de 75 centimes n'est guère admissible pour les filatures qui ne se trouvent pas dans les lieux d'extraction, car on sait qu'à New-Castle la houille vaut généralement 75 centimes sous vergue? — *R.* Ce que nous disons est pourtant exact, surtout à l'égard de certains filateurs d'Écosse, ceux de Dumfries, par exemple, qui ne payent même la houille que 60 centimes. A Dundee, elle est plus chère : là, elle peut revenir à 1 fr. 10 cent. l'hectolitre de 100 kilogrammes. Au reste, nous vous enverrons la facture d'un chargement de gailleteries fait pour nous en Écosse : cette gailleterie ne nous reviendra sous vergue qu'à 62 cent. 1/2 l'hectolitre, payables à six mois, ou sous escompte de 3 p. 0/0.

MM.
lo et Dickson.

68. *D.* Est-ce que vous ne consommez que de la houille anglaise? — *R.* Nous avons essayé des forges gailleteuses et des gailleteries de Mons; mais, vu notre situation à la côte, il nous est plus facile et plus économique de nous procurer la houille de l'autre côté du détroit.

69. *D.* Quant à la main-d'œuvre, quelle est la différence entre la France et l'Angleterre? — *R.* Si les ouvriers étaient préparés ici comme en Angleterre, ils ne coûteraient pas davantage, car la vie est à peu près au même prix : pour les autres provinces de France, on dirait qu'elle est bien moins chère; mais le département du Nord approche de l'Écosse qui est la partie de la Grande-Bretagne où il fait le moins cher vivre. Or, nous sommes obligés de faire venir des fileuses d'Ecosse, et d'avoir un double personnel, afin de former des sujets pour l'avenir. Si nous voulions absolument nous contenter des fileuses du pays, il nous faudrait des contre-maîtres venus d'Angleterre, et la dépense reviendrait au même.

70. *D.* Par quelle voie supposez-vous que le gouvernement puisse venir au secours de votre industrie? — *R.* En imposant sur les fils étrangers un droit qui ne devrait pas être au-dessous de 40 centimes par kilogramme, pour les numéros au-dessous du numéro 20.

71. *D.* Ce droit, l'appliqueriez-vous indistinctement aux fils de lin et aux fils d'étoupe? — *R.* Oui; car nous n'admettons pas qu'on puisse encore faire la distinction entre les uns et les autres dans les gros numéros. Voici une lettre d'un des plus grands négociants de Lille, qui, ayant reçu des fils anglais par Dunkerque, se plaiguait au commissionnaire de ce qu'il avait payé le droit du fil de lin, «*persuadé*, ajoutait-il, *qu'il aurait fait passer au droit* «*d'étoupe, à la douane, une partie de ces fils, beaucoup plus* «*gros que la plupart des fils d'étoupe, qui sont admis au droit de* «*14 francs.*»

Nous nous réservons d'ailleurs de vous montrer un double échantillon de notre numéro 10, fil de lin, et de notre numéro 10, fil d'étoupe, et vous pourrez vous convaincre de l'impossibilité de les distinguer. MM. Malo et Dickson.

72. *D.* Cependant on les distingue dans le commerce, car vous venez de nous donner des prix différents pour les uns et pour les autres? — *R.* Oui, on les distingue par leur moindre force; mais c'est une appréciation que la douane ne peut pas faire; et, d'ailleurs, il faut considérer que le fil d'étoupe reçoit toute sa valeur de la main-d'œuvre; car, sans la perfection des nouvelles machines, ce serait une matière de bas aloi.

73. *D.* Dans quel rapport ce droit de 40 centimes serait-il avec la valeur moyenne des fils au-dessous du numéro 20? — *R.* Nous vous donnons les éléments mêmes du calcul; nous partons du numéro 27, en étoupe, qui vaut...... 1f 20c le kilogramme, à Lille;

Le numéro 10, en lin...........	2	50
Le numéro 20, en étoupe,.......	2	50
Le numéro 20, en lin,..........	2	80
	9	00
MOYENNE.............	2	25

Ainsi, ce serait environ 20 p. 0/0 avec le décime.

74 *D.* Mais, faites attention que c'est le prix français que vous taxez, et non pas le prix anglais? — *R.* Cela est vrai, mais c'est toujours le droit de 40 centimes qui nous paraît nécessaire pour établir l'équilibre.

75. *D.* Soit: mais, dites-nous quels sont les véritables prix en Angleterre? — *R.* Les voici:

MM. [illegible] et Dickson.

Dundee : le numéro	10, en étoupe....	0f 90c	le kilogramme ;
————	10, en lin,......	1 64	
————	20, en étoupe,...	1 85	
————	20, en lin.......	2 10	
		6 49	
Moyenne................		1 62	

Par conséquent, le droit proposé serait, environ, de 25 p. 0/0.

76. *D.* Dans les calculs que vous nous présentez, vous ne calculez le prix du lin que vous employez que sur le cours français : qui vous empêcherait d'employer aussi le lin de Russie? — *R.* Nous l'employons indifféremment; mais nous sommes obligés de faire nos achats en France, et par conséquent de supporter des frais de commerce que nous pourrions économiser, si, comme les Anglais, notre fabrication était assez considérable pour nous donner le moyen de faire directement nos achats en Russie, et d'accorder des avances au propriétaire. Cette extension, que nous et d'autres pourront donner à la filature, dépend du sort que lui réserve la législation.

77. *D.* Comment entendriez-vous que ce tarif s'élevât pour les numéros supérieurs? — *R.* C'est de quoi nous n'avons pas à nous occuper, puisque nous ne filons pas aujourd'hui au-dessus du numéro 20.

78. *D.* Sont-ce là toutes les propositions que vous avez à faire? — *R.* Nous avons encore à demander qu'en toute hypothèse on traite le fil d'étoupe comme le fil de lin, et, de plus, qu'on n'admette pas comme fil écru celui dont la couleur naturelle a déjà été altérée par un blanchiment quelconque, soit qu'il ait été lessivé, soit qu'il ait été mis sur le pré, soit enfin qu'il ait été passé au chlore. Ces derniers sont toujours très-faciles à reconnaître par l'odeur du chlore qu'ils conservent.

Nous avons encore un autre intérêt à vous signaler, c'est celui de la fabrication des toiles à voile.

Une grande partie de nos fils est destinée à cette fabrication, surtout ce qui s'expédie en Bretagne : eh bien, cette fabrication est contrariée par les grandes importations des toiles de même espèce, venant de Russie, de Hollande et d'Angleterre, qui sont admises au droit de 30 francs les 100 kilogrammes, et qui se vendent 90 p. 0/0 au-dessous du prix des toiles de France.

MM. Malo et Dickson.

MM.
...o et Dickson.

FRAIS D'ÉTABLISSEMENT ET

EN ANGLETERRE.

	600 Broches pour les numéros 1 à 20, mues par une machine à vapeur de 15 chevaux..........		110,000f
	FRAIS PAR SEMAINE.		
N° 1.	Charbons gailleteries, 110 hectolitres à 75 c........................	82f 50c	
2.	Huile, suif et éclairage........................	30 00	
3.	Main-d'œuvre........................	550 00	
4.	Entretien des Machines........................	30 00	
5.	Assurances contre l'incendie, sur 100,000 fr. à 4 p. 0/0 par an, ou par semaine	7 70	700f 20c
6.	Détérioration des machines et bâtiments, estimée à 10 p. 0/0, par an, sur la valeur mise dehors, soit sur 100,000 fr. ou par semaine...............	192 30	
7.	Supposant le bénéfice du filateur réduit aux taux de 10 p. 0/0 d'intérêt sur sa mise dehors 110,000 fr. par an, ou par semaine....................	211 50	403 80
	MATIÈRES PREMIÈRES.		
8.	2,000 kilogrammes lin de Russie, à 95 fr. les 100 kilogrammes..........	1,900f 00c	
	2,500 ——— étoupes de Russie, à 47 fr. 50 c. les 100 kilogrammes...	1,187 50	3,087 50
	4,500 kilogrammes — Total des frais par semaine....		4,191 50
	Les produits anglais reviennent donc à		
	900 kilogrammes, n° 16, fil de lin au prix de 1f 67c 1/2 le kilogramme....	1,507f 50c	
	775 ——— 12, fil d'étoupes ——— 1 40..................	1,085 00	
	2,000 ——— 7, fil d'étoupes ——— 80..................	1,600 00	4,192 50
	825 kilogrammes déchet de fabrication		
	4,500 kilogrammes,		

NOTES JUSTIFICATIVES.

N° 1. *Charbons.* En quelques endroits de la Grande-Bretagne, les charbons sont à meilleur compte, en d'autres, plus chers que le prix coté de 75 c. l'hectolitre, que nous prenons pour terme moyen.

2, 3, 4 et 5. Ces articles ne demandent pas d'explications, étant tous basés sur les taux d'Angleterre, d'Écosse et d'Irlande.

6. La détérioration des machines est un fait connu de tous les filateurs anglais qui n'établissent jamais leur compte des profits et pertes sans porter, au débit de ce compte, 10 p. 0/0 pour détérioration de la valeur de leur établissement; nous avons fixé la détérioration sur 100,000 fr., les 10,000 fr. excédant représentant le terrain.

7. Le filateur doit avoir un bénéfice; partout il trouve 5 p. 0/0 d'intérêt pour son argent; il doit, par conséquent, avoir, en sus, au moins 5 p. 0/0 pour payer ses peines, soins et frais d'administration.

8. Les valeurs des matières premières sont celles cotées par les journaux anglais toutes les semaines.

Des états comparatifs et des notes justificatives ci-dessus, il résulte que, pour pouvoir équilibrer une concurrence possible avec l'Angleterre, il est impérieusement indispensable qu'à leur entrée en France les fils de lin et d'étoupe de lin indistinctement, depuis le n° 1 jusqu'à 20, soient frappés d'un droit de au moins 40 c. le kilogramme.

D'ENTRETIEN D'UNE FILATURE DE LIN

MM. Malo et Dickson.

EN FRANCE.

600 broches, pour les numéros 1 à 20 anglais, mues par une machine à vapeur de 15 chevaux......		190,000f
FRAIS PAR SEMAINE.		
N° 1. Charbons gailleteries, 110 hectolitres à 2 fr. 50 c.	275f 00c	
2. Main-d'œuvre......	550 00	
3. Huile, suif et éclairage......	40 00	
4. Entretien des machines......	75 00	
5. Assurance contre l'incendie sur 180,000 fr. à 4 p. 0/0, 720 fr., ou par semaine.	14 00	954f 00c
6. Détérioration sur les machines et bâtiments, estimée à 10 p. 0/0, faisant sur la mise dehors, soit sur 180,000 fr., 18,000 fr., ou par semaine......	346 15	
7. Supposant le bénéfice du filateur réduit, comme celui du filateur anglais, au taux de 10 p. 0/0 d'intérêt sur sa mise dehors, 190,000f = 19,000, ou par semaine.	365 38	711 53
MATIÈRES PREMIÈRES.		
8. 2,000 kilogrammes de lin de France, à 110 fr. les 100 kilogrammes......	2,200 00	
2,500 ——— étoupe de lin de France, 65 fr. les 100 kilogrammes....	1,625 00	3,825 00
4,500 TOTAL des frais par semaine....		5,490 53
Les produits français reviennent donc à		
900 kilogrammes n° 16 fil de lin à 2 fr. 5 c. le kilogramme......	1,845 00	
775 ——— 12 fil d'étoupe à 1 fr. 75 c.	1,356 25	
2,000 ——— 7 ——— à 1 fr. 15 c.	2,300 00	5,501 25
825 ——— déchet de fabrication.		
4,500 kilogrammes.		

On voit donc, par cet aperçu, qu'il nous coûte 5,490 fr. 50 c. pour produire la même quantité de fil que les Anglais produisent pour 4,101 fr. 50 c.; différence en faveur de la filature anglaise de 1,299 fr. 3 c., soit environ 25 p. 0/0.

NOTES JUSTIFICATIVES.

N° 1. *Charbons à 2 fr. 50 c. l'hectolitre.* Ce prix est le plus minime qu'aient payé les usines, dans les environs de Dunkerque, jusqu'à ce jour. Il est vrai que les manufactures situées sur la frontière belge se procurent les charbons à un peu meilleur compte; mais, dans presque toutes les autres parties de la France, le combustible est d'un prix infiniment plus élevé que celui coté.

2. Cet article est basé sur le salaire des ouvriers dans le nord de la France, qui est le même qu'en Irlande et en Écosse.

3. *Huile, suif et éclairage.* Les deux premiers articles, nous les portons les mêmes qu'en Angleterre; mais l'éclairage à l'huile coûte en France plus cher que l'éclairage au gaz employé dans les filatures anglaises.

4. L'entretien des machines se trouve payé sur l'aperçu des frais de la filature anglaise avec 30 francs par semaine, tandis que nous le portons à 75 francs, par le motif que nous sommes obligés d'affecter des mécaniciens largement salariés pour tenir nos machines en bon état et les réparer en cas d'accident. Le filateur anglais, au contraire, lorsqu'un accident arrive, trouve partout d'habiles ouvriers chez les mécaniciens qui l'entourent. Il importe, en outre, de faire observer que toutes les pièces cassées de fer, de fonte de fer, d'acier et de cuivre, se remplacent plus promptement et à bien meilleur compte qu'en France.

5. L'assurance contre l'incendie est cotée au taux payé partout.

6. *Détérioration sur les machines.* Nous la portons, comme les Anglais, à 10 p. 0/0 sur la valeur totale, excepté le terrain; mais avec le désavantage qu'au bout des dix années nous n'avons pas la certitude qu'ont les Anglais de pouvoir les remplacer.

7. Quant au bénéfice du filateur, nous le portons au même taux que celui du filateur anglais, c'est-à-dire 5 p. 0/0 excédant l'intérêt de l'argent, pour les peines, soins et frais inévitables du fabricant.

8. *Matières premières.* Elles sont calculées aux prix les plus bas payés dans les années de bonnes récoltes.

Pour ajouter une nouvelle preuve des avantages que les Anglais ont sur nous, nous ferons les observations suivantes sur les prix actuels des fils à Lille :

Le n° 16, fil de lin, comme on le voit, nous coûte 2 fr. 5 c. le kilogramme; à quoi il faut ajouter la commission de vente, escompte sur les factures, emballage des fils et courtage de négociation; ce qui fait au moins 10 c. de plus le kilogramme pour nous comme pour les Anglais; nous ne pouvons donc pas vendre le kilogramme de ce fil au-dessous de 2 fr. 15 c.; cependant le prix d'aujourd'hui à Lille est de 2 fr. à 2 fr. 10 c. Les gros fils d'étoupe sont encore dans un état plus déplorable. Le n° 12, fil d'étoupe, qui nous coûte 1 fr. 75 c. le kilogramme, et que nous ne pouvons pas vendre sans perte au-dessous de 1 fr. 85 c., se vend aujourd'hui, par des Anglais, à 1 fr. 60 c. Le n° 7, qui nous coûte 1 fr. 15 c., et que nous devons vendre à 1 fr. 25 c. le kilogramme, se vend, par nos rivaux, sur nos marchés, à 1 fr. et 1 fr. 10 c. le kilogramme; ce que nous ne saurions faire sans nous ruiner. De plus, comme leurs prix diminuent encore toutes les semaines, si le Gouvernement ne vient pas à notre secours immédiatement, il est possible que d'ici à trois mois les prix des fils anglais baissent encore de 10 p. 0/0, afin de forcer la vente de la quantité immense de ces marchandises, dont ils ont inondé tous les marchés de France.

Il est inutile de faire observer que ce qui précède laisse supposer que déjà tous les [fil]ateurs français possèdent (ce qui n'est pas) les mécaniques anglaises les plus [mo]dernes, et qu'ils sont arrivés au point de les faire fonctionner avec la même éco[no]mie et perfection que nos voisins.

SÉANCE DU 1er JUIN 1838.

MM. Delfosse et Lelièvre, tisseurs à la mécanique, à Cambray.

79. *D.* Vous tissez à la mécanique? — *R.* Oui; nous avons établi, il y a deux ans, une fabrique sur les principes les plus avancés; nous n'avons rien négligé pour en rendre l'exploitation facile, et nous n'avons pas craint d'engager un capital de 600,000 francs, sans comprendre le fonds de roulement. L'installation en est telle, le travail y est conduit avec tant d'intelligence, que les gens les plus compétents n'ont pas hésité à nous dire que nous avions le tissage le plus perfectionné qui soit en Europe.

80. *D.* Quelle espèce de tissu entendez-vous prendre pour terme de comparaison? — *R.* Je pense qu'on ne peut pas prendre de meilleure base que la toile unie de 8 à 10 fils.

81. *D.* Veuillez nous indiquer en quoi consiste le perfectionnement qu'apporte le tissage à la mécanique sur l'ancien mode? — *R.* Une beaucoup plus grande régularité dans le tissu, et la possibilité de faire indéfiniment des pièces de qualités identiques.

82. *D.* Et, quant à l'économie, comment peut-on l'apprécier? — *R.* Elle résulte d'abord de la continuité du travail, qui permet de faire davantage dans un temps donné, et de n'employer qu'un enfant pour conduire deux métiers.

83. *D.* Mais, si le métier ne consomme pas comme un tisserand, il est mû par une machine à vapeur qui consomme de la houille? — *R.* Notre machine a la force de 20 chevaux; elle consomme, par journée de 13 heures de travail, 15 hectolitres raz de charbon, qui nous coûtent 30 francs; elle met en mouvement 150 métiers à tisser, et leurs préparations, et donne moyennement 1,500 aunes de toile par jour.

84. *D.* Combien avez-vous aujourd'hui de métiers battants? — *R.* Notre établissement est destiné à recevoir 300 métiers ; 70 sont montés, 40 seulement battent.

MM. Delloye et Lelièvre.

85. *D.* Existe-t-il en France d'autres établissements semblables aux vôtres? — *R.* Nous n'en connaissons pas.

86. *D.* Ainsi vous ne pouvez pas apprécier le nombre d'ouvriers qui sont exclusivement employés au tissage du lin à la mécanique, ni le nombre de journées de travail que représente cette fabrication faite accessoirement, à la main, par les gens de la campagne pendant les heures qu'ils n'emploient pas au labour? — *R.* Aucunement.

87. *D.* Vous vous êtes établis sous l'empire du tarif du 17 mai 1826, qui fixait les droits sur les toiles de 30 à 35 francs pour 100 kilogrammes? — *R.* Oui. C'est en vue de ce tarif que nous avons formé notre établissement; et c'est déjà vous dire que les bases de nos premiers calculs se trouvent dérangées par deux circonstances majeures : la première résulte du changement que le tarif des douanes a subi en juillet 1836, c'est-à-dire du déclassement des toiles 8, 12 et 16 fils, et de l'abaissement du droit de chacun de ces numéros; par exemple, du numéro 8, qui, de 71 francs 50 centimes, a été réduit à 39 fr. 60 cent. (décime compris). Cette réduction est d'une grande importance; car les Anglais en profitent jusqu'au dernier terme, en ayant soin de fabriquer des toiles qui n'ont pas tout à fait 9 fils et qui sont admises comme 8 fils, alors qu'elles ont 8 1/2, 8 3/4 et même 8 15/16; parce que tant que le 9e fil n'est pas entièrement découvert, la toile reste dans la classe inférieure. La seconde circonstance résulte de la plus forte importation des toiles d'Angleterre, à partir de 1836; mais celle-ci est, à vrai dire, identique avec la première; car les importations ne se seraient probablement pas accrues aussi rapidement si le tarif était resté ce qu'il était. Je crois pouvoir dire que tout le mal vient de là.

88. *D.* Cependant on n'a voulu, en changeant le tarif, que ré-

MM. Delloye et Lefebvre. partir également, entre les divers numéros, la taxe convenue de 15 p. 0/0 de la valeur, laquelle semblait excéder ce taux pour les toiles 8, 12 et 16 fils? — *R.* L'intention peut avoir été telle que vous le dites; mais le résultat certain est tel aussi que je vous l'indique.

89. *D.* Vous n'avez pas d'établissement de filature? — *R.* Non.

90. *D.* D'où proviennent les fils que vous employez? — *R.* D'Angleterre uniquement. En France, nous ne trouverions pas régulièrement les quantités qui nous sont nécessaires; quant à la qualité des fils de même fabrication, il y en a d'aussi bonne chez nous. Quant au fil à la main, il est trop cher, et même, à prix égal, nous devrions préférer le fil anglais à cause de sa régularité.

91. *D.* Comme perfection de tissu, à quel point croyez-vous être? — *R.* Nous ne tissons que depuis six mois; nous sortons à peine de la période des essais et des tâtonnements, et nous pouvons déjà dire que nos produits sont très-remarquables. Au reste, la commission en jugera par des échantillons que nous lui présenterons suivant son désir.

92. *D.* Pouvez-vous nous indiquer la différence de prix entre les fils d'Angleterre et les fils français faits à la mécanique et faits à la main? — *R.* Les fils mécaniques français et anglais, de même qualité, se trouvent au même prix sur le marché français, et c'est à nos filateurs à dire s'ils ont des sacrifices à faire pour établir cette parité, comme je n'en doute pas. Mais, quant aux fils à la main, nous n'avons aucun intérêt à en chercher le prix comparatif, puisque nous ne pouvons pas les employer au tissage mécanique.

93. *D.* Tissez-vous plusieurs espèces de toiles? — *R.* Nous tissons plusieurs comptes, mais principalement des tissus de 3 à 9 fils aux 5 millimètres.

94. *D.* Quelle est la réduction de prix que les circonstances

dont vous avez parlé font éprouver à vos produits comparativement à vos premiers calculs? — *R.* Elle est d'au moins 20 p. 0/0. MM. Delloye et Lelièvre.

95. *D.* Ainsi, vous pensez que la plus grande importation des toiles anglaises n'a lieu que depuis l'abaissement du tarif? — *R.* Avant l'abaissement du tarif les toiles anglaises étaient à peine connues sur le marché français; depuis elles l'ont complétement envahi.

96. *D.* Mais, d'un autre côté, l'importation des toiles belges diminue? — *R.* Il n'y a pas de doute que les Anglais ne soient en mesure d'écraser la fabrication belge aussi bien que la nôtre.

97. *D.* Il y a donc impossibilité de placer vos produits? — *R.* Nous n'avons encore que très-peu de produits à offrir à la consommation; et, quoique les qualites en soient supérieures, les prix en sont désastreux pour nous, ainsi que vous pouvez en juger par le décompte que nous vous présentons, calculé sur l'échantillon A de 78 portées.

98. *D.* Veuillez répéter les résultats de ce décompte? — *R.* Cette toile revient, rendue à Paris, tous frais quelconques payés, à 1 fr. 5 cent. l'aune.

Voyons comment nous pouvons établir la même toile en France, en employant exactement le même fil. C'est du fil de lin n° 16 anglais, filé sec, de 2ᵉ qualité.

1 kilogramme de fil n° 16 coûtera	2f 20c
Le droit comme étoupe	0 15
Main d'œuvre générale pour tisser 3 mèt. 40 cent., soit	0 86
TOTAL	3 21

Or, si 1 kilogramme de toile fait avec le fil ci-dessus, donnant 8 fils dans 5 millimètres, coûte 3 fr. 21 cent. pour 3 mètres 40 centimètres, l'aune revient à 1 fr. 13 cent.

M. Delloye et Lelièvre. Nous savons que cette même toile a été vendue par le fabricant anglais à 0f 92c

glais à	0f 92c
Frais divers	0 02
Droit sur une aune de toile 8 fils	0 14
TOTAL	1 08

Le fil de cette toile, ayant été lessivé avant la fabrication, a perdu 12 p. 0/0 de son poids, ce qui fait que le droit payé ne s'élève pas tout à fait à 14 centimes; par contre, les frais payés s'élèvent à plus de 2 centimes par kilogramme.

Ainsi il demeure prouvé que nous ne pouvons pas fabriquer cette même toile sans perdre 5 centimes à l'aune, puisqu'elle nous coûtera 1 fr. 13 cent. et que l'Anglais la vend à Paris à 1 fr. 8 cent. Cependant le tarif actuel *semble* nous donner une protection de 8 p. 0/0. En effet, je suppose que l'Anglais paye son fil le même prix que nous, soit pour

1 kilogramme	2f 20c
La main-d'œuvre comme la nôtre	0 86
Le droit sur 1 kilogramme de toile de 8 fils	0 39
TOTAL	3 45

Mais nous produisons à 3 fr. 21 cent., différence 24 centimes, ou 8 p. 0/0.

99. *D.* Ainsi vous reconnaissez que le tarif actuel vous ménage tout au moins une protection de 8 p. 0/0? — *R.* Je viens de vous dire qu'en effet il semblait nous donner cette protection; mais le fait de la vente de la toile pareille à l'échantillon dont je viens de décomposer le prix prouve suffisamment que je ne puis fabriquer qu'à perte.

Je viens d'établir que l'on vendait à 1 fr. 8 cent., à Paris, de la toile anglaise semblable à l'échantillon que je vous présente. Je le dis d'après une facture qui m'a été montrée par MM. Chambry et Varin.

Voulez-vous d'autres preuves? Voici deux lettres qui me sont adressées d'une des premières maisons de vente de Paris; la première, sous la date du 15 novembre 1837, porte ces mots : MM. Delloye et Lelièvre.

« *Notre place est aujourd'hui envahie par les toiles anglaises de « tout genre; les arrivages en sont très-fréquents, et chaque fois c'est « une baisse ou une toile mieux fabriquée que l'on propose.* »

La seconde contient ces mots :

« *Attendu qu'aujourd'hui la toile anglaise se cote sur notre place, « c'est-à-dire qu'on ne la vend pas, on la donne.* »

100. *D.* Quelles sont donc les causes essentielles du plus haut prix de votre fabrication? — *R.* J'aurai l'occasion de vous l'expliquer tout à l'heure : il me suffit de dire ici que tout tient à ce qu'en Angleterre la filature et le tissage se trouvent réunis dans le même établissement, et à ce que, fabriquant sur une plus grande échelle, il y a grande économie sur les frais généraux.

101. *D.* Le bas prix qui vous est offert, et dont vous ne pouvez vous contenter, ne résulterait-il pas accidentellement de l'extension de la fabrication de ces toiles qu'a provoquée, en 1837, la plus forte importation des fils anglais? — *R.* Le fil et la toile anglaises remplacent le fil et la toile françaises, et je ne crois pas que cela soit accidentel, puisqu'en ce moment des marchands français sont en Angleterre pour y faire des achats très-considérables.

102. *D.* Mais ces achats, que l'on fait avec avantage en Angleterre, ne seraient-ils pas provoqués par deux autres circonstances accidentelles, à savoir : l'interruption des envois aux États-Unis d'Amérique et l'attente d'un changement de tarif en France? — *R.* Non. Je ne pense pas que le bas prix en Angleterre soit accidentel; il résulte incontestablement de ce que les Anglais sont tout à la fois filateurs et tisseurs, et peuvent se contenter d'un seul bénéfice sur les deux opérations; ils peuvent, même pour la vente à l'étranger, se contenter du prix de *revient.*

MM. Delloye et elievre.

103. *D.* En général, les fabricants, pas plus les Anglais que les autres, ne vendent qu'avec un certain bénéfice; il est difficile d'admettre qu'on nous envoie des toiles pour le seul prix de revient? — *R.* Peut-être la pensée que je viens d'exprimer vous semble-t-elle paradoxale; je vais chercher à la rendre plus claire, et à vous faire partager la conviction qui m'anime à cet égard.

Je supposerai qu'un établissement donne pour 1,000,000 fr. de produits par an; les frais généraux s'élèveront à une quotité quelconque, 12 p. 0/0 par exemple. Si le fabricant peut trouver à l'étranger un débouché pour 500,000 francs de plus, ses frais généraux seront réduits à 8 p. 0/0. Il aura ainsi diminué de 4 p. 0/0 le prix de revient de son premier million, sans avilir en aucune façon le prix de la marchandise, sur le marché qui la consomme. Il y a donc avantage pour le fabricant à vendre au prix coûtant les 500,000 francs de marchandise qu'il a fabriquée en plus. Mais cet avantage ne sera pas le seul qu'il en retirera.

Il aura augmenté son importance comme manufacturier.

Il achètera sa matière première en plus grande quantité, et, par conséquent, à de meilleures conditions.

Il aura préparé, en cas de crise, un écoulement plus vaste à ses produits.

Enfin il aura la chance, plus ou moins éloignée, de trouver des bénéfices, même assez considérables, sur le marché que son habileté et son industrie auront su lui ouvrir.

Si vous appliquez ce raisonnement à la combinaison de la filature et du tissage du lin dans un même établissement; si vous y ajoutez l'emploi de moyens mécaniques à plus bas prix et plus expérimentés qu'en France, d'une fabrication mûrie par une longue étude et qui n'a plus d'école à faire, d'une matière première à meilleur marché que la nôtre, et enfin la puissance d'immenses bénéfices réalisés, et dont on ne veut pas laisser tarir la source, vous aurez trouvé le mot d'une énigme que la plupart des fabricants cherchent encore.

104. *D.* Quelles seraient, en définitive, les dispositions qui, selon

vous, devraient être prises pour vous mettre à même de continuer votre fabrication? — *R.* Je demanderais qu'on prît pour base 1 kilogramme de fil, d'un numéro donné, dont le prix serait de. . . . , et avec lequel on ferait une toile d'un nombre de fils donnés, dans 5 millimètres carrés; qu'on ajoutât, au prix de ce kilogramme de fil, le coût de la main d'œuvre pour la convertir en toile; enfin qu'on ajoutât encore le droit que ce kilogramme de fil payera, et que sur la somme de ces trois objets, on mît un droit de 20 p. 0/0, c'est-à-dire qu'un kilogramme de toile, fabriquée d'après ces éléments, coûtera un prix de. . . . ; je voudrais que la même toile, venant d'Angleterre, fût frappée d'un droit de 20 p. 0/0 sur ce prix de revient. Je vais donner un exemple. MM. Delloye et Lelievre.

Je suppose qu'on fabrique une toile avec du fil numéro 16 anglais. Cette toile donnera 8 fils par 5 millimètres carrés.

1 kilogramme de ce fil, fil de lin mouillé, 2ᵉ qualité, (c'est la moyenne entre les fils les plus chers et les meilleurs marché, et c'est la sorte qui est la plus généralement employée pour le tissage de la toile) coûtera en Angleterre. 2ᶠ 40ᶜ

Main-d'œuvre de toute espèce, dévidage, tissage, etc., pour fabriquer ce kilogramme de fil, avec lequel on fera 2ᵐ,90 de toile, en 0ᵐ,80 de largeur. 0 66

Droit sur 1 kilogramme de ce fil : le droit devant probablement être changé, j'ai là une inconnue. X

1 kilogramme de toile 8 fils coûtera. . . . . 3ᶠ 06ᶜ + X

Et c'est sur ce prix que je demande une protection de 20 p. 0/0.

105. *D.* Mais nous ne pouvons admettre une telle base; car l'objet de tout tarif est d'affecter la valeur du produit étranger, pour l'élever à un certain niveau : en prenant, au contraire, comme vous le faites, le prix français pour point de départ, il est impossible d'arriver à solution. — *R.* Je pense que, les éléments de la fabrication française vous étant connus d'une manière positive, il vous serait plus

MM. Delloye et Lelièvre. facile de vous en servir pour base du droit à intervenir, que de prendre le prix de revient en Angleterre, qui jamais ne vous sera connu qu'imparfaitement. Je veux bien me resserrer dans le cercle que vous m'avez tracé; mais, auparavant, j'ai dû étudier ce système nouveau pour moi.

Après y avoir bien réfléchi, voici ce que je demande, mais ce que je demande comme *minimum* de la protection indispensable pour arrêter la ruine de l'industrie du lin en France.

Je commence par admettre, ainsi qu'il vient de me l'être dit, que le changement qui a eu lieu en juillet 1836, pour le classement des fils, n'a eu d'autre objet en vue que de régulariser le droit de 15 p. 0/0 sur les toiles belges, lequel semblait être dépassé sur les toiles de 8, 12 et 16 fils dans 5 millimètres carrés, puisque ces droits moins élevés ont été fixés pour ces trois sortes; mais, comme ces nuances disparaissent devant la production anglaise, si prodigieusement inférieure en prix à la fabrication belge, et si écrasante pour notre industrie, comme les toiles de 8 fils sont celles qui lui font le plus de tort, celles dont la lutte est tout à fait impossible à soutenir, et comme enfin ce sont celles qui font la masse des importations anglaises, je demande que, préalablement, et comme point de départ, la tarification redevienne ce qu'elle était avant le 15 juillet 1836; ce que l'avait faite la loi de 1826, si longuement, si sagement élaborée; ce n'est d'ailleurs pas faveur que je réclame ici, c'est justice. Les motifs qui ont provoqué ce changement n'existant pas à l'égard de la toile anglaise, je demande en outre, et cette demande vous paraîtra sûrement bien modérée, que le tarif ainsi ramené à son ancienne échelle, pour le classement des fils, et avec les droits tels qu'ils existent par la loi de 1826, soit augmenté d'un cinquième, c'est-à-dire qu'au lieu que les numéros 8, 9, 10 et 11 fils, par exemple, payent 65 francs les 100 kilogrammes, comme par le passé, ils payent dorénavant 78 francs.

106. *D.* Voilà ce que vous demandez, pour le cas où le tarif ac-

tuel sur les fils serait maintenu ; mais si ce tarif était augmenté ? — *R.* Je demanderais que le tarif sur les toiles fût augmenté proportionnellement, en prenant pour base actuelle des droits sur les fils, savoir : 14 francs sur les fils de lin, comme sur les fils d'étoupe, jusqu'au numéro 30 anglais exclusivement, et 24 francs pour les fils d'étoupe, comme pour les fils de lin, depuis le numéro 30 anglais jusqu'au plus fin. C'est l'espèce de transaction tacite admise par la douane, dans l'impossibilité où elle est de distinguer les fils d'étoupe d'avec les fils de lin. MM. Delloye et Lelièvre.

En résumé, je demande le tarif de 1826 ; augmentation d'un cinquième sur ce tarif; augmentation proportionnelle à l'augmentation des droits sur les fils, si elle a lieu, comme c'est de toute justice.

Permettez-moi, avant de vous quitter, Messieurs, de vous rappeler que le sort de cette belle industrie est entre vos mains, que le moment est critique, que votre décision va nous permettre de lutter avec l'Angleterre, ou nous rendre à tout jamais ses tributaires pour un produit que notre sol ne demande qu'à fournir, et qu'elle est obligée d'aller chercher au loin.

SÉANCE DU 1er JUIN 1838.

M. Charles Homon, négociant, fabricant à Morlaix (Finistère), délégué par la chambre de commerce.

107. *D.* Avez-vous cherché, vous ou d'autres, à apprécier la superficie du sol français, qui est cultivé en lin? — *R.* Non. Je ne connais que la production du Finistère. On cultive, en lin, de 2,000 à 2,500 hectares, sur une superficie totale de 693,384 hectares.

108. *D.* Quel est le produit moyen d'un hectare en lin? — *R.* Environ 2,500 kilogrammes de lin en tiges sèches après le rouissage.

109. *D.* Et en graines? — *R.* 300 kilogrammes environ.

110. *D.* Jusqu'où s'élève la meilleure et jusqu'où descend la plus mauvaise récolte? — *R.* La récolte du lin est très-variable; une mauvaise donne de 500 à 600 kilogrammes de lin à brins courts, et une belle donne plus de 2,500 kilogrammes.

111. *D.* La culture du lin est-elle plus étendue dans votre département que dans celui des Côtes-du-Nord? — *R.* Nous avons, comme je l'ai déjà dit, 2,500 hectares sur 693,384, et les Côtes-du-Nord 10,000 sur 605,603. Ainsi, la superficie cultivée en lin dans le Finistère n'égale que les 2/5 de celle qui est cultivée dans les Côtes-du-Nord. Nos terres d'ailleurs ne rendent pas autant.

112. *D.* Est-ce parce qu'elles sont moins bonnes? — *R.* Non: cela tient au mode de culture.

113. *D.* D'où vient le lin que vous travaillez et que vous ne produisez pas, et à quelles conditions l'obtenez-vous? — *R.* Nous recevons, tous les ans, de 400,000 à 450,000 kilogrammes de lin du département des Côtes-du-Nord.

La Belgique et Lille nous envoient une très-petite quantité de lin qui, peigné, nous revient à 1 franc la livre et qui a besoin d'être travaillé encore avant qu'on en puisse faire un fil propre aux toiles spéciales auxquelles il est destiné. M. Charles Hamon.

114. *D.* La petite quantité que vous recevez de Belgique, pouvez-vous la déterminer? — *R.* Elle n'a pas dépassé 5,000 kilogrammes en 1837.

115. *D.* Et où se vendent la plupart de vos produits? — *R.* Autrefois les exportations des toiles du Finistère s'élevaient à 8,000,000 ou 10,000,000 de francs. Elles ont graduellement diminué jusqu'en 1822, époque de troubles dans le royaume et les colonies d'Espagne. Alors elles ont, à vrai dire, totalement cessé. Je n'évalue la quantité des toiles que nous expédions aujourd'hui par Bordeaux, Nantes et le Havre, soit pour les colonies françaises, soit pour les nouveaux États d'Amérique, qu'à 50,000 francs, et ce chiffre me paraît être le plus fort qu'on puisse donner. Dès 1814, nous sentîmes la nécessité de modifier notre fabrication pour lui ménager un débouché qui remplaçât celui de l'Espagne, où les tissus allemands commençaient à obtenir la préférence.

116. *D.* Quel a été ce nouveau débouché? — *R.* Jusqu'en 1832, nous avons trouvé à vendre pour la fourniture des troupes de terre et de mer. Nous pourvoyons encore à une partie de l'approvisionnement de la marine; mais celui de la guerre est devenu à peu près nul pour nous; on emploie de préférence les toiles belges pour le linge et les doublures des troupes de terre. Il est venu à ma connaissance qu'un régiment en garnison dans la 13ᵉ division militaire, la nôtre, a été fourni de toiles anglaises.

117. *D.* Le principal débouché des toiles de Morlaix étant autrefois les colonies françaises, d'où vient qu'elles consomment moins de vos toiles? Cela tiendrait-il à un plus grand usage des toiles de coton? — *R.* Les Antilles françaises n'ont jamais été pour nous un

M. Charles Hamon. débouché considérable. Maintenant que depuis 1816 nous avons dû modifier notre fabrication, qui autrefois, s'adaptait aux besoins des colonies, il nous serait impossible, nous fussent-elles demandées, de faire 100 balles (500 pièces) de l'espèce dite *légitime*, et dont on fait usage dans les colonies. C'est une fabrication perdue chez nous.

118 *D*. Cependant on ne peut pas dire que, si les colonies françaises ne vous demandent plus de toiles, c'est qu'elles sont pourvues par l'étranger; car les tissus de toute espèce, autres que ceux de France, y sont frappés de prohibition absolue? — *R*. L'observation est très-juste. Si la consommation était la même qu'autrefois dans les colonies, je devrais admettre que d'autres parties de la France y font des envois. Quintin les fournit en partie; mais je répète que, pour nous, le débouché des colonies françaises est tout à fait insignifiant.

119. *D*. Et depuis qu'il est question des produits à la mécanique, la fabrication de la toile diminue-t-elle chez vous? — *R*. Je vous ai déjà dit que nos exportations étaient devenues nulles en 1822; elles se sont un peu relevées depuis, et j'estime que jusqu'en 1832 il se fabriquait, pour le service de l'armée et pour la consommation civile, 15,000 pièces de toile blanche en 5/8 de laize, de 100 aunes la pièce, d'une valeur commune de 130 fr.; ce qui faisait en tout une valeur de 1,950,000 fr. Il se fabriquait pour une valeur à peu près égale en différents autres tissus.

De 1832 à 1836, la fabrication a beaucoup diminué, et je puis assurer qu'à la fin de 1837 l'introduction des toiles d'Écosse l'avait fait diminuer de plus de moitié. Aujourd'hui elle n'est plus que le tiers de ce qu'elle était en 1832. Ces toiles d'Écosse sont celles qui ressemblent le plus aux nôtres, quoiqu'elles soient moins fortes.

120. *D*. Si la fabrication se réduit ainsi en proportion de la demande, les prix des toiles ne devraient pas baisser? — *R*. Cependant la baisse de prix est de 20 p. o/o depuis un an.

121. *D.* Pourquoi n'est-ce que depuis un an que vous ressentez la concurrence des toiles d'Écosse, qui se produisent déjà depuis longtemps aux mêmes conditions qu'aujourd'hui? — *R.* C'est parce qu'en 1836 on a changé le classement et les droits des toiles des numéros qui conviennent à la plus grande consommation; cela a fait appel aux toiles d'Écosse qui, pour les 8 fils, par exemple, se trouvaient dégrevées de 26 fr. 40 c. (décime compris) par 100 kilogr. Le mal vient de là: il vient aussi de ce que nous avons perdu la fourniture de l'armée de terre. M. Charles Homon.

122. *D.* Sur quelle qualité de toiles la baisse a-t-elle particulièrement eu lieu? — *R.* Sur les toiles blanches 2/3 et 5/8 dites de *Plougastel.* Une toile blanche, de 8 fils à 5/8 de laize, valait, en 1837, 126 fr. les 100 aunes, et ne vaut plus aujourd'hui que de 105 à 108 fr.

123. *D.* La mévente et la baisse de 1837 ne résultaient-elles pas encore d'autres causes? — *R.* Notre manière de fabriquer la toile exige qu'on achète les matières neuf ou dix mois à l'avance, ce qui nécessairement occasionne des pertes d'intérêts. En 1836 notamment le lin s'est payé fort cher; et, comme la toile que ce lin a produite n'a pu se vendre qu'en 1837, année d'encombrement, nous avons souffert par plus d'une cause; car nous avons dû baisser extraordinairement le prix de ce qui nous revenait extraordinairement cher.

124. *D.* Vous attribuez la plus forte importation des toiles anglaises à la modification du tarif; les numéros dégrevés seront donc entrés en plus grande quantité que ceux qui ne le sont pas? — *R.* Oui, comme je vous l'ai dit, ce sont particulièrement les toiles de 8 à 12 fils inclusivement qu'on a le plus importées.

125. *D.* Maintenant le prix du fil est-il en baisse dans votre département? — *R.* Oui : depuis qu'on y a introduit une certaine quantité de fil anglais.

126. *D.* De combien est cette baisse? — *R.* Je puis dire qu'au-

M. [Ch]arles Homon.

jourd'hui nos fils bretons ont baissé, au détriment de l'agriculture, et surtout de la filature, de 15 à 20 p. 0/0; et, malgré cela, nous ne pouvons soutenir la concurrence des fils d'Écosse qui, quoique inférieurs aux nôtres pour l'usage, trompent l'œil de l'acheteur et le font préférer.

Il nous sera par conséquent impossible de soutenir la lutte tant que la classification et les droits des toiles ne seront pas changés.

En effet : 1 kilogramme de fil anglais, qui coûte en Écosse 2 fr. 83 c., revient dans le Finistère, après avoir payé le droit de 26, et 70 centimes pour le tissage, à 3 fr. 80 c.

Le même fil, tissé en Écosse, en calculant le tissage au même prix, ce qui n'est pas, puisque dans le Finistère on tisse encore à la main, revient à 3 fr. 53 c., et, en y ajoutant le droit d'entrée en France qui est de 39 centimes, on a, pour le prix de cette toile, 3 fr. 92 c. Il n'y a donc de différence, en faveur de notre toile, que 12 centimes.

127. *D.* La baisse du fil ne s'explique-t-elle pas par celle du lin? — *R.* Non : il n'y a que six mois que le prix du lin a baissé par suite de l'importation du fil anglais, dont je vous ai parlé, et qui s'est élevée de 150,000 à 200,000 kilogrammes.

128. *D.* Il semblerait que, puisque vos fils sont en baisse, ils doivent se vendre, sinon avec profit, du moins avec facilité? — *R.* Pas davantage : les fils anglais, filés secs, ont l'avantage, non-seulement du bas prix, mais encore d'une grande régularité; et c'est ce qui fait qu'on les préfère pour une grande partie de la fabrication aux fils de Bretagne qui sont tous filés mouillés.

Cependant, je crois pouvoir maintenir que nos fils filés à la main, plus forts et cependant plus légers que les fils anglais, seront préférés lorsque l'expérience aura fait ressortir leur mérite comparatif, et surtout lorsque nos fileuses, stimulées par les circonstances qui nous pressent, apporteront plus de régularité dans leur travail.

Aujourd'hui on se laisse séduire par la belle apparence des fils étirés à la mécanique. M. Charles Homon.

129. *D.* Comment expliquez-vous que l'on finira par donner la préférence à ce qui est moins parfait et plus cher? — *R.* Nos fils mouillés ont l'avantage d'être faits avec de meilleures matières et d'être plus légers que les fils anglais filés à sec; leur plus haut prix n'est d'ailleurs qu'apparent; et voici comment je l'explique : je viens de vous dire qu'ils sont plus légers, c'est-à-dire qu'un poids donné présente une plus grande longueur de fil, cela fait qu'à mesure égale, le prix se réglant au poids, ils sont moins chers de 10 p. o/o que les fils anglais; mais, je le répète, ceux-ci ont un avantage qui domine tout, la régularité.

130. *D.* Existe-t-il dans votre département des ateliers où les fileuses soient réunies? — *R.* Non.

131. *D.* Quel est le nombre de ces fileuses travaillant isolément? — *R.* Environ 15,000.

132. *D.* Mais, pour le tissage, avez-vous des fabriques proprement dites? — *R.* Oui : il y a trois établissements qui travaillent spécialement pour la marine.

133. *D.* Par conséquent qui fabriquent des toiles à voiles? — *R.* Des toiles à voiles, des toiles pour chemises et enfin toutes celles dont la marine fait usage.

134. *D.* Que gagnent les fileuses? — *R.* De 15 à 20 centimes par jour.

135. *D.* Et les ouvriers? — *R.* De 60 centimes à 1 franc.

136. *D.* Et avant la baisse combien gagnaient-ils? — *R.* Pas davantage; seulement aujourd'hui l'ouvrage manque pour le plus grand nombre, et ceux qui n'ont rien à faire mendient.

137. *D.* Quelle est la classe ouvrière qui aujourd'hui souffre le plus? — *R.* Le tisserand autant que la fileuse, puisque la toile est délaissée.

138. *D.* Cependant l'importation de la toile est restée, en 1837, de 379,000 kilogrammes au-dessous de 1836; l'importation du fil s'est élevée à près de 4,000,000 de kilogrammes, et rien n'accuse d'ailleurs une moindre consommation de la toile chez nous : on doit donc conclure que le travail de la tisseranderie se développe plus qu'il ne se restreint? — *R.* L'observation peut être juste pour l'ensemble du pays; mais, quant à notre département, il ne s'est point ressenti de ce concours de circonstances; il reste même une grande masse de fil et de toile non vendue. Il m'a été dit, il est vrai, que, dans les environs d'Alençon et de Lisieux, on travaillait les grandes quantités de fil importées.

139. *D.* Si l'importation des toiles d'Angleterre s'est accrue en 1837, ne serait-ce pas à cause de la cessation momentanée des envois des toiles d'Irlande et d'Écosse pour les États-Unis d'Amérique? L'état actuel des choses n'est-il pas seulement transitoire? — *R.* Il est fort possible que ce soit là une des causes qui ont fait augmenter les importations l'année dernière; mais, comme elles continuent à être considérables, quoique la crise commerciale soit à son terme, je dois croire que les fabricants d'Écosse trouveront un grand avantage dans ces exportations tant que le tarif restera ce qu'il est.

140. *D.* A quelle somme peut s'élever la valeur des tissus de toute sorte qui se fabriquent dans votre département? — *R.* Je n'ai aucun moyen d'apprécier la valeur de toute la fabrication du département. Je ne saurais même pas dire, d'une manière exacte, quelle est celle des produits vendus au dehors. Je sais seulement qu'en 1832 celle-ci était de 3,500,000 francs; mais je ne crois pas que, cette année, elle dépasse 1,200,000 francs; car, d'après le

cours de la vente, dans le semestre qui finit, on ne peut guère atteindre la somme de 600.000 francs. M. Charles Homon.

141. *D.* Pour relever l'industrie des fils et de la toile, que vous dites en souffrance, quelle mesure croyez-vous que le Gouvernement aurait à prendre. — *R.* Pour le fil je n'ai pas de demande à faire en mon nom; car je ne suis pas filateur, et je ne réaliserai le projet que j'ai formé de le devenir que dans le cas où la législation protégera ce genre d'industrie. Mon opinion est que cela est nécessaire; mais, quant à présent, je n'ai d'autres propositions à faire que celles dont la chambre de commerce du Finistère m'a chargé, et les voici : il s'agirait d'élever les droits sur les fils étrangers, et de les échelonner en progression ascendante à raison de l'élévation des numéros de la manière suivante :

Jusqu'au n° 20	26 fr. 40 c. les 100 kil.
Du n° 21 au n° 30	30
Du n° 31 au n° 40	50
Du n° 41 au n° 50	70
Du n° 51 au n° 60	90
Du n° 61 au n° 80	140
Et dans la prévision de numéros supérieurs	200

142. *D.* Qu'avez-vous à proposer pour les toiles? — *R.* Dans le cas où le tarif des fils ne devrait pas être changé, je demanderais d'abord qu'on en revînt au tarif de 1826, attendu que le déclassement des numéros et la réduction des droits, particulièrement sur les toiles de à 12 fils, est la principale cause du malaise que nous éprouvons. Je crois même, comme je vous l'ai déjà dit, que tout le mal vient de là. Je demanderais ensuite que le tarif rétabli fût augmenté de 10 p. o/o de ses quotités et que les toiles blanches ou mi-blanches payassent double droit.

143. *D.* Vous admettez donc que l'on peut distinguer que les fils d'un même numéro sont faits avec du cœur de lin ou des étoupes ? —

M. Charles Homon. *R.* Mon opinion s'est modifiée à ce sujet; et maintenant je crois fort difficile de distinguer le fil d'étoupe de fil de lin, alors surtout qu'ils sont filés mouillés.

144. *D.* Mais, si le tarif des fils était augmenté, si, par exemple, on admettait les chiffres que vous venez de proposer, qu'y aurait-il à faire, selon vous, pour les toiles? — *R.* Alors, quelle que soit l'augmentation de droits qui sera faite sur le tarif des fils, la protection pour le tissage devra être de 20 p. 0/0 de la valeur, la classification de 1836 étant d'abord rétablie, comme je l'entends en toute hypothèse.

SÉANCE DU 5 JUIN 1838.

M. Scrive fils, filateur à la mécanique, à Lille.

145. *D.* Vous êtes appelé à l'enquête comme filateur de lin à la mécanique établi à Lille? — *R.* C'est bien là ma qualité.

146. *D.* A quelle époque avez-vous eu l'idée de fonder ce genre de filature? — *R.* En 1833; mais ce n'est qu'en 1835 que nous avons commencé à faire jouer nos machines.

147. *D.* Ces machines, les avez-vous fait fabriquer en France? — *R.* Cela était impossible; il n'y avait personne qui en connût le système. Nous avons été les premiers importateurs, et à ce titre on nous a fait remise du droit d'entrée.

148. *D.* Pour sortir d'Angleterre, avez-vous obtenu une autorisation du gouvernement? — *R.* Non : il nous a fallu recourir aux assureurs de contrebande, et la difficulté de soustraire les machines à filer à la surveillance des douanes, et même des fabricants, est telle que ce qui, de premier achat, ne nous coûtait que 70,000 francs, nous est revenu, tout compte fait, à 142,000 francs; ainsi c'est plus de 100 p. 0/0 qu'il nous a fallu payer pour avoir les premières machines.

149. *D.* Cependant, il y a des machines qui peuvent sortir d'Angleterre? — *R.* Oui : d'abord tout ce qui tient à l'emploi de la vapeur et aussi quelques métiers; mais, pour toutes les machines propres à filer ou à préparer les matières textiles, les Anglais en sont très-jaloux.

150. *D.* Accordent-ils l'entrée de leurs fabriques? — *R.* Non, quand ils soupçonnent que l'on est en état d'en comprendre les détails.

151. *D.* Avez-vous les moyens de faire répéter exactement les

M. Scrive fils. modèles importés? — *R.* Oui : nous avons des ouvriers qui sont en état de faire des machines aussi parfaites que celles que nous avons tirées d'Angleterre. Nous avons 1,800 broches qui sont en jeu, et qui ont été faites à Lille sur des modèles anglais.

152. *D.* Ainsi, vous n'avez pas été dans le cas de vous adresser aux mécaniciens de Paris qui pourraient faire de semblables machines? — *R.* Je ne connais pas de tels mécaniciens, et je n'ai pas eu à les rechercher, puisque nous avons nous-mêmes les moyens de faire nos machines.

153. *D.* Mais les machines que vous pouvez fabriquer ainsi reviennent-elles à plus haut prix que les machines que vous achèteriez en Angleterre, abstraction faite de l'assurance de fraude pour sortir et du droit de 15 p. 0/0 qui se paye ici à l'importation? — *R.* Le prix de la fonte et du fer est presque double en France de ce qu'il est en Angleterre; ensuite, la main-d'œuvre qu'il faut payer très-cher aux ouvriers, encore bien peu nombreux chez nous, qui sont en état de faire des machines susceptibles de filer régulièrement le fin, machines qui exigent une très-grande précision : ce sont là des causes qui font que, malgré l'assurance de fraude et le droit d'importation dont vous parlez, les machines que nous fabriquons reviennent encore à aussi haut prix que les machines anglaises que l'on est parvenu à importer en France.

154. *D.* N'a-t-on pas déjà, depuis que vous êtes établi, apporté d'Angleterre des machines d'un système plus avancé encore? — *R.* Nous croyons que, pour le filage des numéros communs, ne dépassant pas 20, les machines employées par MM. Malo et Dikson, de Dunkerque, sont plus parfaites que celles que l'on employait en Angleterre il y a cinq ou six ans; mais ce progrès ne s'adapte pas aux fils plus fins que nous produisons.

155. *D.* Quels sont les numéros de votre fabrication la plus habi-

tuelle? — *R*. Nous ne descendons pas au-dessous du n° 20 ; nous filons couramment jusqu'au n° 60, et mes raisonnements portent en général sur le n° 30, qui est la moyenne. M. Scrive fils.

156. *D*. Les machines ne dispensent pas d'employer des ouvriers; quel est le nombre des vôtres? — *R*. Nous avons 160 ouvriers (dont les deux tiers de femmes, enfants et adultes) occupés aux machines à étaler et laminer le lin; aux machines à carder les étoupes, au rattachage du fil, au dévidage, empaquetage, etc., etc. Le peignage n'emploie que des hommes. Dans aucun atelier les sexes ne sont confondus.

157. *D*. Les Anglais emploient-ils le même nombre d'ouvriers que vous pour une même quantité de broches, et ne pouvez-vous pas, à cet égard, faire la même économie qu'eux? — *R*. Nous avons aujourd'hui 2,500 broches en activité; et nous supposons que, pour ce même nombre, le filateur anglais a 10 ou 12 ouvriers de moins. Nous devrons aussi pouvoir économiser la même somme de travail manuel, lorsque nos ouvriers auront plus d'habitude et que nous pourrons exiger d'eux l'attention soutenue qu'ont les ouvriers anglais.

158. *D*. Avez-vous attiré dans votre établissement des ouvriers anglais? — *R*. Oui. Un directeur et un contre-maître pour la peignerie. Je n'ai pas besoin de vous dire que le traitement que nous sommes obligés de leur assurer sort des proportions ordinaires.

159. *D*. Vous venez de dire que vous avez 2,500 broches en activité : est-ce là tout ce que votre établissement est destiné à recevoir? — *R*. Il s'en faut bien. Nos constructions sont faites pour recevoir 10,000 broches qui existeraient déjà si les circonstances et le cours des prix ne nous avaient pas arrêtés; car, nous devons le dire, nous sommes des fabricants sérieux; nous ne vivons pas sur des actions au porteur; nous ne voulons pas jeter aux chiens un nom qui compte honorablement parmi les industriels. C'est toute l'existence d'une

Scrive fils. nombreuse famille que nous avons engagée dans notre industrie, et nous ne voulons pas compromettre les intérêts de ceux qui se sont associés avec nous.

160. *D.* Pour revenir aux machines, voulez-vous bien nous dire en quoi consiste la supériorité qu'elles ont sur les anciens modes de filage? — *R.* Si vous parlez de la filature à la main, il est évident que les machines l'emportent par la vitesse et la régularité du travail, par l'économie du salaire, et par cet autre fait très-important, qu'avec du lin d'une qualité donnée on peut filer beaucoup plus fin, et que d'ailleurs ces machines font avec des étoupes ce que la main n'aurait pas pu faire: c'est ce dernier point qui caractérise le grand avantage du nouveau système, en ce qu'il donne une valeur considérable à ce qui n'était, pour ainsi dire, qu'un rebut ou un déchet.

Si vous parlez des machines qui existaient déjà en France avant 1833, comme celles de Lille, de Frévent et autres, elles sont également vaincues par les nouvelles machines en tant qu'elles faisaient des numéros fins; mais, pour les numéros inférieurs, elles peuvent encore produire de bons fils et à de bonnes conditions, surtout lorsque les premiers apprêts de la matière sont bien entendus.

161. *D.* Ce que vous venez de dire des étoupes nous conduit à vous demander quelles sont les machines dont on se sert pour les ramener à l'état de filasse droite? — *R.* Ce sont des machines préparatoires qui diffèrent de celles employées pour le lin; elles traitent l'étoupe à peu près comme la laine et le coton, c'est-à-dire par la carde circulaire; c'est le même système : seulement les cardes sont de dimensions différentes, et l'on va successivement d'une plus grosse à une plus fine, jusqu'à ce qu'on atteigne le degré de finesse qu'exige le filage auquel les étoupes sont destinées. A partir de cette opération le reste du travail se suit comme pour le lin, mais avec cette différence que, les filaments de l'étoupe étant plus courts, les machines sont calculées de manière à leur donner la torsion qu'ils exigent.

162. *D.* Cet avantage de filer les étoupes, tenant aux machines que seuls vous possédez à Lille, ne vous détermine-t-il pas à acheter les étoupes des autres fabricants? — *R.* Non. Nous produisons nous-même assez d'étoupes pour employer le nombre de broches que nous avons destinées à cette fabrication. M. Scrive fils.

163. *D.* Combien d'étoupes votre manière de peigner le lin donne-t-elle aux 100 kilogrammes? — *R.* La certitude que nous avons de pouvoir utiliser les étoupes permet de peigner le lin plus à fond, afin d'avoir, pour les hauts numéros, une matière parfaitement préparée; de la sorte, nous n'obtenons que 50 kilogr. de lin pur : autrefois, on s'arrangeait pour en ménager 60.

164. *D.* Jusqu'à quel numéro pouvez-vous filer les étoupes? — *R.* Les Anglais filent les étoupes jusqu'à 80, 100 et même au-dessus, quant à nous, nous ne dépassons pas le n° 50.

165. *D.* Fait-on, dans le commerce, une différence entre les fils de lin et les fils d'étoupe, pour la fixation du prix? — *R.* Oui. Le fil d'étoupe est coté comme la plus basse qualité du fil de lin à numéro égal.

166. *D.* Pouvez-vous dire que les fils des numéros que vous fabriquez égalent en qualité les fils analogues d'Angleterre? — *R.* Je l'affirme sans aucune hésitation; car nos fils sont vendus comme les fils anglais; ils sont en grande réputation à Lille, où on les recherche pour la chaîne des divers tissus et pour les retordre en fils à coudre.

167. *D.* Cela étant, on se demande comment vous ne pourriez pas soutenir la concurrence des produits étrangers? — *R.* Ce n'est pas non plus par la qualité que cette concurrence nous entrave; c'est par l'abaissement considérable du prix des fils anglais.

168. *D.* De quelle époque date cette diminution de prix? — *R.* Depuis 1835, les prix sont tombés de 30 p. 0/0 de ce qu'ils étaient au moment où nous avons monté notre fabrique.

M. Scrive fils.

169. *D.* Par quoi se justifierait votre assertion? — *R.* Par nos livres qui établissent que nous vendions, en 1835, 110 francs le paquet de fil d'une qualité que nous sommes forcés de livrer à 80 francs; car nous devons vous dire que ce n'est pas notre prix de revient que nous demandons à la vente : nous subissons le prix que les Anglais demandent à Lille, où il existe telle maison de consignation qui fait, par mois, pour 600,000 francs d'affaires, sur lesquelles elle a 5 p. o/o de remise. Et, pour le faire remarquer en passant, ce commerce avantageux peut se faire avec quelques commis en petit nombre (12 à 15 employés), tandis que nous, pour arriver, par le travail de la manufacture, à un produit de 300,000 francs, nous avons fait une mise dehors de 450,000 francs; nous employons un capital de roulement de 160,000 francs, nous y consacrons tous nos soins, et nous donnons de l'occupation à 160 ouvriers. Ajoutez que les acheteurs sont attirés par l'immense assortiment qui se trouve toujours dans les dépôts anglais, et que nous sommes obligés de vendre aux quelques maisons qui connaissent nos produits. La loi, qui rend ces deux positions possibles, est-elle juste?

170. *D.* Vous dites que ce n'est pas le prix de revient que vous obtenez; est-ce que vous n'êtes pas parvenu à le réduire depuis que vous êtes établi? — *R.* Nous avons pu, sans doute, réduire nos premières dépenses, et par conséquent le prix de revient, mais non pas dans la proportion de la baisse offerte par les Anglais, de 30 p. o/o par exemple.

Cela était bien impossible à un établissement qui ne compte que trois années d'existence, et sur lequel pèse l'intérêt des capitaux engagés.

171. *D.* Mais cette baisse de 30 p. o/o, comment expliquez-vous que les Anglais puissent la subir? — *R.* Parce qu'ils ont d'abord fixé leurs prix en regard du prix du fil à la main et que, pour avoir de grands débouchés, il leur suffisait d'offrir une certaine réduction; mais, à présent qu'ils voient que l'on se met en devoir de leur faire

concurrence, ils se contentent d'un véritable prix de fabrique. Ils y sont forcés d'ailleurs par la facile multiplication de leurs produits et la concurrence que les établissements d'Angleterre, d'Irlande et d'Écosse se font entre eux. M. Scrive fils.

172. *D.* Ne faut-il pas ajouter à ces causes la crise Américaine qui a interrompu les exportations d'Angleterre? — *R.* Cette cause est réelle aussi; mais, si elle a provoqué les envois extraordinaires de fils qui, en dernier lieu, ont été faits sur la France, vous pouvez être assurés que ces envois continueront malgré le rétablissement des affaires Américaines, parce que les Anglais savent trop bien apprécier l'étendue d'un marché comme celui de la France et surtout la solidité des engagements que l'on contracte avec eux.

Cela est d'autant plus à prévoir que leur industrie est extrêmement progressive : depuis deux ans seulement, le nombre de leurs filatures a doublé.

173. *D.* Une autre cause des envois considérables que l'Angleterre nous fait aujourd'hui n'est-elle pas l'appréhension du nouveau tarif dont on escompterait, pour ainsi dire, l'augmentation? — *R.* Il est permis de le penser; et je le crois moi-même, en voyant les magasins de Lille s'encombrer de produits anglais. Dès à présent, la consommation est envahie pour six mois; mais il n'est pas nécessaire de recourir à cette circonstance pour expliquer les désavantages que nous avons relativement aux filateurs anglais.

Remarquez d'ailleurs que les fils qu'on importe en si grande quantité remplacent ceux que l'on filait à la main. Ainsi, 60,000 fileuses, qui existaient en 1822 dans le département du Nord, sont privées d'un travail qui ne nous est pas échu, à nous qui filons à la mécanique; d'où la conséquence que si les tisserands se soutiennent, ce n'est qu'au profit de l'étranger.

174. *D.* Mais vous n'entendez pas qu'on défende le travail à la main? — *R.* Non; j'entends que ce soit chez nous que les ouvriers

M. Scrive fils. passent dans le nouveau système, et non pas que le système de l'étranger les prive de pain.

175. *D.* Comment expliquer ce fait, que, lorsque vous dites ne pouvoir plus soutenir la concurrence étrangère, il se forme, pour la filature du lin, des compagnies qui promettent des bénéfices, sans exiger d'abord aucune garantie du tarif des douanes? — *R.* C'est avec répugnance que je répondrai à cette question. Je dois cependant vous dire que mon expérience me permet de juger la valeur des promesses de cette nature, et qu'il ne m'est pas difficile de voir que les fondateurs des nouvelles entreprises se trompent grossièrement. Qu'il me suffise de remarquer que tel prospectus annonce qu'on produira, *avec une broche!* 64 kilogr. de fil n° 30, par 300 jours de travail de 10 heures chaque. Or, je vous assure qu'à présent en Angleterre, où toutes les expériences ont été faites, un Marshall ne produit que 50 kil. Nous n'arrivons nous-mêmes encore qu'à 40, après quelques années de travail, pendant lesquelles nous n'obtenions que 30 kil. par broche. Cela ne fausse-t-il pas tous les calculs du revient et du prélèvement des frais généraux? Jugez du reste.

Ainsi, nous sommes, sous ce rapport, de 20 p. 0/0 au-dessous des Anglais; et tous les calculs théoriques, que l'on fait en vue des fabriques à établir, seront faux, je l'affirme, pour tout le temps qu'exigera l'éducation d'une classe d'ouvriers spéciaux.

176. *D.* Que savez-vous des filatures à la mécanique qui se créent en Belgique? — *R.* Je connais beaucoup de projets, mais rien d'effectué. J'étais à Gand il y a quinze jours, et, quoiqu'on ait annoncé qu'il y avait déjà là un grand établissement, je puis vous assurer qu'il n'y a pas encore de machines en jeu ni même en construction.

M. Cokerill possède à Liége quelques métiers; mais je ne sache pas qu'ils aient encore rien produit On sait qu'il veut appliquer une partie de sa filature de coton à la nouvelle industrie.

177. *D.* Ce même industriel ne s'occupe-t-il pas de fonder une filature en France? — *R.* Je n'en sais rien.

178. *D.* Mais enfin pouvez-vous établir ce que doit être, indépendamment des circonstances qui influent extraordinairement sur le commerce, le prix de revient nécessaire aux filateurs dont vous redoutez la concurrence? — *R.* La question que vous me posez est fort difficile à résoudre. En tous genres d'industrie les Anglais ont des avantages généraux que tout le monde apprécie : ils sont d'abord plus riches et plus entreprenants; ils achètent toutes les matières plus en grand, et à meilleur marché que nous; ils ont à choisir des ouvriers tout formés pour tous les genres de machines. Il semble qu'on peut juger de la puissance qu'ils ont de réduire leurs prix, quand on sait que M. Marshall, filateur à Leeds, qui donne ses produits à si bon marché, a élevé sa fortune au taux de plus de 25,000,000 de francs. M. Scrive fils.

Il est vrai qu'il est le créateur de la nouvelle industrie, et que c'est à lui que l'on doit les plus grands perfectionnements qu'elle a reçus depuis 1828.

Au reste, je vous présente un tableau duquel il résulte que nous avons sur 1 kilog. de fil du n° 30 anglais, (9 français) un désavantage de 54 centimes, sur une valeur de 4 fr. 20 cent. (voir le tableau).

179. *D.* Cependant vous fabriquez une matière produite dans le pays, tandis que les Anglais viennent acheter nos lins, et supportent des frais d'aller et de retour que vous n'avez pas? — *R.* D'abord, les Anglais ne viennent plus acheter de lin chez nous, du moins dans la Flandre; il y a quatre ans que nous en exportions de 4 à 500,000 kilogr., et M. le directeur des douanes peut vous dire que par les ports du Nord on n'en exporte plus.

Les Anglais travaillent de préférence le lin de Russie, qu'ils achètent en grande masse et à si bas prix qu'il ne leur revient qu'à 9 sous la livre à Leeds.

Je sais qu'on attendait, il y a un mois, la réouverture de la navigation de la Baltique, pour faire partir douze navires chargés de lin à destination d'Angleterre, lesquels se trouvaient dans les ports de Riga, Liebau, Memel et un autre dont le nom m'échappe.

M. Serive fils. 180. *D.* Si l'Angleterre n'achète plus nos lins, ils doivent baisser de prix, et c'est pour vous un avantage? — *R.* Cette baisse est réelle; une livre de lin qui se vendait 25 sous, il y a dix-huit mois, ne vaut plus aujourd'hui que 15 sous; mais cela n'empêche pas qu'il n'y ait encore une très-grande différence entre le lin que nous employons, et celui qu'emploient les Anglais.

181. *D.* Est-ce que les progrès de l'agriculture française n'amèneront pas une semblable baisse? — *R.* Je ne crois pas que nous puissions jamais produire en France le lin à aussi bas prix qu'en Russie; car le travail a, chez nous, une plus grande valeur, et le sol y vaut trois ou quatre fois plus qu'en Russie. Ce sont les meilleures terres de la Flandre que l'on emploie à cette culture; aussi cherche-t-on à les appliquer à d'autres produits qui rapportent davantage. S'il est donné à notre agriculture de faire de nouveaux progrès, ce que je ne sais pas, la Russie moins avancée en pourra toujours faire de plus grands. C'est à quoi elle songe sans doute, puisqu'on nous assure que des ouvriers de Belgique et de Flandre y sont attirés pour cultiver le lin comme dans leur pays.

182. *D.* Alors, pourquoi ne tirez-vous pas directement vos lins de Russie? — *R.* Nous n'avons pas de rapports directs avec la Russie, de sorte que nous sommes obligés de passer par les mains de trois ou quatre commissionnaires.

183. *D.* Cependant rien n'est plus facile que d'ouvrir des relations directes; tel de nous vous donnerait dix adresses pour le port de Riga. — *R.* Oui, mais la difficulté est de former des chargements entiers avec la certitude de les placer aussitôt leur arrivée en France. Et je dois ajouter que, quant à nous qui ne filons pas les fils de qualités inférieures, nous recherchons de préférence les lins de France et de Belgique.

184. *D.* Les Anglais n'emploient donc le lin de Russie que pour

les numéros inférieurs? — *R.* Il faut dire pour des qualités inférieures; car un même numéro se vend à des prix différents, suivant la matière dont il est formé. On peut employer des lins de diverses origines; mais, pour nous, ce sont, comme je vous l'ai dit, les lins de France et de Belgique qui nous conviennent particulièrement. M. Scrive fils.

185. *D.* Vous nous avez parlé du prix comparatif des machines et du lin : dites-nous maintenant quelles autres causes de bon marché vous supposez exister en faveur des Anglais? — *R.* Quoique le prix de la houille ne soit pas un élément principal du prix de revient des filatures, il n'est pas sans importance pour nous.

Ainsi, nous payons ce combustible, à Lille, 2 francs 25 centimes l'hectolitre *ras*, qui ne pèse que 80 kilogrammes. A Leeds, les fabriques, quoique situées dans l'intérieur de la ville, se trouvent à l'ouverture même des houillères : par exemple, je puis vous désigner MM. Hives et Atkinson qui ont un puits d'extraction dans la cour même de leur établissement. A ceux-là l'hectolitre ne revient qu'à 60 centimes. Par le même concours de circonstances, le gaz, que nous employons pour éclairer notre établissement, nous revient à 12 francs les 1,000 pieds cubes : il ne coûte, à Leeds, que 4 francs.

186. *D.* Pour changer l'état de gêne que vous dites éprouver, que supposez-vous que le gouvernement puisse faire? — *R.* Je crois qu'il doit élever le tarif des droits d'entrée sur les fils étrangers, et d'abord faire disparaître la fausse distinction entre les fils d'étoupe et les autres.

187. *D.* Quelle est maintenant la protection qui résulte pour vous du tarif des douanes? — *R.* Elle est de 5 à 6 p. 0/0 pour les fils de gros numéros, et de 2 1/2 pour les fils fins.

188. *D.* Mais en disant 2 1/2; vous ne calculez sans doute que sur le droit de 14 francs, qui est celui des fils d'étoupe? — *R.* C'est qu'en effet on ne perçoit généralement sur le n° 30, que je vous

M. Scrive fils. ai dit être la moyenne de notre fabrication, que le droit du fil d'étoupe. Ce n'est pas que la douane ne fasse bien son devoir; dernièrement encore elle a retenu une partie de fil qu'elle jugeait être fil de lin; elle a envoyé des échantillons à Paris, et les experts ont dit que c'était du fil d'étoupe. On conçoit qu'après cela les employés répugnent à faire retarder une expédition pour se faire donner tort.

189. *D.* Eh bien, à quel taux pensez-vous que les droits actuels doivent être élevés? — *R.* A 18 ou 20 p. 0/0 sur le prix du marché de France.

190. *D.* Mais alors ce serait taxer, non-seulement le produit étranger, mais encore la taxe qu'il a subie à l'importation et tous les frais accessoires? — *R.* Oui; dans ce sens, le chiffre de la protection serait plus fort; mais il ne dépasserait pas 20 à 25 p. 0/0, et c'est ce que je crois absolument nécessaire.

191. *D.* Ce droit de 20 à 25 p. 0/0, comment la douane pourrait-elle l'établir et le combiner? — *R.* Je voudrais d'abord que le même droit n'atteignît pas le gros comme le fin; qu'un fil n° 20, valant 3 fr. 57 cent. le kilogramme, ne payât pas comme le n° 120 qui vaut 33 fr. 76 cent. le kilogramme.

Ainsi, je ferais quatre classes :

La 1re comprendrait les fils du n°	1 à 19, et payerait	0f 40c	le kil.
La 2e ————————	du n° 20 à 39 ————	0 80	
La 3e ————————	du n° 40 à 69 ————	1 30	
La 4e tous les numéros supérieurs	....	2 00	

192. *D.* Et comment distinguerait-on, en douane, ces quatre degrés de finesse? — *R.* Par le compte-fil, comme on fait pour la toile, en serrant les uns contre les autres des fils sur lesquels on appliquerait le cadre de 5 millimètres et que l'on compterait à la loupe.

193. *D.* Vos classes comprennent-elles vos fils de lin et d'étoupe? — *R.* Oui, sans doute; je l'ai déjà dit, et je crois que cela est convenu par tout le monde.

194. *D.* Les diverses objections que nous vous avons faites durant votre interrogatoire vous porteraient-elles à modifier la demande que vous aviez formulée avant de venir ici? — *R.* Non : je crois toujours qu'il est indispensable d'élever le tarif de toute la somme que j'ai dite, et j'ajoute qu'il ne l'est pas moins de régler cette affaire au plus tôt, si l'on veut prévenir la ruine d'établissements comme le nôtre, qui, j'ose le dire, importent à l'avenir de toute l'industrie française; car on doit prévoir le cas où l'on nous refuserait la matière que nous aurions renoncé à préparer nous-mêmes. M. Scrive fils.

FRAIS annuels d'exploitation de 2,000 broches filant, par jour de douze heures de travail, 126 kilogrammes de fil de lin n° 30 anglais et 84 kilogrammes de fil d'étoupe n° 20.

	LEEDS.	LILLE.
Intérêts sur le bâtiment, à 6 p. 0/0 par an	2,400 f	3,600 f
Intérêts sur les machines, moteurs et accessoires, à 10 p. 0/0	17,600	29,200
Combustible, pour la machine à vapeur 25 hect.	5,250	16,875
Combustible pour le séchoir	1,000	3,000
Main-d'œuvre	Mémoire.	Mémoire.
Entretien des peignes, cardes, etc.	10,000	15,000
Éclairage au gaz	1,500	3,000
Prime annuelle pour assurance	1,100	2,000
Frais d'exploitation, de bureau, etc.	Mémoire.	Mémoire.
	38,850	72,675
		38,850
Différence annuelle en faveur du filateur anglais		33,825

Cette somme, divisée par 63,000, nombre de kilogrammes produits annuellement par l'établissement, donne une différence de 54 cent. par kilogramme au détriment du filateur français.

SÉANCE DU 5 JUIN 1838.

M. Loudet Dupont, délégué des fabricants de toiles d'Alençon.

195. *D.* En quelle qualité vous présentez-vous à l'enquête? — *R.* Comme délégué des fabricants de toiles d'Alençon.

196. *D.* Vous-même êtes-vous fabricant? — *R.* Je ne l'ai jamais été; pendant vingt-trois ans, j'ai fait à Alençon ce que l'on appelle le commerce de la commission qui consiste à acheter, à la halle et dans les campagnes, des toiles que l'on assortit pour répondre aux demandes qui viennent de divers côtés. Je suis maintenant retiré des affaires et désintéressé dans la question, si ce n'est que mon gendre est le premier qui ait eu l'idée d'introduire des fils anglais à Alençon, pour les faire tisser dans les départements de l'Orne et de la Sarthe. Je dois ajouter que plusieurs maisons d'Alençon, averties par cet exemple du profit que donnaient les fils anglais, se sont livrées depuis à la même spéculation.

197. *D.* Vous savez quelle est l'occasion de l'enquête, et de quelle nature sont les plaintes des fabricants que vous représentez? — *R.* Oui; j'ai en effet à vous dire que, depuis que les fils anglais ont été introduits dans notre département, depuis que les toiles anglaises ont été offertes sur divers marchés, et particulièrement sur la place de Paris, nos fabricants n'ont pu, comme autrefois, vendre avec quelque avantage les toiles confectionnées avec du fil du pays. Ils n'ont pu soutenir la concurrence en défendant leurs prix nécessaires, ni même en se résignant à une baisse de 15, 20, 25 et même 30 p. 0/0. Cette perte considérable, ils l'ont répétée plusieurs fois dans l'espérance d'un meilleurs cours. Ces malheureux ouvriers, qui n'ont pour exister que le produit de leur journée, ont fini par manger, ou à peu près, le capital qui leur servait à payer le fil; et ils se trouvent aujourd'hui dans une position très-fâcheuse.

L'usage de nos tisserands a toujours été d'acheter les fils et de vendre les toiles au comptant. Cette bonne habitude est maintenant changée. Les négociants qui ont introduit des fils anglais ont eu assez de confiance dans la bonne foi de ces tisserands pour leur vendre à crédit des fils qu'ils n'étaient plus en état de payer comptant, depuis qu'ils avaient, par les causes que j'ai dites, épuisé leur petit capital, qui était de 100 à 400 fr. Cette facilité peut être considérée comme un malheur; car l'ouvrier sans éducation ne sait pas calculer exactement l'époque où il pourra remplir les engagements qu'il prend, et d'ailleurs il ne débat guère le prix du fil qu'on lui livre de confiance. Puis, ne se trouvant pas pressé par le besoin de payer, il travaille moins vite, et, en fin de compte, il vend sa toile avec désavantage, et se trouve dans une position de plus en plus difficile.

M. Lindet-Dupont.

198. *D.* La gêne des tisserands de campagne est fâcheuse sans doute; mais, puisqu'ils tissent du fil anglais, la toile devrait se vendre avec avantage pour le commissionnaire? — *R.* Cette toile, quoique faite avec un fil plus facile à employer, n'égale pas encore la toile qui est faite à la mécanique, et qui réunit la régularité du tissage à la régularité du fil, et qui d'ailleurs se donne toujours à plus bas prix.

199. *D.* A quelle cause attribuez-vous ce bas prix? — *R.* L'industriel anglais a l'avantage d'être à la fois filateur et tisserand, et de réunir deux bénéfices sur lesquels il lui est possible d'opérer des réductions sans cesser de gagner, et puis il tisse à l'aide d'une machine qui fait beaucoup et à peu de frais. L'ouvrier qui ne travaille qu'à l'aide de ses bras, tout en ne gagnant qu'une journée très-minime, produit à grand frais comparativement.

200. *D.* Pourquoi la machine à tisser n'est-elle pas encore en usage chez vous? Est-ce qu'on espérerait soutenir la lutte avec elle au moyen du travail des bras que vous reconnaissez être si désavantageux? — *R.* Je n'ai pas cette espérance; je ne crois pas que

M. Lindet-Dupont. nous voyions encore ce que je me rappelle avoir vu il y a vingt ans : un bon ouvrier, que je puis désigner (Baumer), avec un capital de 60 fr., achetait chaque semaine le fil nécessaire à la fabrication d'une pièce de toile, et sur le prix de cette pièce il trouvait à dégager sa mise de fonds, et à nourrir lui, sa femme et sept enfants.

Je reconnais que nous avons à subir une véritable révolution qui, à mes yeux, a une plus grande importance que celle qui s'est produite pour le coton ; car elle touche à l'intérêt territorial de tous les départements; elle dérange les habitudes des paysans, car il n'y aura plus d'occupation pour les femmes et les enfants; occupation qui ajoutait au prix de la journée du chef.

Quand on a voulu essayer de la machine à tisser, on n'a pas réussi, et quelques maisons ont par là éprouvé de grandes pertes. Il faudra bien revenir au progrès; mais ce ne sera que quand la législation donnera quelque appui et rendra la confiance que les premières tentatives ont fait perdre. Nous pensons que cet appui nous est plus nécessaire aujourd'hui qu'il ne l'était aux fabricants anglais qui ont innové sous la protection d'un droit considérable; nous aurons encore à lutter contre le degré de perfection auquel ils sont parvenus.

201. *D.* Vos tisserands emploient-ils au moins la navette volante? — *R.* Quelques-uns l'ont essayé il y a environ vingt-cinq ans, d'après l'invention du nommé *Despiaux,* dont le métier modèle est encore au Conservatoire des arts et métiers; mais ils l'ont abandonnée, parce qu'elle ne convenait pas à notre genre de fabrique, ni à la qualité du fil employé. La toile fabriquée par ce moyen était plus légère et de moindre qualité.

202. *D.* Quelle est la population ouvrière de votre département? — *R.* De 40,000 à 45,000 ouvriers isolés, tant tisseurs que dévideurs et fileurs. Alençon compte pour plus de 3,000, non compris les cultivateurs et ceux qui s'occupent des préparations antérieures au filage.

203. *D.* On n'a pas eu l'idée de les réunir en ateliers? — *R.* Non : cela serait très-difficile; car ils sont disséminés sur toute la surface du département, et même on peut dire que chaque arrondissement est adonné à des produits un peu différents. M. Lindet-Dupont.

204. *D.* A quel taux portez-vous la valeur du travail de tous ces ouvriers? — *R.* Si nous parlons de la valeur pour les ouvriers, je dirai que le salaire des fileuses et des dévideurs est bien moindre encore que celui des tisserands, qui ne gagnent pas aujourd'hui plus de 14 à 16 sous par jour.

Mais si vous demandez la valeur totale des marchandises de lin et de chanvre fabriquées dans le département, je répondrai que je ne connais que celle des produits d'Alençon. Ceux-ci, je les évalue à 6 ou 700 pièces de toile par semaine : chaque pièce comporte 40 ou 65 aunes, sans intermédiaire; mais comme celles de ce second aunage forment la grande masse, nous pouvons prendre 60 pour moyenne. Chaque pièce vaut, au prix de souffrance d'à présent, 100 à 110 francs. Ainsi cela donne, pour Alençon, une valeur de 60 à 70,000 francs par semaine, soit pour l'année environ 4,000,000 fr.

205. *D.* La culture du lin est-elle considérable dans votre département? — *R.* Non : ce sont la Sarthe et la Mayenne qui, en très-grande partie, nous le fournissent tout filé. En lin du Nord à filer, nous recevons très-peu.

206. *D.* Votre département tire-t-il beaucoup de fil d'Angleterre? — *R.* J'ai commencé par vous dire que le commerce des fils anglais avait pris faveur à Alençon où il y a maintenant quatre maisons qui s'en occupent presque exclusivement. L'une d'elles a traité, il y a peu de mois, par son chef, qui s'est rendu en Angleterre, avec les filateurs, pour l'établissement d'un dépôt. Cela multipliera beaucoup les affaires en fils anglais et rendra les rapports plus actifs.

207. *D.* Le tisserand donne-t-il la préférence aux filés Anglais?

M. Lindet-Dupont. — *R.* Cette préférence est forcée de sa part, puisque le fil anglais lui est donné à crédit, qu'il est plus facile à tisser, plus coulant, et qu'il lui cause moins de perte.

208. *D.* Ce fil ne casse donc pas aussi souvent que l'autre; il est plus fort? — *R.* Non, je ne puis pas dire qu'il soit plus fort, mais il est plus uni et le travail en est plus facile, et je le répète, plus coulant.

209. *D.* Ainsi, votre grande industrie consiste dans le tissage? — *R.* Oui; tissage de toile d'abord et accessoirement de tissus divers de pur lin ou mélangés de coton.

210. *D.* Y-a-t-il maintenant un trop plein? — *R.* Les ouvriers étant obligés de vendre à quelque prix que ce soit, on ne peut pas dire qu'il y ait un trop plein. L'ouvrage manque, ou ne donne pas la nourriture à celui qui le fait : voilà tout.

Je vous citerai en preuve de la dépréciation des produits ce fait : on m'a offert à 3 fr. 50 cent. de la toile que j'aurais pu payer, il y a deux ans, de 4 fr. 75 cent. à 5 fr.; et le marchand, voyant ma surprise, m'a dit que si je voulais de la toile anglaise il me la donnerait encore à meilleur compte. Ainsi, il est des cas où la diminution de prix est de 30 p. 0/0; mais je serai plus dans le vrai en ne l'indiquant pour l'ensemble qu'à 20 et 25. La difficulté de faire travailler tous les tisserands est telle, qu'on leur refuse l'ouvrage de juillet à septembre, parce qu'alors ils peuvent aller travailler aux champs.

211. *D.* Les toiles anglaises ont elles également subi 20 à 25 p. 0/0 de diminution depuis deux ans? — *R.* Je ne puis à cet égard que vous citer ce que m'a dit, il y a quinze jours ou trois semaines, M. Cohin, de la maison Cohin frères de Paris, l'une des plus considérables pour le commerce des toiles. Il me montrait des monceaux de toiles anglaises et me faisait remarquer qu'il pouvait les vendre au moins 20 p. 0/0 au-dessous de nos prix de fabrique réduits comme

je viens de vous le dire; et il ajoutait que ce n'était pas de la marchandise d'occasion ni de la marchandise vendue par détresse, mais que c'était bel et bien *un article courant*, qu'il pouvait demander et se procurer en telle quantité qu'il voulait. Cela ne répond peut-être pas directement à votre question; mais cela prouve que si nous n'avions pas baissé nos prix de 20 p. 0/0, la différence entre nous et les Anglais serait de 40 p. 0/0 Je vous mets sous les yeux un autre point de comparaison. J'ai aussi vu dans les magasins de M. Cohin des toiles anglaises toutes blanchies, prêtes à l'emploi et toutes rendues à Paris, que l'on offrait à 29 sous, et que notre fabrique ne pouvait donner qu'à 34, 35 et 36 sous, quoique non blanchies. M. Lindet-Dupont.

212. *D.* Ces toiles anglaises, données à si bas prix, sont-elles de bonne qualité et d'un long usage? — *R.* C'est, comme vous le prévoyez bien, l'usage qui décide. Or, je ne le connais pas : nous n'employons encore chez nous que des toiles du pays.

213. *D.* Le changement que le tarif a éprouvé en 1836 vous a-t-il été dommageable? — *R.* Je puis d'autant mieux vous parler de ce fait que j'étais, en 1825, délégué par le département de l'Orne pour réclamer, de M. de Villèle, un nouveau tarif pour la toile, tarif que la loi du 17 mai 1826 nous a accordé. Il taxait la toile de 8 ou 12 fils qui forme le principal objet de notre fabrication, à 65 et à 105 francs par 100 kilogrammes. Eh bien! ce sont précisément ces deux espèces de toile qu'on a dégrevées l'une de 29 et l'autre de 30 fr., sans le décime. Cela changeait déjà considérablement notre position vis-à-vis des fabriques belges; cela la rend tout-à-fait intolérable vis-à-vis des fabriques plus avancées de l'Angleterre.

214. *D.* De combien pour 0/0 cela réduit-il l'impôt? — *R.* J'estime que le droit ancien répondait à 20 ou 24 pour 0/0, et que le droit actuel n'étant plus que de 15 à peu près, il y a réduction effective d'environ 30 pour 0/0 *sur l'impôt*.

M. Lindet-Dupont.

215. *D.* Quelles demandes vos commettants vous ont-ils chargé de faire au Gouvernement? — *R.* Nos tisserands sont peu en état d'apprécier les causes de leur malaise, et encore moins d'indiquer les remèdes convenables. Ce qu'ils disent le mieux, c'est leur souffrance. Mais, arrière d'eux, j'ai réfléchi à tout ce qui se rapporte à la question; et d'abord, comme je vous l'ai dit, il me semble que le tarif et la classification de 1836 leur sont directement préjudiciables, et que ce tarif devrait être réformé de manière à donner au tissage un droit protecteur de 35 à 40 pour 0/0; quant au fil, on devrait le taxer dans une proportion moindre, attendu qu'il n'est pas autant chargé de main-d'œuvre.

La demande que j'ai l'honneur de vous présenter mérite toute votre attention; car il s'agit d'une bien grande industrie, qui est sur le point de nous échapper.

216. *D.* Vous dites que les fils ne doivent pas être taxés aussi haut que la toile : quelle est la proportion que vous admettez? — *R.* Voici comme je raisonne :

Une pièce de toile française, qui vaut 120 francs, coûte :

Tissage	20f
Blanchiment	9
C'est donc	29f

à déduire du chiffre de 120, c'est-à-dire environ 1/5; ainsi il ne devrait plus y avoir que 27 à 28 pour 0/0 de droit à établir sur le fil, en supposant un droit de 35 pour 0/0 sur la toile. Comme nous ne réclamons qu'un droit protecteur et non prohibitif, si, par l'importation du fil, on peut offrir encore du travail, mais aux ouvriers tisseurs seulement, je pense qu'il serait sage d'apprécier cette considération à 4 ou 5 pour 0/0, et de ne porter le chiffre du droit sur le fil qu'à 23 ou 24 pour 0/0.

217. *D.* Avec cela, l'industrie telle qu'elle est dans votre département se maintiendrait-t-elle? — *R.* Je ne l'entends pas ainsi : elle

aura le moyen de changer totalement son système de fabrication pour se mettre en état de se défendre plus tard par de meilleurs prix, et par les mêmes moyens qu'emploient nos rivaux. Mais tout cela ne peut pas se faire d'un jour à l'autre; la routine est puissante sur nos paysans. Il est difficile de déranger leur allure. Il est d'ailleurs nécessaire d'appeler des capitaux qui ne peuvent pas engager la lutte, sans qu'on leur inspire confiance; car tout le monde mesure facilement les avantages que les Anglais ont sur nous dans l'état de la législation. M. Lindet-Dupont.

SÉANCE DU 6 JUIN 1838.

MM. Charles Laherard et Millescamp, filateurs à la mécanique, à Frévent.

218. *D.* A quel titre demandez vous à être entendus? — *R.* Nous sommes co-propriétaires d'un établissement de filature à la mécanique à Frévent (Pas-de-Calais), près de Bourbers, où avait d'abord été placée la filature de M. Ternaux. Celle-ci n'ayant pas eu de succès, comme chacun sait, d'autres capitalistes réunirent à Frévent la plupart des employés de M. Ternaux pour fonder une nouvelle fabrique, dans laquelle nous prîmes un intérêt considérable relativement à notre fortune : mais nous n'en dirigions pas les travaux ; c'était M. Eugène Garnier. M. Millescamp, commissionnaire et bailleur de fonds était à Paris, et moi j'étais notaire à Bourbonne-les-Bains. Les affaires que l'on ne surveille pas soi-même réussissent rarement : nous fûmes obligés de changer toutes les bases de notre association, et l'un de nous, M. Lahérard, prit le parti d'aller s'établir à Frévent avec son compatriote, M. Franchimons, et M. Millescamp continua à être chargé à Paris de la vente des fils et des toiles. Ce n'est que sur les faits postérieurs à cette circonstance que nous pouvons juger de la valeur de l'établissement.

219. *D.* Pour combien de broches votre établissement est-il disposé? — *R.* Pour 4,500. Nos métiers actuellement existants comportent 2,500 broches : ils sont construits sur l'ancien système.

220. *D.* Par quel moteur sont ils mis en mouvement? — *R.* Par une chute d'eau qui a la force de 50 chevaux ; mais nous n'employons que la force de 12. Nous espérons employer la force perdue si la législation nous en fournit le moyen : nous pourrons même l'accroître par une turbine de M. Fourneiron.

221. *D.* Que pourraient produire vos 2,500 broches? — *R.* De 1,000 à 1,200 livres par jour.

222. *D*. Sont-elles toutes en activité? — *R*. Non : il n'y en a que 1,000. MM. Charles Laherard et Miffescamp.

223. *D*. Le fil que vous produisez est-il destiné à la vente ou l'employez-vous vous-même au tissage? — *R*. Pendant toute la durée de la société Eugène Garnier et compagnie, la presque totalité des fils produits était donnée au tissage par l'établissement même; mais depuis la loi de 1836, qui a favorisé l'importation des toiles étrangères, nous n'avons plus trouvé qu'il y eût bénéfice à faire tisser : nous vendions même à perte.

224. *D*. Quelle destination donnez-vous aux fils que vous ne faites plus tisser? — *R*. Nous en vendons une partie sur place, et nous en expédions à Abbeville et à Paris; mais toujours à perte, car nous n'obtenons, suivant les numéros, que de 2 fr. 70 cent. à 4 fr., ce qui n'égale pas le revient.

225. *D*. Quel a été le cours des prix comparés avant et après l'émission de la loi? — *R*. Les toiles de notre plus grande fabrication sont les toiles 8 fils; or, c'est précisément sur celles-là que la réduction de 1836 a été le plus sensible; car vous savez que le droit est tombé de 65 à 38 fr. (sans le décime). Elles se vendaient, en 1835 et au commencement de 1836, de 1 fr. 75 cent. à 1 fr. 85 cent. l'aune, soit en moyenne 1 fr. 80 cent. Il faut 250 aunes pour donner un poids de 100 kilogrammes. Ces 100 kilogrammes valaient donc 450 fr. C'est sur cette valeur qu'il y a eu réduction de 26 fr. 40 cent., c'est-à-dire de 5 à 6 p. 0/0. Et remarquez que cette réduction coïncidait avec la baisse extrême des toiles étrangères, et vous jugerez s'il nous était possible de soutenir la concurrence.

Nous avons donc été contraints de baisser successivement nos prix, et d'arriver au taux de nos dernières ventes, qui était de 1 franc 87 cent. 1/2, et même, à ce taux, nous n'écoulons pas la marchandise; il nous reste en magasin 200 à 300 pièces qui nous auraient

MM. Charles Laberard et Millescamp.

été enlevées précédemment à 1 fr. 75 cent. par les premières maisons de Paris.

226. *D.* A ce taux vous n'atteignez pas le prix de revient? — *R.* Non, car voici ce qu'est ce prix de revient pour une toile de 8 à 9 fils, en se basant sur une longueur de 65 mètres, et une largeur de 85 centimètres, en écru : le poids de la chaîne, en fil mouillé et non lessivé, est, en fil n° 6 français, de......... 11 kilogrammes.

Le poids de la trame, au n° 7 français, est de..	8
TOTAL..................	19

Ces 19 kilogrammes, au prix moyen de 2 fr. 80 cent..	53f 20c
Main-d'œuvre de bobinage........................	3 00
——— de tissage	14 00
Frais généraux de toute nature..................	8 40
TOTAL..................	78 60

Ce qui donne, pour une aune ou 1 mètre 40 centimètres, 1 fr. 46 cent.

227. *D.* Avez-vous conservé aux tisseurs les mêmes salaires? — *R.* Non. Dans le cacul ci-dessus nous ne comptons que 14 fr. au lieu de 19 que nous accordions précédemment pour le tissage de 54 aunes; c'est un salaire très-misérable qui ne donne pas 1 franc par jour à l'ouvrier *habile* aidé par un enfant qui dévide ses trames. Et encore n'accordons-nous ce travail qu'avec difficulté aux plus habiles et aux plus pauvres, touchés que nous sommes de leur détresse; car cela fait mal à voir.

228. *D.* Mais vous travaillez d'après l'ancien système, qui, vous le savez bien, ne peut pas se soutenir en présence des procédés anglais. Est-ce que vous n'avez pas cherché à introduire des perfectionnements dans votre filature et votre tissage? — *R.* Nous avons d'abord changé complétement le mode de préparation du lin, c'est-à-dire

MM. Charles Labérard et Millescamp.

son épuration, son peignage et étirage en rubans et filés en gros ou de premier degré; c'est la chose essentielle. Les machines qui nous servent à cet effet ont été faites par M. David Vandeweld, mécanicien à Lille, d'après un système anglais.

Quant aux métiers à filer, ils sont tout ce qu'ils doivent être pour les gros numéros, jusqu'au 10 ou 12 français; mais nous nous occupons sérieusement de les établir sur le système anglais pour les numéros fins, et pour arriver à filer les étoupes. Dans cette vue, l'un de nous va se rendre, sous quelques jours, en Angleterre, pour choisir les machines les plus propres à filer les étoupes[1].

229. *D.* Est-ce que vous ne pourriez pas vous procurer ces machines en France? — *R.* Si nous pensions pouvoir le faire, nous préférerions sans doute éviter les frais et les embarras d'une importation; car vous n'ignorez pas que les machines à filer sont défendues à la sortie d'Angleterre et que la seule prime d'assurance coûte 70 p. 0/0. Voilà une lettre de Manchester qui nous en fait le compte[2]; outre cela, nous avons à payer le droit français de 15 p. 0/0, et les frais de commission et de port qui s'élèvent à la même somme.

230. *D.* Mais vous pourrez sans doute faire répéter en France les modèles que vous aurez importés? — *R.* C'est notre intention : nous savons que MM. Decoster et Cie, de Paris, M. Charles de Bergue et Cie, sont en mesure de monter les machines du nouveau système : mais ils ne sont pas encore sûrs de ce qu'elles produiront.

[1] En effet, M. Labérard était à Leeds le 23 juin, et de là il a fourni plusieurs nouveaux renseignements sur l'importance et le progrès des filatures de lin. Dans cette ville, on voit 400 cheminées de pompes à vapeur; on compte 105 filatures de lin. M. Marshall en possède 3 qui occupent 1,700 ouvriers et 400 peigneuses : il en construit encore une d'une plus grande importance et avec des perfectionnements.

[2] De Leeds encore, M. Labérard mande que c'est 75 p. 0/0 qu'il faut payer (juin 1838). 300 broches, avec des machines préparatoires pour plus de broches, ont coûté 58,000 fr. : ces machines sont parfaites. Il n'y a plus d'essais à faire; toute machine réussira avec du soin.

MM. Charles Labérard et Millescamp.

231. *D.* Les étoupes que vous ne filez pas jusqu'à présent, quel emploi leur donnez vous? — *R.* Nous les vendions précédemment aux femmes de la campagne sur le pied de 40 à 45 francs les 100 livres : mais elles sont délaissées maintenant que le fil anglais, des numéros que l'on filait avec ces étoupes, ne se vend pas beaucoup plus cher. Nous avons 25,000 kilogrammes d'étoupes en magasin.

232. *D.* Combien se produit-il d'étoupe, par 100 kilogrammes de lin livrés au peignage? — *R.* La quantite d'étoupe produite varie de 40 à 45 p. 0/0, selon la pureté que l'on veut donner au lin. Si nous devions filer plus fin, nous en aurions probablement jusqu'à 60 ; mais nous ne les regretterions pas, puisqu'avec le nouveau système les étoupes redeviennent *filables*. On fait trois classes d'étoupes : la première, pour toiles d'emballage : la deuxième, pour chaînes de tapis; et la troisième, pour beaux fils de trames.

233. *D.* D'où tirez-vous le lin que vous employez? — *R.* De tout le pays qui nous entoure, particulièrement du Vimeux; le très-fin, des environs de Douai; et une très-petite quantité, de la Belgique; mais ce dernier est trop cher pour nous.

234. *D.* Mais n'est-il pas d'un meilleur rendement? — *R.* Oui; il donne 70 p. 0/0, 25 d'étoupes et 5 de perte seulement.

235. *D.* Le lin, que vous achetez dans l'intérieur, n'a-t-il pas baissé de prix? — *R.* Deux mauvaises récoltes consécutives (1835 et 1836) l'avaient fait hausser beaucoup; mais il est retombé au prix moyen des dix années précédentes. Maintenant, le lin que nous employons, pris dans le Vimeux, vaut de 1 fr. 15 à 1 fr. 20 cent. le kilogramme. Il est plus cher, en raison de sa qualité, dans les environs de Douai; il vaut là, 1 fr. 40 cent. le kilogramme, en calculant qu'il manque toujours 1 once par livre à la livraison.

236. *D.* Combien employait-on d'ouvriers à Frévent lorsque les

affaires avaient plus d'activité? — *R.* Nous avions de 600 à 700 tisserands et de 150 à 200 ouvriers pour la filature : maintenant, nous ne donnons de travail qu'à environ 150 tisserands, et le nombre des ouvriers, à la filature, s'est réduit à une centaine. En définitive, notre industrie est réduite des deux tiers.

237. *D.* Quel est le plus haut numéro qu'atteint votre filature? — *R.* 40 anglais ou 12 français : c'est le numéro que nous vendons de 2 fr. 25 à 2 fr. 40 cent. la livre.

238. *D.* Et quelle toile fait-on avec ce fil? — *R.* De la toile de 11 à 12 fils, qui s'emploie principalement pour linge de lit, pour chemises et pour serviettes. Le numéro 6 ou 7 français convient pour les chemises de troupe; le numéro 9, pour la toile à blouses.

239. *D.* Filez-vous mouillé? — *R.* On ne peut pas, à partir du numéro 6 anglais, filer convenablement autrement que mouillé, soit à l'eau froide, soit à l'eau chaude. C'est à l'eau froide que nous filons, parce que ce mode a l'avantage de laisser les filaments dans toute leur longueur, et d'empêcher que le fil ne soit cotonneux; le fil est aussi plus fort. L'eau chaude n'est absolument nécessaire que pour les numéros supérieurs [1].

240. *D.* Maintenant nous avons à vous demander si vous croyez que le Gouvernement ait un moyen de soutenir, soit la filature à l'ancienne mécanique, soit le tissage à la main, lorsqu'ailleurs on fabrique, par de nouveaux procédés, mieux et à plus bas prix? — *R.* Nous reconnaissons, comme tout le monde, que notre industrie actuelle doit se transformer : ce n'est pas non plus pour la maintenir dans son état présent que nous réclamons du secours. Nous vous avons dit ce qui est déjà fait et ce que nous sommes sur

[1] De Leeds, M. Labérard mande qu'un habile fabricant et constructeur assure que, pour filer jusqu'au n° 60 anglais, le système à l'eau froide est le meilleur, et que le fil fabriqué de cette manière est plus recherché et se vend plus cher.

MM. Charles Labérard et Millescamp.

le point de faire pour arriver aux mêmes résultats que nos voisins; mais nous demandons que l'on protége nos essais et nos épreuves.

241. *D.* Ainsi vous comprenez bien qu'il ne peut être question de comparer les résultats de votre ancienne manière de travailler avec les résultats de la nouvelle industrie anglaise, et que, si vous avez un surcroît de taxe à demander, ce ne peut être qu'en vue de la position que vous avez à prendre, non de celle que vous aviez gardée jusqu'ici? — *R.* Nous vous avons donné tous les détails nécessaires pour juger de ce qui est à faire. C'est si peu sur notre ancien état que nous calculons, que nous avons pris le salaire des tisserands sur le taux d'aujourd'hui, qui ne dépasse pas beaucoup le prix du tissage mécanique le plus perfectionné.

Nous comprenons parfaitement qu'il ne s'agit pas de nous accorder la protection que l'industrie du coton et de la laine a reçue précédemment : toute la question est de savoir si l'on veut conserver l'industrie du lin ou plutôt la reconquérir. Si nous étions certains d'obtenir, d'ici au mois de janvier prochain, la protection que nous demandons, nous aurions, à cette époque, 4,000 broches en activité.

242. *D.* Quelles sont donc vos propositions? — *R.* Nous pensons qu'il faudrait d'abord arrêter le mal que nous fait la loi de 1836, en rétablissant la classification et les droits de la loi du 17 mai 1826; ce qui remettrait la toile 8 fils à 71 fr. 50 cent. les 100 kilog. (décime compris). Il faudrait aussi que, dans la pratique, on comptât le fil qui paraît incomplétement dans la mesure de 5 millimètres, souvent pour plus de sa moitié, et qui devrait déterminer le passage de la toile à une classe supérieure. Mais cela ne compenserait pas encore les avantages que donnent sur nous aux Anglais la facilité qu'ils ont de se procurer les matières premières en grande abondance et à bas prix; l'habileté acquise de longue main par leurs ouvriers; la perfection de leurs machines que nous n'obtenons ou que nous n'imitons

qu'à grands frais. Nous demandons de plus une augmentation de 20 pour o/o sur le tarif de 1826.

MM. Charles Laherard et Millescamp.

243. *D.* Ainsi la toile 8 fils, par exemple, devrait, selon vous, payer 85 fr. 60 cent. par 100 kilog.? — *R.* C'est bien ainsi que nous l'entendons; maintenant, nous ajoutons que, si le tarif des fils doit être changé en plus, ainsi que nous l'espérons, il devra y avoir augmentation proportionnelle du tarif des toiles.

244. *D.* Sur quelle base établissez-vous cette proportion? — *R.* Sur cette base, que la valeur du fil entre pour 2/3 dans la valeur de la toile.

245. *D.* Cela ne peut pas être vrai pour tous les numéros; car plus ils s'élèvent, plus la part de la main-d'œuvre l'emporte sur celle de la matière? — *R.* C'est juste; mais nous parlons de l'espèce de toile qui nous concerne; c'est-à-dire des bas numéros jusqu'à 10 ou 11 fils. Pour les toiles plus fines, le fil ne peut être compté que pour moitié de la valeur.

246. *D.* Quel tarif proposeriez-vous donc pour les fils? — *R.* La première chose à demander, c'est qu'il n'y ait plus de distinction entre les fils de lin et les fils d'étoupe. Le même tarif doit s'appliquer aux uns et aux autres d'après la finesse. Ensuite, on devrait graduer le tarif unique comme suit:

1re classe	nº 1 à 19 anglais	42	les 100 kilog.
2e ——	nº 20 à 39 ——	85	*idem.*
3e ——	nº 40 à 79 anglais	"	
4e ——	nº 80 et au-dessus	"	

Nous laissons les deux derniers chiffres en blanc, parce que nous sommes, pour le moment, étrangers à la fabrication des fils des deux dernières classes: les filateurs qui les produisent vous donneront des indications certaines.

SÉANCE DU 8 JUIN 1838.

M. Le Saulnier-Saint-Jouan, président du conseil général du département des Côtes-du-Nord.

247. *D.* Est-ce comme cultivateur ou comme fabricant que vous avez à parler? — *R.* Je ne suis ni fabricant ni délégué par aucune association. Président du conseil général du département des Côtes-du-Nord, j'ai consenti à être entendu pour témoigner des faits généraux qui, dans mon département, se rapportent aux diverses industries agricoles et autres qui ont le lin pour objet.

248. *D.* Veuillez nous dire quelle est l'importance de la culture du lin, relativement à toutes les autres, et ce qu'elle rapporte aujourd'hui de moins qu'à telle autre époque que vous désignerez? — *R.* Tous les chiffres qui peuvent répondre à votre question ont été soigneusement recueillis dans le département des Côtes-du-Nord par le préfet, et nous avons donné mission à M. Rouxel pour vous les présenter. Comme vous l'avez déjà entendu, je ne puis que m'en référer aux renseignements qu'il vous a donnés; mais, ce que je puis vous dire de science certaine, c'est que les industries qui produisent et qui emploient le lin, intéressent 300,000 individus, c'est-à-dire la moitié de la population de mon département, et que le conseil général met cet objet au premier rang de ceux qui éveillent sa sollicitude. Chaque année, la culture et la préparation du lin sont l'objet d'un vote spécial. Nous avions d'abord accordé une prime de 2,400 francs, à répartir entre les cultivateurs du pays de fabrique, c'est-à-dire, de la zone intérieure. Mais cela n'était pas suffisant pour agrandir la culture du lin qui affectionne le littoral que nous appelons la *ceinture dorée* du pays. C'est en effet dans cette partie du département que les terres sont particulièrement propres à la culture du lin, surtout à cause de la facilité que l'on a de les amender par des varechs, plantes salines qui donnent un engrais très-puissant et qui remplacent très-avantageusement le sel que l'on

employait autrefois en grande abondance, alors que la province était, par ses franchises, placée hors de la gabelle et que le quintal de sel ne revenait qu'à 25 sous, soit un liard la livre. Pour les landes qui se trouvent dans la zone intérieure et qui sont privées de ce genre d'engrais, il n'y avait rien à obtenir de la distribution de primes. M. Le Saulnier-Saint-Jouan.

Quand nous vîmes que nous devions renoncer à faire cultiver le lin dans le pays de fabrique, nous voulûmes essayer de l'y faire arriver à de meilleures conditions, et, pour cela, lui faire donner, sur le lieu de production, les apprêts les plus utiles; et comme nous avions entendu dire qu'en Belgique les préparations selon la méthode flamande donnaient de meilleure filasse, nous rachetâmes du service militaire un habile ouvrier nommé Tano, et, pendant trois ans, nous avons donné, soit pour lui, soit pour les jeunes gens qu'il formait, une somme de 3,000 francs à titre d'encouragement. Nous avons fini par nous apercevoir que sa méthode ne procurait pas les avantages que l'on s'en était promis. C'est alors que nous votâmes, en deux fois, une somme de 6,000 francs, destinée aux frais d'une mission dont M. Rouxel est chargé.

Cette mission a pour but de nous faire connaître les faits qui se passent dans les autres départements et à l'étranger, et qui sont relatifs à la culture, à la préparation et à la filature du lin. Cette somme devra aussi couvrir l'achat des instruments ou modèles d'instruments qui pourraient être nécessaires à l'industrie du lin. Nous avons d'ailleurs sollicité, de M. le ministre du commerce, qu'il voulût bien aider au succès de cette mission par une subvention prise sur les encouragements dûs à l'agriculture.

249. *D.* Si vos landes ne sont pas aussi propres que les terres qui avoisinent les côtes à la culture du lin, est-ce uniquement à défaut de l'engrais salin dont vous parlez? — *R.* Oui; car j'ai fait moi-même l'expérience que le fonds n'est pas mauvais. J'ai défriché

M. Le Saulnier-Saint-Jouan. des taillis, et j'ai obtenu de bons résultats; mais la partie défrichée, sur laquelle j'ai répandu du sable de mer, dont j'obtenais 2,500 livres pour une voiture de souches de bois, était deux fois plus productive que la partie sur laquelle je mettais du fumier, en petite quantité il est vrai. En général, l'emploi du sable augmente la production de la terre de 40 p. 0/0, à mesure que l'on parvient à vaincre la routine des paysans, ce qui n'est pas chose facile; car ils n'ont confiance que dans le fumier gras.

250. *D.* Pensez-vous, qu'avec les progrès que la culture a déjà faits et pourra faire dans votre département, le prix du lin s'abaissera au taux du lin de Russie? — *R.* Je ne puis pas le supposer, puisque la valeur du sol et de la main-d'œuvre, chez nous, sera toujours plus élevée que dans un pays qui a tant de terrains incultes, et où la population n'est pas aussi considérable. Au reste, la mission que M. Rouxel va remplir nous apprendra en quoi la Russie nous est supérieure pour la culture et la préparation du lin.

251. *D.* Quoiqu'il y ait quelques progrès dans votre agriculture et dans les apprêts du lin, y a-t-il souffrance chez ceux qui s'occupent à le filer? — *R.* La gène est extrême; elle va toujours croissant; la vente ne peut se faire qu'à des prix si bas que je pose en fait que les fileuses ne gagnent pas, terme moyen, plus de 10 centimes par jour.

252. *D.* Cet état de choses est-il récent? — *R.* Depuis les événements qui se sont passés en Espagne et dans ses colonies, nous avons senti la difficulté de placer nos produits et la nécessité de les offrir au rabais; mais c'est particulièrement dans ces trois dernières années que la détresse s'est accrue d'une manière effrayante.

253. *D.* Quelle cause est donc venue s'ajouter à la perte du débouché qu'offraient l'Espagne et ses colonies? — *R.* C'est une cause

que nous n'avions pas aperçue d'abord, parce qu'elle n'agit pas directement sur nous; je veux dire l'importation des fils et toiles étrangères. M. Le Saulnier-Saint-Jouan.

254. *D.* Comment êtes-vous averti seulement d'aujourd'hui que les importations étrangères nuisent à votre agriculture? — *R.* Ce ne sont pas nos ports de Bretagne qui reçoivent directement le lin de Russie, ni le fil ou la toile d'Angleterre. Aussi nous avons longtemps attribué la baisse et la mévente de nos produits à la cessation de nos envois en Espagne, et à ce que Saint-Malo n'était plus l'entrepôt où Cadix faisait acheter nos toiles qui devaient approvisionner l'Amérique du sud. Mais aujourd'hui que nos marchés intérieurs, et celui de Paris surtout, sont envahis par les fils et les toiles étrangères, que notre toile ne se place plus qu'à perte, et que, par suite, le fil et le lin sont restés sans valeur, nous avons reconnu la cause du malaise dont nous souffrons. Les choses d'ailleurs en sont venues à ce point, que nos fileuses, qui ne peuvent faire autre chose, ne gagnent plus, aujourd'hui, que 2 ou 3 sous par jour. Telle femme, après avoir acheté, avec son petit capital de 30 ou 40 sous, un paquet de lin en tiges brutes, qu'elle-même teille, peigne et file, se croit heureuse quand, au bout de la semaine, elle retire, par la vente de son fil, quelques sous de plus que le prix coûtant du paquet; et cependant cela ne lui donne pas le moyen de se vêtir, ni même d'acheter du sel.

255. *D.* N'y a-t-il pas d'autres travaux auxquels elles puissent s'occuper? — *R.* Je n'en connais pas sur la côte où la population est très-agglomérée; il n'y a pas assez de terres pour employer la dixième partie des bras; et, dans les landes, où il n'y a ni bestiaux, ni engrais, ni capitaux disponibles, on ne peut pas dire aux femmes : travaillez à autre chose.

256. *D.* Cependant vous comprenez que le filage à la main ne peut pas se défendre contre la concurrence que la mécanique va lui faire tous les jours davantage? — *R.* Je le vois, en effet, et je le vois

M. Le Saulnier Saint-Jouan. avec épouvante, car la transition, quoique nécessaire, sera bien difficile. Tâchez, Messieurs, que ceux à qui l'on retire ce genre de travail ne meurent pas tous le même jour. Si, comme on l'espère, et comme je le crois possible, on peut arranger les choses de manière à ce qu'il y ait longtemps encore de l'avantage à employer comme meilleures les trames filées à la main, et que ce travail procure 5 sols par jour à nos ouvrières, nous serons sauvés.

257. *D.* Sans doute il est à désirer que la transition soit adoucie par quelques moyens : mais elle est inévitable, et, ce qui doit vous rassurer, c'est que les mécaniques emploient un assez grand nombre d'ouvriers, surtout pour la préparation du lin ; qu'elles accroissent, par le bas prix, la consommation des tissus. Est-ce que vos ouvriers ne sont pas assez intelligents pour être appelés à un nouveau genre de travail ? — *R.* Nos ouvriers sont intelligents et peuvent être appliqués à toutes sortes de travaux ; mais ils sont difficiles à détourner de leurs voies habituelles, surtout ceux qui sont hors des villes. Pour que la nouvelle industrie s'établisse chez nous, il faudra qu'elle y soit introduite par des hommes du pays dont le nom soit pour nos ouvriers un gage de l'intérêt qu'ils portent à la population pauvre ; car, nos Bretons sont défiants et disposés à se raidir contre toute innovation. Si je n'avais la crainte de descendre à un détail peu convenable, je vous citerais un mot qui vous rendrait bien ma pensée. Dernièrement, j'étais à la chasse, lorsque, passant devant une ferme, je fus appelé par des fileuses qui se tenaient dans une étable dont la chaleur leur permettait de travailler à leur aise. L'une d'elles me dit : « Est-il vrai, M. le maire, que la *mère Canique,* cette femme qui file « 7 doites[1] à la fois, va venir ici ? Nous ne serons pas *entreprises* si « nous l'étranglons, puisqu'elle vient manger le pain de nous et de nos « enfants ; n'est-ce pas ? »

258. *D.* Une autre raison de ne pas craindre que le travail soit entièrement retiré aux Bretons, est qu'eux-mêmes ne se vêtissent qu'en

[1] Terme du pays qui s'emploie pour désigner un brin de fil.

tissus de lin? — *R.* La consommation locale pourra encore quelque temps continuer, par habitude, à préférer les tissus du pays; mais cela n'ira pas loin, dès que l'on aura les toiles anglaises à sa portée. M. Le Saulnier-Saint-Jouan.

259. *D.* Mais ce pourra aussi être de la toile de Bretagne à la mécanique. Est-ce qu'on ne s'occupe pas chez vous d'établir des machines? — *R.* Pas encore; mais, à présent que l'on sait comment les choses se passent, on y viendra. Nous avons après tout de bonnes matières premières, des ouvriers intelligents et des capitaux suffisants. Mais pour cela il faut un droit protecteur, sans lequel personne ne voudra entreprendre de lutter avec les Anglais.

260. *D.* Comment se fait il qu'une partie de la population exubérante du littoral de votre département, que vous appelez sa ceinture dorée, ne reflue pas sur la zone intérieure pour mettre les landes en valeur? — *R.* C'est chose impossible. La vie maritime ne s'échange contre aucune autre : elle est trop différente, trop animée, trop attachante. Le riverain gagne sa subsistance à d'autres conditions que le cultivateur ou l'industriel. Aussi n'est-ce pas dans les ports que les fabriques viennent s'établir.

SÉANCE DU 8 JUIN 1838.

M. Boisseau, négociant et fabricant à Laval, département de la Mayenne.

261. *D.* Vous occupez-vous de la filature et du tissage? — *R.* Du tissage spécialement.

262. *D.* De quelle espèce de tissage? — *R.* Des tissus croisés, c'est-à-dire des coutils destinés pour la France et l'étranger.

263. *D.* Vos tisserands travaillent-ils en ateliers? — *R.* Non : ils sont isolés et travaillent chacun chez soi, à Laval et dans les environs.

264. *D.* La fabrication des coutils présente-t-elle plus d'avantages que celle des toiles unies? — *R.* Cela n'est pas douteux; la toile ne donne plus de profits depuis que les débouchés de la Péninsule nous sont fermés et que les produits de l'Allemagne et de l'Angleterre affluent sur ce marché, aussi bien que sur celui de l'intérieur. Depuis sept ans, on n'expédie plus en Espagne, ni dans les anciennes colonies; et, d'autre part, l'Allemagne et l'Angleterre fournissent en France à des prix plus bas que nous; car malheureusement la Bretagne n'a pas fait les mêmes progrès que l'on a faits ailleurs. Toutes ces causes ont avili le prix du travail, à ce point que la façon d'une aune de calicot, en soixante portées, ne se paye plus que 7 cent., ce qui ne procure au plus fort ouvrier que 50 à 60 centimes par jour.

265. *D.* Que gagne le tisserand en coutil? — *R.* Les ouvriers dans le commun gagnent 1 franc; les plus habiles gagnent de 1 franc 50 cent. à 2 francs, suivant leur assiduité.

266. *D.* Leur condition est-elle meilleure que celle des simples toiliers; mais n'a-t-elle pas aussi été réduite? — *R.* Ils ne reçoivent plus que 40 cent. au lieu de 60 cent. pour une aune de coutil ordinaire en 60 portées.

267. *D.* Cette réduction n'est-elle pas excessive de la part du fabriquant qui peut toujours vendre ses produits à bon compte, protégé qu'il est par le tarif des douanes? — *R.* La réduction est forcée pour le fabricant comme pour le tisserand, puisqu'il rencontre une concurrence qu'il ne peut soutenir qu'en abaissant ses prix. S'il en était autrement, si, par avarice ou mauvais vouloir, il voulait à lui seul rogner le salaire des tisserands, ceux-ci le quitteraient pour aller se mettre aux gages d'un autre fabricant qui leur offrirait plus, cela lui étant possible. M. Boisseau.

268. *D.* Quels fils employez-vous à la fabrication du coutil? — *R.* Ce sont, pour les 7/8, des fils anglais; le reste en fils du pays.

269. *D.* Qui vous a fait préférer les uns aux autres? — *R.* La différence des prix d'abord; ensuite la plus grande régularité des fils à la mécanique qui favorise le tissage; et enfin l'insuffisance, en quantité, des fils du pays qui, si les autres manquaient, ne satisferaient pas à la moitié, ni même au quart des besoins actuels.

270. *D.* Est-ce que l'on file moins qu'autrefois, ou est-ce que le tissage s'est augmenté de manière à employer plus de fil qu'il ne s'en produit dans le pays? — *R.* Les deux causes agissent simultanément; d'abord les fileuses à la main ne gagnant plus guère aujourd'hui que de 15 à 25 cent. par jour, cherchent à gagner leur vie par d'autres voies, particulièrement dans les travaux de la campagne; et ensuite, la consommation des tissus de lin, surtout des coutils pour vêtements, s'est beaucoup étendue; c'est maintenant un article de nouveauté.

271. *D.* Depuis quand employez-vous les fils anglais dans la proportion que vous venez de dire? — *R.* Il y a quatre ou cinq ans que nous avons commencé à les mettre en œuvre, et depuis, leur emploi s'est toujours accru; mais c'est surtout depuis dix-huit mois ou deux ans que la proportion première s'est quadruplée.

M. Boisneau. 272. *D.* Quelle différence y a-t-il entre le prix de ces fils et celui des fils anglais? — *R.* Aujourd'hui elle n'est guère que de 15 à 18 p. 0/0, soit 1/6; car on a, à Laval, tout rendu, un fil anglais du n° 40, bonne sorte ordinaire, au prix de 2 francs 50 cent. la livre, et ce même fil, fait en Bretagne, vaudrait aujourd'hui environ 3 francs. Mais, pour parler de l'ancien état de chose, il faudrait comparer le prix de 2 francs 50 cent. à un prix de 4 francs 25 cent. au moins. Voilà la mesure du changement qui s'est opéré; c'est un abaissement de 1/3 de la valeur primitive.

273. *D.* Les fils anglais n'ont-ils pas aussi éprouvé une forte réduction?—*R.* Oui : il n'en pouvait être autrement, puisque la quantité de fil produite en Angleterre, en Écosse et en Irlande, s'est successivement augmentée par l'établissement de nouvelles filatures. Aussi les fabricants anglais sont-ils beaucoup plus empressés à répondre aux demandes. Leurs voyageurs viennent chez nous les provoquer; et M. Marshall, de Leeds, nous expédie, au bout de quinze jours, ce qu'il nous faisait autrefois attendre pendant six mois. Ce qui montre l'embarras que les Anglais éprouvent pour placer tous leurs fils, c'est qu'ils sont forcés de réunir le tissage à la filature, et de soutenir ainsi un établissement par l'autre.

274. *D.* Vous dites que, dans le département de la Mayenne les fileuses cherchent et trouvent un nouvel emploi; en est-il de même pour les hommes? — *R.* Ce ne sont pas toutes : il n'y a que celles qui ont de la force et qui peuvent s'éloigner de leur cabane; pour les infirmes, et celles qui doivent soigner l'intérieur, le profit du filage est tout à fait perdu. C'est une véritable calamité; car, dans notre département, le nombre des femmes est relativement très-considérable. Quant aux hommes que le tissage n'emploie plus, ils ont trouvé du travail aux routes stratégiques; mais c'est une ressource qui manquera à la fin de cette année. La perte de travail, qui résulte des nouvelles conditions de la filature et du tissage, est d'autant plus déplorable,

qu'elle amène une grande diminution dans la culture du lin qui était un objet de richesse pour notre département, en particulier pour les arrondissements de Laval et de Château-Gontier. Cette culture déclinera toujours jusqu'à ce que des filatures à la mécanique se soient établies en France avec succès : car l'étranger, qui nous fournit du fil actuellement, ne vient pas acheter nos lins. Il préfère ceux de Russie, pour leur bas prix; ceux de Belgique, pour leur qualité. M. Boisseau.

275. *D.* Ainsi, vous croyez que chez vous la culture de lin est en souffrance? — *R.* C'est ce qui se manifeste par deux faits incontestables : on cultive moins et la denrée est en baisse. Ainsi, les propriétaires qui ne peuvent pas attendre un meilleur cours livrent à 75 centimes ce qui valait, il y a quatre ou cinq ans, 1 franc 20 cent. Je sais bien que l'agriculteur peut affecter sa terre à un autre produit ; mais c'est toujours une grande ressource perdue.

276. *D.* Puisque les fileuses et les tisserands font autre chose, à mesure que l'on délaisse leurs produits, il ne doit pas y avoir de trop plein en marchandises? — *R.* En effet, il n'y en a pas; car, indépendamment de la raison que vous indiquez, l'écoulement de nos produits continue à l'aide de la baisse que nous avons été forcés de subir nous-mêmes.

277. *D.* Mais cette baisse ne doit pas atteindre le coutil qui est suffisamment protégé par le tarif des douanes? — *R.* Nos prix se soutiennent avec ce tarif, et un peu à la faveur de la mode; mais il n'en serait plus de même si le tarif des fils était augmenté sans que l'on augmentât proportionnellement le droit sur les coutils.

278. *D.* Est-ce que vous êtes d'avis que cette augmentation de droits sur les fils ait lieu? — *R.* Dans mon intérêt de fabricant de tissus, je ne puis pas le désirer, puisque le fil anglais nous offre le double avantage du bon marché et d'un travail plus facile et plus

M. Boisseau. régulier : je ne dis pas meilleur; car le fil de Bretagne est supérieur en qualité.

279. *D.* En quoi faites-vous consister cette qualité supérieure ? — *R.* En ce qu'il a plus de force réelle, étant fait de filaments laissés dans toute leur longueur; tandis que le lin, pour être filé à la mécanique, doit être broyé, et plus ou moins amené à l'état d'étoupe.

Je dis donc que je n'ai pas un intérêt personnel à demander un nouveau tarif pour le fil ; mais, dans l'intérêt bien entendu du pays, et en raison des souffrances dont je suis témoin, et dont je me suis fait l'organe en ma qualité de membre de la chambre de commerce, du conseil général du commerce, et d'ancien président du tribunal, je dois insister, au contraire, pour que l'on vienne au secours de la fabrication française dont l'intérêt est essentiellement lié à celui de l'agriculture.

280. *D.* Vous croyez donc qu'il est un moyen de maintenir la filature à la main malgré les prodiges de la mécanique? — *R.* La filature à la main doit disparaître; mais peu à peu, et seulement à mesure que les filatures à la mécanique s'établiront en France, et à notre profit. C'est une trop belle conquête, pour que nous puissions la céder sans défense. Voilà pourquoi je demande qu'on établisse des droits qui, du même coup, soutiendront transitoirement la filature à la main, et encourageront l'établissement de nouvelles filatures à la mécanique.

281. *D.* Sur quelle base établiriez-vous ces droits? — *R.* D'abord j'effacerais la distinction entre les fils de lin et les fils d'étoupe, qui ne peut plus se faire, je dis plus, qui ne doit plus se faire, puisque l'étoupe se file à des numéros très-élevés, au numéro 60, par exemple, qui vaut 4 francs le kilogramme.

282. *D.* Cependant le même numéro en lin vaudrait davantage? — *R.* Je n'en disconviens pas ; le fil en cœur de lin vaut un tiers en sus.

283. *D.* Une telle différence suppose que le fabricant a un moyen certain de distinguer l'un et l'autre de ces fils ? — *R.* Il n'y a rien de bien précis là-dessus; on peut examiner un fil, et, en le détordant, juger de la longueur et de la force des filaments; mais on y est quelquefois trompé, et ce n'est à vrai dire qu'au tissage que l'épreuve est décisive. Ainsi, les employés des douanes ne peuvent naturellement pas faire une vérification si difficile pour le fabricant. Ensuite, je voudrais que le tarif fût fixé, pour le fil de lin et d'étoupe indistinctement, en raison des degrés de finesse, M. Boisseau.

SAVOIR :

Jusqu'au n° 20 anglais incl.,	du n° 1 à 6 français,	à 20 fr. les 100 kil.	
Du n°.... 21 à 40......	—— 7 à 12,......	30	
—— 41 à 70......	—— 13 à 20.......	50	
—— 71 et au-dessus.	—— 21 et au-dessus..	100	

Ce droit maximum ne serait encore, en moyenne, que de 8 à 9 p. o/o.

Mais il est bien entendu que cette augmentation ne pourrait avoir lieu sans s'étendre proportionnellement au tarif des toiles, et en général de tous les tissus de lin unis et croisés.

284. *D.* Comment entendez-vous établir cette augmentation proportionnelle sur les tissus? — *R.* Après y avoir réfléchi, je vous présente un projet de tarif qui me paraît être la conséquence la plus exacte du tarif que j'ai proposé sur les fils; je l'ai fait au vu des factures et après en avoir conféré avec des personnes qui ont une parfaite intelligence de ces matières.

		(tarif actuel)	
Toiles écrues de moins de 8 fils, au lieu de....	30f	(tarif actuel)	45f
de 9 à 12 fils..................	65	....	100
de 13 à 15..................	105	....	150
de 16..................	150	....	180
de 17 à 19..................	170	....	210
de 20 et au-dessus..............	200	....	250

285. *D.* De combien cela élève-t-il le droit relativement à la valeur des tissus? — D'environ 7 p. o/o. Mais ces rapprochements

M. Boisseau. sont toujours approximatifs; car il y a une extrême variété dans les espèces et les qualités d'un même numéro; on tombe rarement d'accord avec ceux qui font la même appréciation.

Quant aux coutils, j'ai calculé que le droit actuel de 250 francs devrait, par voie de conséquence, être porté à 325 francs par 100 kilogrammes. Une autre conséquence de l'aggravation du tarif me semblerait devoir être le remboursement, à la sortie, des droits payés sur les fils.

286. *D.* Pour faire de la toile 8 fils, de quel fil doit-on se servir? — *R.* Du n° 20 à 25 anglais.

287. *D.* Pour faire de la toile 12 fils? — *R.* Du n° 30 à 35.

288. *D.* Et pour 16 fils? — *R.* Du n° 60 à 65.

289. *D.* Quels sont les numéros que vous tirez le plus d'Angleterre et dans quelle proportion chacun? — *R.* Je crois savoir que l'ensemble des importations se divise comme il suit :

Des n°s	6 à 20	pour les	2/16.
——	21 à 40	——	10/16.
——	41 à 70	——	3/16.
	70 et au-dessus.	——	1/16.

Mais quant à notre emploi particulier pour le coutil, le voici :

Des n°s	6 à 12	pour	2/3.
——	12 à 20	——	1/3.

290. *D.* Exportez-vous des coutils? — *R.* Quelque peu pour l'Espagne, pour Barcelonne, Valence et Cadix; mais l'état de ce pays fait de plus en plus baisser les demandes; nous exportons aussi pour les États-Unis, principalement pour la Louisiane; et encore, mais en moindre quantité, pour le Brésil. C'est par l'intermédiaire

des négocians de Paris que nous vendons à l'Amérique; nous n'expédions directement que pour l'Espagne. M. Boisseau.

291. *D.* Vous ne doutez pas que les machines à la mécanique ne puissent réussir en France? — *R.* Non, certainement. Il y aura bien des mécomptes d'abord, bien de l'argent perdu; mais on réussira à balayer l'industrie routinière. Je n'en veux d'autre preuve que les succès de M. Feray, d'Essone. Il fait très-bien et vend son fil ce qu'il veut; il vient tout à l'heure (*je l'apprends par une lettre que je reçois de ma maison*) d'augmenter, de 80 à 84 francs, le prix du paquet de fil n° 16 ou 18 rendu à son dépôt de Laval.

SÉANCE DU 8 JUIN 1838.

M. Camus-Girard, délégué de Mayenne (département de la Mayenne).

292. *D.* Vous êtes établi à Mayenne, et délégué par les industriels de cette place? — *R.* Oui : je suis, depuis deux ans et demi, filateur de lin et fabricant de toile à Mayenne.

293. *D.* Connaissez-vous l'importance de la culture du lin dans votre département? — *R.* Autant que je puis le savoir, on cultivait 20,000 hectares; mais aujourd'hui ce nombre est réduit à 5,000.

294. *D.* Votre filature est-elle montée à la mécanique, et combien avez-vous de broches? — *R.* J'ai un établissement à la mécanique, monté pour 850 broches qui sont en activité.

295. *D.* Votre mécanique est-elle faite d'après le système anglais? — *R.* Non : c'est d'après l'ancien procédé français perfectionné : c'est-à-dire que nos préparations sont les mêmes que celles que l'on fait en Angleterre; nos métiers du reste fonctionnent aussi bien que les métiers anglais.

296. *D.* Dans quel numéro filez-vous? — *R.* Je fais filer du n° 25 au n° 60 anglais, des fils qui sont tous bons pour faire des tissus unis et façonnés pour pantalons.

297. *D.* Achetez-vous des fils anglais? — *R.* J'achète des fils anglais, mais depuis dix-huit mois seulement; car j'ai été obligé de restreindre ma fabrication de fils dans laquelle je ne trouvais pas d'assez grands bénéfices, à cause de la baisse survenue.

298. *D.* A quoi attribuez-vous cette baise dans le prix de vente de vos fils? — *R.* Aux importations considérables de l'Angleterre et au défaut d'exportation. Ainsi Saint-Malo n'achète plus pour les

colonies espagnoles; la fabrication des toiles façon de Cretonne, dont 150 à 160 pièces de 120 aunes s'écoulaient autrefois sur le Midi et principalement sur Lyon, est réduite aujourd'hui à 14 ou 15 pièces : la toile à doublures, dont on a fabriqué jusqu'à 350 pièces, n'est plus un objet d'occupation pour nos ouvriers, qui sont dans la condition la plus misérable. Cela fait vraiment mal à voir. A Paris vous ne pouvez vous former une idée de cette misère. M. Camus-Girard.

299. *D.* Pouvez-vous établir vos fils aux mêmes prix que les fils anglais ayant acquitté le droit? — *R.* Nos fils ne peuvent se vendre au prix des fils anglais après que ceux-ci ont acquitté le droit. Le bénéfice que l'on trouve au prix actuel est si minime, que, si je n'avais pas eu à vendre des coutils façonnés, dont la valeur est variable et que le tarif protège d'une manière suffisante, j'aurais dû fermer mes ateliers.

Le coutil pour vêtements est devenu d'un usage général, et son prix ne se règle pas uniquement sur la valeur des matières employées : on peut mettre le goût des consommateurs à contribution. Aussi je m'attache à varier les combinaisons du fil. J'en ai bien trouvé de 70 à 80, cette année seulement, et il y a telle de ces combinaisons nouvelles qui se paye fort cher. On m'a montré, tout à l'heure, dans un magasin de Paris, un coutil réputé anglais, que l'on faisait 15 francs l'aune, et qui sort de ma fabrique à 5 fr. 50 c. En général nous nous défendons bien pour toute étoffe dont le mérite est dans la variété du tissage et dans le choix et l'assortiment des couleurs. Les Anglais n'entendent rien aux rapprochements des nuances; ils mettent ensemble des couleurs antipathiques.

300. *D.* Quelle est la protection que vous demanderiez au gouvernement pour la filature? — *R.* Si l'on accordait une protection, j'augmenterais ma filature; et certainement, d'ici à deux ans, la France serait couverte d'ateliers. Voici du reste comment j'entendrais la

 protection que je réclame. Je voudrais quatre classes différentes, qui feraient disparaître cette anomalie singulière de fils de valeurs si différentes payant le même droit. Ces quatre classes seraient ainsi formées :

La 1re, des nos 1 à 19 anglais, à 40 fr. les 100 kilogr.
2e, ——— 20 à 39,...... à 80
3e, ——— 40 à 79,...... à 160
4e, du no 80 et au-dessus, *ce qu'on voudra.*

Ce droit est sans importance : les fils de ces numéros que l'on importerait ne seraient que pour la batiste que l'on ne fait plus.

Je demanderais aussi que l'on supprimât la mauvaise distinction que fait le tarif entre le fil de lin et le fil d'étoupe. Comment voulez-vous qu'un employé de la douane puisse établir une différence ou plutôt une nuance tellement imperceptible, que le filateur le plus habile, M. Marshall lui-même, ne pourrait pas l'apercevoir si on lui présentait, à égal numéro, des fils de ces deux espèces, eussent-ils été fabriqués dans ses ateliers. J'ai vu et tenu des fils d'étoupe du no 160, et j'avoue que je n'aurais pas su reconnaître que ce fil n'avait pas été fait avec du lin.

301. *D.* Vos fils, à égalité de numéro, sont-ils aussi réguliers et d'aussi bonne qualité que les fils anglais? — *R.* Sans aucun doute. J'entends même dire que les fils de M. Feray sont supérieurs aux fils anglais, et je ne crois pas que je fasse moins bien que lui. Je me suis attaché à perfectionner les numéros que j'emploie spécialement, et j'en ai envoyé à l'exposition publique des produits de l'industrie à Nantes, et ils m'ont valu une médaille. Mais mon propre témoignage vaut bien aussi quelque chose : je vous assure que je file fort bien.

Sans la baisse extrême des prix, causée par les importations anglaises, j'aurais 3,000 broches en mouvement et j'emploierais 800 ouvriers qui gagneraient 25 et 30 sous par jour, tandis qu'ils ne gagnent aujourd'hui que 6 sous. Ai-je besoin d'ajouter que leur misère est excessive? L'autre jour, je visitai la maison d'un ouvrier, et je vis ses enfants déguenillés qui, depuis deux jours, n'avaient pas mangé. Ces malheureux se seraient contentés d'un repas que j'ai vu faire à trois autres, et qui consistait en un plat de choux-vache sans beurre, même sans sel qu'ils ne peuvent acheter, et qui n'était assaisonné que de poivre et de feuilles d'orme. Je dois ajouter que la résignation de ces pauvres gens est très-grande. M. Camus-Girard.

302. *D.* Combien y a-t-il d'ouvriers dans votre ville? — *R.* 6,000, tisserands et cultivateurs. Autrefois l'industrie les faisait tous vivre, et aujourd'hui ils doivent livrer 140 aunes de calicot de 31 portées pour 10 francs : et là-dessus encore, ils doivent fournir la colle; aussi ne leur reste-t-il que 6 francs: c'est affreux!

303. *D.* Ainsi, vous avez aussi l'industrie du coton? — *R.* Oui; mais elle est également en souffrance, comme vous le voyez par ce que je viens de dire : les ouvriers qu'elle emploie doivent aussi travailler pour n'avoir pas de quoi manger.

304. *D.* Quelles sont les qualités de fil qui s'importent le plus généralement d'Angleterre? — *R.* Pour les trois quarts de la quantité importée, ce sont les numéros 20 à 35; et pour le quart restant, ce sont les numéros de 40 à 60 qui doivent servir à faire des coutils.

305. *D.* Vendez-vous vos fils ou les employez-vous tous? — *R.* Nous avons vendu, dans le commencement, une partie de nos produits, et maintenant qu'il y a mévente, je ne confectionne que ce qui est nécessaire à ma propre fabrication, du n° 30 à 60, suivant les besoins.

306. *D.* Combien votre peignage produit-il d'étoupe? — *R.* Je retire de 58 à 60 p. 0/0 de cœur de lin.

M. Camus-Guard. 307. *D.* Donc vous avez 40 à 42 p. 0/0 d'étoupe? — *R.* Non: pas autant, parce qu'il y a un déchet absolu en poussière d'environ 10 p. 0/0.

308. *D.* Que faites-vous de vos étoupes? — *R.* Je les fais filer à la main, pour trame dans les coutils; et, ce qui excède mes besoins, je le vends à raison de huit à dix sous la livre.

309. *D.* Avez-vous fait venir des métiers d'Angleterre? — *R.* J'en ai fait venir un pour modèle.

310. *D.* Les machines, les avez-vous répétées? — *R.* Non; mais j'ai fait corriger mon ancien système par un ingénieur français, ancien élève de l'école polytechnique, qui a un intérêt dans mon établissement.

311. *D.* Avez-vous attiré dans votre établissement des ouvriers anglais? — *R.* Non.

312. *D.* Vos tisseurs sont-ils réunis en ateliers? — *R.* Non: je n'ai chez moi que la filature: je donne le fil nécessaire pour faire la pièce; mais je fais surveiller la bonne façon par des contre-maîtres.

313. *D.* Quel est votre moteur? — *R.* J'emploie une pompe à feu, qui a l'avantage de me donner la vapeur dont j'ai besoin pour filer.

314. *D.* Vous faites donc passer le lin à la vapeur? — *R.* Oui: la vapeur a pour effet d'étendre la partie gommo-résineuse du lin, qui se durcit à l'eau froide, et rend le fil, cassant. Ce fil, sortant de l'auget où passe la vapeur, s'étend sur le cylindre, et son étirage est rendu plus facile à mesure que la gomme se dissout.

315. *D.* La même méthode est-elle usitée en Angleterre? — *R.* Oui: pour tous les fils d'un numéro un peu élevé. On file les gros

numéros à sec, dans certains établissements; mais cela est toujours défectueux, parce que les filaments ne sont pas tous également bien enroulés les uns sur les autres. M. Camus-Girard.

316. *D.* Avez-vous obtenu la permission de faire sortir vos machines d'Angleterre? — *R.* Non : j'ai dû les remettre à des assureurs, et cela m'est revenu à 102 p. 0/0, dans lesquels la prime de fraude entre pour 72 : le reste est l'objet des droits à l'entrée en France, et des frais de commission.

317. *D.* Vous n'espérez pourtant pas que l'ancien mode de fabrication, soit pour le fil, soit pour la toile, puisse se relever? — *R.* Hélas, non! Le lin aura le même sort que le coton; mais je ne crois pas, quant à la filature à la main, que tout soit perdu et tout de suite : les trames filées à la main seront toujours bonnes, et pourront encore long-temps occuper les fileuses; et, d'un autre côté, si la fabrication à la main est détruite, les femmes pourront, par l'accroissement même que devra prendre l'agriculture, être employées à la culture, et particulièrement au sarclage du lin.

318. *D.* Achetez-vous les fils teints qui servent à vos coutils de couleur? — *R.* Non : j'ai chez moi dix ouvriers qui sont constamment occupés à teindre.

319. *D.* Vos fils à la mécanique ne soutiennent pas, dites-vous, la concurrence des fils anglais, quoique vous les teniez pour très-bien fabriqués : votre désavantage ne consiste donc que dans la dépense; comment l'expliquez-vous? — *R.* D'abord nos frais généraux sont considérablement plus forts, puisque nous produisons en petite quantité. Si j'avais mes 3,000 broches, ces frais généraux diminueraient déjà beaucoup; mais nous ne pourrons jamais descendre si bas que les Anglais qui auront toujours à plus bas prix que nous, les matières premières, le lin de Russie et la houille qu'ils ont sous les pieds.

12

M. Gamus Girard.

320. *D.* Mais vous avez tout près de vous des mines de houille? — *R.* Des mines d'anthracite, ce qui n'est pas la même chose : ça ne sert guère qu'à la chaufournerie; car ça détruit bientôt les générateurs. Si ce n'était cela, on l'emploierait; car il ne coûte que 2 francs l'hectolitre, ce qui est fort cher en soi, mais ce qui nous offrirait une grande économie comparativement au prix de la houille.

321. *D.* D'où tirez-vous donc le charbon que vous employez? — *R.* Du haut de la Loire et de l'Angleterre par Nantes. Rendu à Mayenne, il nous revient à 4 fr. 50 cent. l'hectolitre que les Anglais payent 70 à 75 centimes.

322. *D.* Vous avez parlé du droit sur les fils; quel serait votre avis à l'égard des toiles? — *R.* Les toiles me concernent peu. Je n'ai pas de propositions spéciales : j'attendrai le parti que prendra le Gouvernement. Si on protége cette fabrication, comme cela est reconnu nécessaire par tout le monde, je m'y livrerai davantage.

SÉANCE DU 9 JUIN 1838.

323. *D.* Les observations, que vous avez présentées à la chambre des députés, à l'occasion de l'adresse, nous dispensent de vous expliquer l'objet de l'enquête. Ayez la bonté de nous donner les détails qu'elle comporte. — *R.* En parlant après les personnes expertes que vous avez déjà entendues, je crains de tomber dans des redites qui fatigueraient inutilement votre attention.

M. le comte Delitte, Député, membre du conseil général d'agriculture.

324. *D.* L'enquête a principalement pour but de montrer les mêmes choses sous des aspects différents. — *R.* Si vous le trouvez bon, je commencerai par un aperçu général de la situation actuelle de notre agriculture.

Il est démontré, je crois, que la culture des céréales est désormais insuffisante pour encourager le travail de l'agriculture et lui assurer des profits rémunérateurs. Le produit moyen des terres cultivées en céréales peut être évalué annuellement à environ 100,000,000 hectolitres, qui, au prix très-bas de 15 francs, donnent une valeur de 1,500,000,000 fr.; qu'il y ait une baisse d'un franc par hectolitre, c'est tout de suite une différence de 100,000,000 fr. retirés à l'agriculture. C'est cependant une chose désirable que le bon marché de notre principal moyen de subsistance. Il faut qu'il soit abondant et à bas prix; car c'est une condition de l'existence de la société. Aucune autre industrie n'offre autant d'intérêt et de péril à la fois. Remarquez que, lorsque les prix sont bas, les nombreuses classes consommatrices peuvent à la fois épargner sur leurs salaires, et augmenter leur consommation au profit de beaucoup d'autres industries.

Si les prix sont hauts, c'est un effet tout contraire, sans que l'agriculture, environnée de périls comme toute la société, y trouve un

M. le comte Defitte. grand bénéfice ; car c'est qu'il y a manque de produits, et elle vend beaucoup moins.

Une baisse ou une hausse de 2 à 3 francs seulement par hectolitre agit déjà sur des centaines de millions. Jugez quelle en est l'importance : j'ai donc raison de dire qu'aucune autre industrie ne lui est comparable; mais, pour que l'agriculture remplisse la condition que je viens d'indiquer, il faut qu'elle étende et diversifie ses travaux. On ne manque pas de lui répéter : changez vos cultures, variez vos assolements, ayez des plantes sarclées! C'est bientôt dit; mais ce sont les moyens de transition qu'on ne recherche pas : et les frais immenses qu'ils occasionnent! et le temps qu'ils demandent pour les mettre à exécution!

Pour moi, j'ai l'intime conviction qu'on ne sortira des anciennes voies qu'en abaissant le prix des baux, et en prolongeant leur durée. Les fermiers alors pourront subvenir aux frais qu'exigent les nouveaux assolements; aujourd'hui les capitaux leur manquent, et les baux sont trop courts. Voyons, toutefois, les diverses cultures qui peuvent servir d'auxiliaire à celle des blés.

La pomme de terre est déjà très-répandue; on en récolte plus de 25,000,000 hectolitres. Elle offre de grands avantages; je n'ai pas besoin de les détailler; mais elle a le tort de ne pas fournir de paille, pas de litière, pas de récipient d'engrais, et elle refoule la consommation du froment.

Le tabac offrirait à cinquante-sept départements une riche compensation de la dépréciation des céréales; mais on l'a confisqué au profit d'un monopole fiscal et odieux qui tire ses principaux approvisionnements de l'étranger : il faut donc rayer cela de l'avoir de notre agriculture.

Viennent les betteraves; autre riche compensation, qui est appréciée surtout depuis 1828. Elles ont, comme la pomme de terre, des avantages très-réels pour la nourriture du bétail, avec l'inconvénient de ne pas donner de paille. Hé bien! ce produit est menacé d'être anéanti par des règlements que je connais très-bien, et qui détruiront, j'en ai la certitude, les petites et les moyennes fabriques de sucre. M. le comte Delitte.

Maintenant, parlons des graines oléagineuses, et surtout du colza. C'est un riche produit que l'on cultive déjà dans plusieurs départements; mais il est aussi contrarié par la législation qui admet, à de trop faibles droits, les graines grasses de l'étranger, et qui fait que ces graines arrivent par terre aux mêmes conditions que si elles étaient importées par navires français.

325. *D.* Ce dernier reproche peut être compris de la part du commerce des ports, mais non de la part de l'agriculture qui ne gagne rien à ce que le droit d'entrée se paye à tel bureau de douane plutôt qu'à tel autre? — *R.* Arrivant à Dunkerque par navires étrangers, comme toujours, les graines grasses doivent 3 fr. par 100 kilogr. Par terre, on ne leur fait payer que 2 fr. 50 c. Si les frais de transport, d'Anvers à Lille, n'absorbent pas les 50 c. de différence, ma remarque est aussi fondée de la part de l'agriculture que de la part du commerce. Au reste, vous jugerez les résultats de la nouvelle législation par les états de douane qui donneront le montant des importations par mer et par terre.

326. *D.* Le lin est sans doute l'une des cultures accessoires dont vous avez commencé l'énumération? — *R.* Oui, et l'une des plus importantes. Elle est favorable à l'assolement parce que le lin aime à changer de terre; cependant, à l'aide des engrais, on le maintient longtemps sur le même sol. Je crois qu'on a tort pour les chanvrières; c'est une autre affaire. La culture du lin a cet autre avantage qu'elle fait sarcler la terre, et que la graine pressurée donne des tourteaux qui sont très-utiles pour l'engrais, et bons aussi comme nourriture des bestiaux.

327. *D.* Pouvez-vous dire quelle est son importance pour tout le royaume? — *R.* De bons documents statistiques manquent sur ce point; car on ne peut pas admettre comme tels les chiffres donnés en

M. le comte Defitte. 1810 par M. le comte Chaptal : il n'a parlé que de 40,000 hectares cultivés en lin; mais il ne s'est préoccupé que de la grande culture, tandis qu'il faut savoir que la petite a aussi une immense importance.

Mais déjà 40,000 hectares seraient à considérer, en ce que le lin, qui donne beaucoup et dont la valeur est fort importante comme nature de produit, ne se sème que dans les terres de première qualité, terres que le cadastre met dans la première classe, terres en bonne exposition, nécessairement choisies dans ce qu'on a de mieux. Les frais immenses que cette culture exige démontrent seuls qu'on ne peut en charger un sol médiocre.

328. *D.* Est-il absolument nécessaire de cultiver le lin dans les terres de première classe? — *R.* On a fait, je crois, des essais sur des terres de deuxième classe; mais cela revenait très-cher. On n'a pas dû persister; j'ai déjà dit pourquoi : j'évalue les avances à plus de 600 francs par hectare[1].

329. *D.* Cela paraît bien considérable; auriez-vous la bonté de décomposer la somme?

R. Loyer de terre et impôts.................... 150f 00c

Ils varient du reste suivant les localités.

Trois labours et demi........................ 70 00

Je suppose qu'il sont faits à la charrue; car si c'était à la main!

Binage (deux ou trois)........................ 52 00

Sarclage, *idem*.............................. 23 00

On sarcle le lin quand il a deux ou trois pouces de hauteur; souvent, pour ne rien gâter, les ouvriers se déchaussent.

[1] La pétition des fabricants et cultivateurs de la vallée de Doise, arrondissement de Saint-Quentin, porte cette dépense et le produit de 560 à 680 francs. Elle compte aussi sur un produit de 450 gerbes.

Prix des engrais........................ 140f 00c M. le comte Defitte.
Rependage.............................. 2 50
Prix des graines à semer.................. 140 00

Il en faut environ 160 kilogr. par hectare. Souvent il faut semer deux fois. Elle reste, à peu près quinze jours, en terre, avant de lever.

Semage par le fermier ou ses charretiers (frais généraux). 00 00
Récolte................................ 24 00
Rouissage (on donne le 20e en nature, quand on paye). 00 00
Teillage, de 30 à 35 centimes par botte.......... 00 00

Il ne faut point oublier les frais généraux de la ferme, l'intérêt du capital d'exploitation, etc.

330. *D.* C'est le prix de la graine de Russie que vous indiquez; comment s'établit-il? — *R.* Le sac ou le baril de 100 kilogr., en graine de Zélande, coûte.............................. 70f

La graine de Liebau est à peu près du même prix : elle est préférable pour les terres de première classe.

Celle du pays coûte.............................. 30

331. *D.* Quelle quantité de graine sème-t-on par hectare? — *R.* Cela dépend de la qualité du lin que l'on veut avoir. Si c'est du lin fin, on sème dru ou épais : pour le gros, on sème plus clair, en moyenne, environ 200 kilogr.; mais j'ai déjà dit qu'on risquait souvent de semer plusieurs fois.

332. *D.* Et que produit un hectare de lin? — *R.* En moyenne, 450 gerbes qui, chacune, donnent une botte de lin teillé pesant 2 livres 3/4; mais il y a de grandes différences de récolte entre tel terrain et tel autre. Cela dépend du juste degré d'humidité (la terre ne devant être ni trop sèche ni trop humide) des engrais, des soins,

M. le comte Debitte.

de la culture, etc. La récolte en graines peut aller de 400 à 500 kilogrammes.

333. *D.* L'appréciation que vous nous donnez là répond-elle à un rendement, par hectare, de 2,500 kilogr. de tiges sèches après rouissage? — *R.* Parfaitement.

334. *D.* Parlez-vous des lins d'hiver et des lins d'été indistinctement? — *R.* Je ne les confonds pas; mais je vous donne la moyenne de leurs produits.

Le lin d'hiver se sème en octobre; comme le blé, il redoute les gelées qui quelquefois le font périr; mais il évite les sécheresses à la levée, et, si la gelée l'a perdu, on peut ressemer au printemps. Du reste je crois qu'on en fait beaucoup moins.

Le lin d'été se sème en mars ou avril et jusqu'en mai, avec la même espèce de graine; sa récolte est plus ou moins abondante que celle de l'autre, suivant que la saison se comporte; ses risques et ses garanties sont inverses de celles du lin d'hiver. Je ne parle pas de la distinction que l'on peut encore faire entre les plantes vivaces et les plantes annuelles, parce que, chez nous, on ne cultive que cette dernière espèce.

335. *D.* Quel est le prix du lin récolté sur un hectare, sa moyenne et ses variations? — *R.* Depuis quelques années les variations n'ont pas été grandes.

Je vous ai déjà dit la quantité produite. Le prix est de 2 à 5 francs pour le kilog. de lin teillé. Au surplus les produits et les prix varient suivant les qualités: on en compte ordinairement trois. Remarquez l'importance de cette production : en admettant le calcul de Chaptal, que je crois fort au-dessous de la vérité, pour la quantité de 40,000 hectares ensemencés en lin, on aurait, à raison de 450 gerbes par hectare, un produit total de 18,000,000 gerbes, et à raison de 2 livres 3/4 de lin teillé par gerbe, 49,500,000 livres de lin, ou 24,750,000 kilogrammes environ. Admettez le prix moyen de 3 fr. par kilogramme; vous avez une valeur de 74,250,000 francs en matière première. La valeur commerciale sera du triple au moins. Il faudrait ajouter toutes les fabrications de ménage. Maintenant les frais de culture, à raison de 600 francs par hectare, s'élèvent, pour 40,000 hectares, à 24,000,000 francs. Quelle industrie! quel travail! les laisserons-nous perdre?

M. le comte Defitte

336. *D.* Ce prix diffère beaucoup de celui de Russie? — *R.* Je crois qu'il y a une différence de moitié; je n'en suis pas très-sûr, je n'en retrouve pas la note.

337. *D.* Espérez-vous que ce rapport changera et par quels moyens? — *R.* Je ne connais pas de moyen pour supprimer la main-d'œuvre des cultivateurs. On pourra réduire le prix de la terre pour le fermier, et j'ai dit comment; mais il restera toujours une grande différence de position entre l'agriculture russe et la nôtre.

Le prix vénal des terres,
Celui des loyers,
L'impôt,
La main-d'œuvre.

338. *D.* Connaissez-vous de meilleurs procédés que ceux dont on se sert maintenant pour préparer le lin après le rouissage? — *R.* Entre le rouissage et le peignage qui se fait déjà en fabrique, il n'y a que le teillage. Cette préparation, fort simple, s'opère de diverses manières, mais toutes faciles et économiques. Je ne vois pas que ce qu'on pourra en retrancher doive influer beaucoup sur le prix.

339. *D.* Quel est le prix des étoupes? — *R.* Dans les localités où on ne les file pas à la mécanique, 50 cent. par kilogramme.

340. *D.* Maintenant voulez-vous bien nous dire ce que vous

M. le comte Delfite. pensez de la filature à la main et de son avenir? — *R.* Tout homme éclairé voit et juge qu'elle sera anéantie inévitablement. Impossible de la défendre d'une manière absolue. C'est selon moi un malheur; car cette industrie ménagère ne se remplacera pas facilement. Elle fera vide dans les familles; ce sera un dommage pour les mœurs. Il faut, toutefois, qu'on cherche des équivalents, et que d'abord on travaille à s'approprier les machines; il faut en favoriser l'importation, afin qu'il n'y ait que déplacement de salaires dans l'intérieur, et que l'agriculture soit encouragée à produire toujours davantage.

Je désire que la promesse faite par Napoléon pour éveiller le génie des inventeurs de machines ne tourne pas à notre dam, et que le système, si habilement trouvé, ne tue pas, mais au contraire vivifie le travail en France.

341. *D.* Pour arriver à ce but, que jugez-vous être le plus expédient? — *R.* C'est de rendre les importations étrangères, en fils et en toiles moins ruineuses pour nos ouvriers, nos fabricants et nos cultivateurs. Ce ne sera pas une médiocre difficulté que de concilier des intérêts agissant dans le même pays, mais fort différents entre eux, et influencés, d'une manière fort diverse, par les rapports extérieurs.

342. *D.* Et quelle protection vous semble nécessaire? — *R.* Établissez-la de telle sorte que l'agriculture produise autant et plus qu'autrefois; car la culture du lin suivra le progrès de la fabrication.

Si quelque chose m'étonne, c'est qu'on ait attendu jusqu'à présent pour s'occuper de cet objet, et qu'on ait pu ignorer si longtemps le progrès des industriels d'Angleterre. Je n'accuse pas l'administration actuelle; mais je voudrais bien savoir quel genre d'instructions ont reçu nos agents diplomatiques ou commerciaux à l'étranger, et s'ils sont appelés spécialement à donner toute l'attention requise à ce qui intéresse l'agriculture, le commerce et les fabriques?

Le bureau du comité du conseil privé du commerce d'Angleterre envoya, je crois, en 1825, dans le Nord un agent nommé M. *Jacob* pour y recueillir des renseignements agricoles. Ses instructions portaient entre autres : M. le comte Delitte.

« Partout où vous passerez vous prendrez les meilleures informations « possibles sur l'état du sol, la manière dont on le cultive, ses produc« tions, la proportion de chacune, celle des laboureurs et des autres « habitants ; les grains dont ont fait usage, les salaires des laboureurs, « manufacturiers et autres artisans ; leur situation, leurs ustensiles, « leurs aliments, les heures de travail, le soin et l'habileté avec « lesquels on laboure ; le nombre de jours que les fêtes de l'église catho« lique enlèvent au travail ; à quel service militaire les habitants sont « assujettis ; les droits pécuniaires et personnels levés pour l'entretien « des routes, des ponts et pour les pauvres ; le taux du revenu ; s'il y « a eu réduction depuis la paix ; le prix du blé, sa réduction ; ce qui « résulterait d'une culture plus étendue ; si les hautes classes des habi« tants savent bien faire fructifier leurs domaines, s'ils y attachent un « grand prix ? quels sont les capitaux non employés qui pourraient « servir ? »

Rien n'était oublié, et ces instructions ont porté leurs fruits : on a tout publié. Où sont chez nous les faits analogues ?

343. *D.* Ce reproche, tout modéré qu'il est dans votre bouche, n'est aucunement fondé ; car, dès 1833, avant que l'on éprouvât encore aucun dommage des importations de fil et de toile de l'étranger, le ministre du commerce s'était rendu à Lille et en Angleterre pour se faire rendre compte du véritable état des choses. Au mois de décembre 1833, les conseils généraux se sont occupés du tarif des fils à la mécanique, et, le 3 février suivant, M. Thiers a présenté un projet de loi en expliquant ce que l'avenir semblait lui annoncer. Vous pouvez voir, dans le rapport de la commission des douanes, fait par M. Meynard, le 30 avril 1834, pourquoi la proposition du ministre a été ajournée ? — *R.* Je n'étais pas alors à la Chambre. Je n'insiste pas sur cela à titre de reproches ; mais j'exprime un regret et un vœu.

M. le comte Defitte. Je reconnais d'ailleurs combien la question qui vous occupe est complexe et de difficile solution. L'agriculture aurait besoin d'un tarif plus élevé pour le lin : mais comment l'établir sans arrêter les essais des nouvelles filatures ; et comment augmenter les droits sur le fil sans augmenter celui de la toile? Il y a d'autres difficultés encore à résoudre qui sont devenues presque inextricables, parce que le mal actuel est déjà d'un caractère invétéré et a des causes dont le remède me paraît impossible. Nous travaillons toujours avec peu de capitaux ; nous empruntons à gros intérêts; nous n'achetons les matières premières que de seconde ou troisième main ; nous avons hâte de vendre à des commissionnaires pour rentrer dans nos fonds : ainsi nous perdons sur la négociation, sur la vente, sur l'achat ; le prix de revient s'en ressent. Luttez donc avec la Grande-Bretagne.

344. *D.* Vous n'avez pas de chiffres à présenter ? — *R.* Non : il s'agit de taxer des marchandises de fabrique : je me récuse. Je n'ai dû vouloir vous exposer que les besoins de l'agriculture; mais permettez-moi de terminer en vous lisant quelques passages d'un écrit qui fait voir de quelle importance est l'objet qui vous occupe. Il ne s'agit que du port de Dundée en Écosse.

« Avant la paix de 1815, il existait fort peu de machines à filer; mais, à cette époque, et surtout partie par suite de la découverte des machines et de leur multiplication dans les manufactures, et partie à cause de la grande régularité des arrivages de la matière première tirée du Nord, le nombre des métiers commença à s'accroître rapidement. Ces progrès devinrent réellement surprenants. L'importation du lin, qui était de 3,000 tonnes environ en 1814, s'élevait à 15,000 en 1830. Les exportations des objets manufacturés s'accrurent proportionnellement pendant cette année, et, jusqu'au 31 mai 1830, il fut importé à Dundée 15,010 tonnes de lin et 3,082 de chanvre; et l'on embarqua, pour exporter, 366,817 pièces, portant environ 50,000,000 de yards de toiles de lin; 85,522 pièces ou environ 3,500000 yards de toiles à voiles, et environ 4,000,000 de yards de toiles à sacs, en tout 57,000,000 de yards. Dans l'année finissant au 31 mai 1833, l'importation du lin fut de 18,777 tonnes avec 3,280 tonnes de chanvre. « L'exportation s'accrut en proportion et a été évaluée, pourcette année, à environ 1,600,000 liv. st.

M. le comte Defitte.

« On voit par ces détails que les chargements de lin dans ce seul port ont été aussi considérables que ceux de toute l'Irlande. Pendant que les manufactures ont fait des progrès si lents dans ce dernier pays, ceux de Dundée ont été, en fabrication de lin, aussi rapides que l'accroissement des fabriques de coton de Manchester.

« Colquhoun fait une estimation fort exagérée de la valeur totale des manufactures de lin dans la Grande-Bretagne : Mac Culloch ne l'admet que pour 7,500,000 liv. st.

« Maintenant, si on applique le tiers de cette somme pour la valeur de la matière brute, et 25 p. 0/0 pour les bénéfices et frais intérieurs de toute sorte, il restera 3,125,000 liv. st. à partager en salaires de main-d'œuvre. En supposant que chaque ouvrier gagne, l'un dans l'autre 18 liv. st. par an, le nombre total des employés sera d'environ 172,000.

« Dans les états d'importations et d'exportations publiés pour 1830, on voit :

« 1° Que, dans les importations en Angleterre, la France compte pour rien ;

« 2° Que, dans les exportations d'Angleterre en France, elle compte au contraire pour plus de 36,000 livres sterl.

« La proportion depuis n'a fait que diminuer d'un côté et augmenter de l'autre. »

(Traduit et extrait du *Dictionnaire commercial de Mac-Culloch*, édition de 1834.)

SÉANCE DU 9 JUIN 1838.

M. Goupil de Préfeln, membre de la Chambre des Députés.

345. *D.* Vous avez été l'un des premiers à appeler l'attention du gouvernement sur les nouvelles circonstances qui affectent aujourd'hui l'industrie du lin; vous connaissez parfaitement l'objet de l'enquête? — *R.* Il était naturel que je m'occupasse l'un des premiers de cette industrie; car elle a pour mon département, et spécialement pour l'arrondissement que je représente, une grande importance, et je la vois non plus seulement menacée, mais atteinte d'une crise fatale.

346. *D.* Parlez-vous d'abord de la culture du lin? — *R.* Non. L'Orne en est encore aux essais pour ce genre de culture, et les essais vont être bien découragés par ce qui se passe en ce moment. Nous tirons le lin de Flandre; notre industrie s'applique au filage et à la fabrication de la toile; elle occupe la plus grande partie de notre population, au moins pour une notable portion de son temps. Ce n'est pas que cette industrie donne de gros salaires: les salaires des femmes sont, en général, faibles dans nos campagnes. Une couturière ne gagne guère que 6 ou 7 sous, outre sa nourriture; on gagne encore moins à la filature.

Ce n'en est pas moins une industrie précieuse par la manière dont elle répartit de petits bénéfices qui complètent les autres ressources des familles de campagne; et parce qu'elle utilise un temps et des bras qui, sans elle, n'auraient pas d'emploi. Elle met tout en valeur: une vieille femme caduque, qui ne travaille plus guère que comme une mécanique, fait aller un rouet; la mère de famille, qui ne peut sortir parce qu'elle garde la maison et les enfants, peut filer en vaquant à ses autres occupations; car cet ouvrage a le grand avantage de pouvoir être interrompu et repris sans inconvénient; la jeune fille fait de même et emploie utilement les longues veillées d'hiver dans une réunion, pour ainsi dire, obligée, où il suffit d'une mince chandelle pour éclairer un grand nombre de fileuses. Ces veillées, dont une jeune fille ne s'absenterait pas sans dommage pour sa réputation, sont une garantie pour les mœurs. Ainsi, ce n'est pas seulement sous le rapport de l'aisance qu'elle procure au plus grand nombre, que j'apprécie la filature à la main ; c'est plus encore sous le rapport moral. Elle relie les familles, elle les occupe en commun ; le père travaille à son métier de tisserand, la mère file et les petits enfants dévident les trames. Cette communauté de travaux entretient un bon esprit, et contribue beaucoup à rendre, comme elles le sont chez nous, les mœurs douces et tranquilles : elle contribue, beaucoup plus qu'on ne croirait au premier coup d'œil, à l'accumulation des capitaux et à la transformation des prolétaires en petits propriétaires. Nos industriels de chaumière gagnent moins que les ouvriers d'ateliers ; mais, comme ils ont des habitudes plus rangées, ils économisent une partie de leurs modiques salaires, et, au bout de quelques années, on est étonné de voir un simple tisserand acheter un petit champ ou bâtir une maison propre et solide. Tout en gagnant et même, si l'on veut, en produisant moins que l'ouvrier de manufacture, il s'est plus enrichi lui-même, il a plus enrichi le pays, il a plus augmenté le capital de la nation, parce qu'il a moins gaspillé en dépenses, non-seulement inutiles, mais funestes. L'industrie des chaumières a même une valeur politique : je suis persuadé qu'elle donne de bons soldats. Il serait intéressant d'entendre, sur ce point, des officiers doués de quelque esprit d'observation ; ils diraient quels sont, dans les régiments, les hommes les plus robustes, les plus dociles, les plus sobres, de nos tisserands et autres ouvriers de campagne, ou des ouvriers de fabrique, de Rouen, de Rennes et d'ailleurs. M. Goupil de Préfeln.

347. *D.* C'est donc l'intérêt du filage et du tissage à la main que vous entendez défendre ? — *R.* Je vous dis pourquoi.

348. *D.* La manière dont vous envisagez ce genre d'industrie est bien aussi la nôtre ; le travail d'intérieur excitera certainement des regrets ; mais enfin la cause qui le déprime ne peut pas être détruite, et, sans doute, vous ne désireriez pas qu'elle le fût ? — *R.* Je crois bien que depuis Colbert on a trop poussé au développement de

M. Goupil de Préfeln. l'industrie des grands ateliers. On nous a détournés, par des moyens artificiels, en nous donnant, en quelque sorte, la fièvre des manufactures, on nous a, dis-je, détourné de l'industrie agricole et de la bonne industrie de chaumière qui se combine si bien avec elle. On n'a pas su voir que, si elles produisent moins, à ne considérer que les valeurs pécuniaires, elles produisent beaucoup plus de ce qui est vraiment bon et utile, de ce qui fait le bonheur des familles et la force des nations.

Je comprends qu'on ne peut guère remonter le cours du temps ; ce qui est fait est fait ; il faut prendre les choses en l'état où on les trouve. Eh bien ! je trouve fort triste le nouveau bond que l'industrie manufacturière fait aujourd'hui au détriment de la nôtre : vouloir l'empêcher ce serait folie, et je dis avec vous qu'il faut s'arranger pour en subir les conséquences ; mais j'ajoute qu'il faut que ce soit avec le moins de déchirements possible. Si le gouvernement doit laisser périr une industrie qu'il aurait tant d'intérêt de conserver, au moins ne doit-il pas la tuer lui-même.

L'élévation des droits d'entrée aura, je le sais, pour résultat de favoriser l'établissement des fabriques à la mécanique en France. Mais cet établissement demande, à ce qu'il paraît, beaucoup de temps ; les obstacles qu'il rencontre sont, selon moi, un bien, parce qu'ils prolongent et par là même adoucissent la transition. Mais l'invasion des fils et des toiles d'Angleterre marche à pas de géant. Nous voyons les charretées de fil anglais, arrivant du Havre, encombrer nos marchés de Treux, de Goré, de Vimoutiers ; elles sont accompagnées des marchands anglais eux-mêmes, qui viennent baragouiner à nos paysans, ce qui ne les fait pas rire, que leur industrie est morte et qu'il faut en chercher une autre. Ils ont bien raison ; car déjà le travail est refusé aux pauvres. Je suis moins inquiet de l'avenir des hommes, qui sont propres à toutes sortes d'ouvrages, que du sort des femmes. Les hommes, en effet, vont au dehors travailler à la journée ; les routes et les chemins, les constructions publiques et privées, leur fournissent du travail ; c'est même une bonne chose pour leur santé ; mais les femmes, elles sont réduites à aller ramasser des pierres pour les chemins, occupation excessivement pénible et insuffisante. Il y a là un danger, et un danger imminent. M. Goupil de Préfeln.

349. *D.* Quel remède y voyez-vous? — *R.* D'abord, je voudrais, puisque la chute de notre industrie est inévitable et fatale, qu'on ne la précipitât pas. Or, c'est la précipiter, que de maintenir un tarif illusoire qui ne donne pas 5 p. 0/0 de marge à l'industrie du pays.

Nous ne demandons pas que l'on fasse pour nous ce qu'on a fait pour d'autres industries, même pour celles qui étaient loin de mériter cette protection exorbitante, c'est-à-dire qu'on établisse la prohibition : mais qu'on nous accorde des droits en rapport avec l'état des choses.

350. *D.* Ainsi, c'est une augmentation de tarif que vous avez en vue? — *R.* Je n'aperçois aucun autre moyen de protection; jamais une augmentation de droits n'aura été appliquée plus à propos; jamais on n'aura mieux senti le mérite d'un secours qui permettra de soutenir un choc inévitable. S'ils ont quatre ou cinq ans devant eux, les gens qui ne peuvent vivre aujourd'hui qu'en filant et tissant le lin s'appliqueront peu à peu à quelque autre industrie.

351. *D.* En quoi supposez-vous que cette transformation consistera? — *R.* Les familles qui filaient pourront s'emparer du métier à bas, ou feront de la dentelle : ce sont les industries qui existent dans un département limitrophe, celui du Calvados. Malheureusement ce sont, surtout celle de la dentelle, des industries sujettes à des révolutions très-brusques. Des dentelières habiles gagnent quelquefois 30 sous par jour, ce que nous trouverons énorme; mais trop souvent aussi elles sont sans ouvrage ou réduites à des salaires excessivement faibles.

Je fonde aussi quelque espoir sur l'horlogerie, que l'on essaye en ce moment de faire fabriquer dans nos campagnes. Il y a déjà à Treux une fabrique d'horlogerie fondée par MM. Letourneau et Galmanche, qui n'a encore que 12 ou 15 ouvriers et trop peu de capitaux : ce sont là de faibles ressources; mais nous avons si grand besoin d'espérer, que je les mets en ligne de compte.

M. Goupil de Préfeln.

352. *D.* Mais, pour cela aussi, les moyens mécaniques l'emporteront sur le travail à la main. MM. Jappy ont établi à Beaucour une fabrique où l'on fait, à l'emporte-pièce, tout ce qu'on appelle *fournitures d'horlogerie ;* et les Suisses eux-mêmes viennent chercher là les éléments de montres qu'ils n'ont plus qu'à monter? — *R.* Je crois qu'il y a trois classes d'horlogerie : la haute horlogerie de Paris, qui fait des ouvrages de précision, de véritables chronomètres, ou des montres de prix, pour la science et pour le luxe; puis l'horlogerie de pacotille, c'est-à-dire, qui fait des montres à la douzaine : c'est pour celle-là seulement que les pièces faites à la mécanique peuvent être employées. Mais, entre ces deux classes, il y a ce qu'on peut appeler *la bonne horlogerie,* dont les pièces sont non-seulement repassées et ajustées, mais faites à la main. Il paraît qu'aujourd'hui les pièces se font et même se montent à Genève, d'où on les expédie aux horlogers qui les repassent. La fabrique dont je vous parle fait la monture de bonnes montres, valant de 200 à 300 francs, et elle les fait de toutes pièces. Ce n'est, en quelque sorte, qu'un embryon; mais elle peut se développer.

353. *D.* N'est-il pas question de cultiver le mûrier et d'élever des vers à soie? — *R.* Il a été fait quelques tentatives à Honfleur, département du Calvados; je ne crois pas qu'on y ait donné suite, ni qu'on y songe dans l'Orne.

354. *D.* La protection que vous jugez indispensable, comment proposeriez-vous de l'établir? — *R.* Je n'ai pas de calculs précis à vous présenter; ce n'est pas à moi à les faire. Je sais seulement deux choses : d'abord qu'en faisant le tarif actuel on n'avait en vue que la concurrence de la Belgique, et qu'ainsi l'événement a trompé les prévisions de la loi, et qu'il a ménagé tous les profits à l'Angleterre; et ensuite que les hommes pratiques réclament sur les fils un droit de 20 p. 0/0, et sur les toiles un droit de 30 p. 0/0 de la valeur.

Mais, à cet égard, je ne suis qu'un écho.

SÉANCE DU 13 JUIN 1838.

M. Cohin aîné, négociant en toiles, à Paris.

355. *D.* Vous connaissez toutes les plaintes qui s'élèvent sur la mévente du lin, du fil et de la toile en France, et vous savez dans quel but nous sommes chargés de faire une enquête? — *R.* J'ai, en effet, conféré avec la plupart des personnes qui s'étaient réunies à Paris, pour présenter leurs doléances au Gouvernement, et avec celles que vous avez déjà entendues, parce que le genre et l'étendue de mon commerce me mettent nécessairement en rapport avec tous ceux qui s'occupent de l'industrie du lin à tous ses degrés.

356. *D.* Ces plaintes sont provoquées par l'impossibilité prétendue de vendre, à des prix soutenables, les produits français, depuis que l'importation étrangère s'est considérablement accrue, et que les fils et toiles d'Angleterre s'offrent à vil prix? — *R.* Il est vrai que, depuis dix-huit mois, on importe de notables quantités de fils et de toiles de l'étranger. La raison en est fort simple : c'est qu'en Angleterre on fait à la mécanique de très-beaux produits, plus réguliers et moins chers que ceux qu'en France on façonne à la main, et qu'il est naturel que le consommateur demande et que le commerçant achète ce qui est d'un bon usage et d'un bon prix. Mais cela ne veut pas dire qu'on ait moins tissé en France depuis dix-huit mois. Loin de là, je puis affirmer que la consommation, agacée par la diminution des prix et la plus belle apparence des toiles faites avec du fil mécanique, a pris un tel accroissement que le travail du tissage a triplé.

357. *D.* Voulez-vous bien nous donner à cet égard les renseignements que vous êtes si bien à portée de recueillir? — *R.* C'est, en effet, un très-grand avantage, pour le tisserand à la main, que de se servir d'un fil régulier qui favorise son travail et lui permet de faire en un jour 7 1/2 aunes de toile, tandis qu'avec du fil à la

main il n'en peut faire que 6; d'où il résulte pour lui une augmentation de salaire. Il gagnait 24 à 25 sous par jour; il gagne maintenant 35 à 36 sous : il travaille plus aisément, parce que le fil mécanique casse moins que l'autre. Le fil à la main a toujours, même dans la toile, l'irrégularité du travail qui l'a produit : aussi est-il déjà des tisserands qui se refusent net à prendre, à façon, le fil à la main. Cette plus grande quantité de toile obtenue, en un temps donné, compenserait déjà une certaine réduction dans la main-d'œuvre; car l'homme *seul* fait aujourd'hui, avec le fil mécanique coulant, la besogne que tout à l'heure il ne pouvait faire qu'aidé de sa femme et de ses enfants.

358. *D.* Est-ce qu'il reçoit le fil mécanique tout disposé pour les chaînes? — *R.* Dans les localités où l'on emploie des fils mécaniques, il existe des marchands de fils qui vendent des fils pour chaînes et des fils pour trames; de manière que l'ouvrier tisserand peut acheter, à son gré, les numéros de fil qui lui conviennent, et cela sans être obligé, comme pour les fils à la main, de perdre un ou deux jours de la semaine à parcourir les marchés.

L'avantage d'employer des fils à la mécanique se prouve bien par ce qui est arrivé à la fabrique de Chollet. Elle était singulièrement réduite alors qu'elle n'employait que des fils de coton; elle s'est relevée depuis qu'elle peut faire de beaux tissus avec du fil fin parfaitement régulier. Moi-même je fais de la toile à aussi bon marché qu'en Angleterre, et même à meilleur marché qu'en Irlande, avec des fils mécaniques.

359. *D.* Combien un métier à la mécanique fait-il d'aunes par jour? Combien un métier à la main? — *R.* Un métier mécanique, faisant une toile de 90 centimètres de largeur, pourrait faire 9 à 10 aunes; un ouvrier faisait, à la main, 7 aunes 1/2 de la même toile.

360. *D.* Combien un ouvrier à la mécanique gagne-t-il par jour?

— *R.* En Angleterre, les métiers mécaniques sont conduits par des femmes ou des enfants qui gagnent 24 à 26 sous par jour. En France, nous payons le tisserand à l'aune; et, pour faire une toile de 90 centimètres de largeur, nous donnons 17 1/2 centimes à l'aune : le genre des toiles mécaniques est également fait en France par des femmes et des enfants. M. Cohin aîné.

361. *D.* Ce tissage convient-il également aux toiles fines et aux toiles communes? — *R.* Il réussit mal pour les toiles fines. Il en est de même pour les toiles larges et fortes; il n'est employé utilement que pour les qualités légères. Du reste, à moins de grandes améliorations, je ne pense pas qu'il soit généralement employé. En Irlande, où le tisserand reçoit à peu près le même salaire qu'en France, il n'y a pour ainsi dire pas de métiers mécaniques.

362. *D.* Lorsqu'elles sont faites avec du fil mécanique, nos toiles peuvent-elles supporter la concurrence de l'étranger? — *R.* Elles supportent très-bien la concurrence des toiles de Belgique qui sont de bonne qualité.

363. *D.* En est-il de même des toiles anglaises? — R. Sans aucun doute, lorsqu'il s'agit de toiles faites avec du fil mécanique. Lorsque nous en serons venus à n'en plus employer d'autres pour les toiles *marchandes*, nous n'aurons plus rien à redouter des Anglais, ni chez nous, ni même au dehors. Quant aux toiles *ménagères*, la concurrence ne les atteint pas, ou bien peu, parce qu'elles se font à temps perdu, et que, pour elles, la question de solidité et d'utilité domine la question de prix.

Nos toiles, qui ne sont pas d'un prix beaucoup plus élevé que les toiles anglaises tissées à la mécanique, peuvent, malgré la belle apparence de celles-ci, lutter avec elles; elles ont d'ailleurs des qualités que le consommateur français recherchera toujours : elles sont plus souples dans les espèces communes; elles ont ce que

M. Cohin aîné. j'appellerais *le cachet français*, ou *l'air national* qui les fait préférer. Il n'en est pas de la toile comme il en a été d'autres marchandises; il ne faut pas la vendre avec l'étiquette étrangère. Aussi n'avertissons-nous pas l'acheteur quand c'est de la toile anglaise qu'il choisit : la toile évidemment française a un avantage de 4 à 5 p. 0/0 à ses yeux. Je m'explique : une toile fabriquée en France avec les mêmes fils qu'une autre toile fabriquée en Irlande, toujours dans la même qualité, aura une plus-value de 5 p. 0/0 par son cachet. Cette différence est très-réelle; elle se remarque même entre les tissus d'une contrée à l'autre de la France. Ainsi, avec les mêmes fils, une toile faite à Alençon aura une plus-value de 6 p. 0/0 sur celle faite en Picardie.

Un autre avantage des toiles faites à la main, c'est qu'on peut toujours leur donner la largeur voulue, parce que le tisserand ajuste ses peignes selon les demandes qu'on lui fait, tandis que le métier mécanique a une portée fixe qu'on ne dérange pas. Il ne dépasse d'ailleurs pas une largeur de 40 pouces, tandis que le métier à la main fait du 54 et des toiles à draps sans coutures. Tout ce que je vous dis là se vérifiera en Angleterre où l'on a une si forte propension à remplacer les bras de l'homme par des machines; on est revenu au tissage à la main, quoiqu'il coûte 10 p. 0/0 plus cher. Ce n'est donc pas une industrie perdue que celle du tissage à la main; c'est plutôt une industrie agrandie par les facilités que lui procure un fil meilleur, et par de nouvelles applications.

364. *D.* N'en sera-t-il pas de la toile comme des tissus de coton qu'on prétendait d'abord ne pas valoir autant lorsqu'ils étaient tissés à la mécanique, que lors qu'ils l'étaient à la main? — *R.* Pas tout à fait. Les deux natures de filaments diffèrent trop pour que leur emploi suive en tout les mêmes chances. Le tissu de lin et de chanvre a une plus grande durée, et, en vue de cette plus grande durée, on veut qu'il supporte beaucoup de blanchissages. Hé bien! les toiles

tissées à la main se soutiennent mieux après le lavage : c'est une épreuve critique; car, en général, la toile perd au blanchiment, tandis que le calicot gagne. Cette différence est considérable. Cela est tellement vrai que nous achetons en Irlande le même numéro, surtout en toiles fines, fabriqué à la main, 10 p. 0/0 plus cher que celui qui a été fabriqué à la mécanique. Le fil de coton est d'ailleurs plus facile à battre; il obéit mieux à l'action régulière de la mécanique. Le fil de lin et de chanvre doit être plus surveillé et la main fait mieux. Tout cela n'empêche pas que la mécanique ne triomphe aujourd'hui; mais c'est passagèrement. M. Cohin aîné.

365. *D.* Si la masse de toiles importées n'a pas été demandée pour de nouveaux besoins, elle remplace nécessairement une masse égale de toiles françaises? — *R.* Il est vrai que, depuis dix-huit mois, la nouveauté d'un produit qui s'offrait avec avantage a excité la spéculation et qu'on a forcé les achats; il y avait, pour ainsi dire, de l'enthousiasme; il n'en pouvait être autrement, lorsqu'on voyait de la toile qui entrait en concurrence avec le calicot, de la toile à 25 et 26 sous, qui, pour son apparence, pouvait parfaitement remplacer, pour les chemises d'ouvriers, les calicots à bas prix. Cette toile aussi a été très-convenable pour l'emploi des essuie-mains, tabliers, torchons, etc., que le prix si bas a fait acheter à des personnes qui certes n'avaient pas besoin de toile. Mais ce mouvement presque désordonné n'a pas eu de conséquences si fâcheuses pour notre industrie, puisqu'il a fait tiercer la consommation.

366. *D.* Vous ne supposez pas que les envois de toiles anglaises continuent à être aussi considérables? — *R.* Non : j'ai au contraire toute raison de croire qu'il y aura un ralentissement très-sensible. Tous les marchands en détail que je fournis, craignant de n'avoir pas toujours des toiles à si bas prix, ont demandé plus de pièces qu'ils n'en peuvent vendre immédiatement : c'est 10 ou 12 pièces au lieu de 6. J'ai vendu en huit mois plus qu'en deux ans. J'estime qu'il

M. Cobin aîné. y a eu 20,000 pièces de toiles jetées en trop dans le commerce de détail; mais c'est un fait accompli et qui ne peut se reproduire. Maintenant on sait déjà quel est le mérite comparatif des toiles anglaises. Il y a telle qualité qui ne reparaîtra plus sur notre marché, surtout en toiles communes, qui sont précisément celles que la France produit le plus. Par exemple, on a abandonné notre toile de chanvre, qui est plus chère et moins blanche : mais on y reviendra; car elle est d'un usage sans égal pour les ménages sans luxe.

367. *D.* Vous trouvez donc que les toiles anglaises faites avec des fils mécaniques ont des défauts qui proviennent de ce fil même? — *R.* Oui; en ce que le linge qui en est formé devient extrêmement mou après le lavage, tandis que la toile de Bretagne résiste à la main et soutient plusieurs blanchissages sans devenir molle comme du coton. Dans le pays de Limoges, on ne veut que des toiles bretonnes, et, en général, les consommateurs donnent la préférence aux produits français.

368. *D.* Mais le fil qui, en France, sera fait à la mécanique n'aura-t-il pas les mêmes défauts? — *R.* Lorsqu'il est fait avec des matières bien choisies et bien préparées, il conserve les qualités qui étaient propres à notre ancienne fabrication. Je citerai pour exemple l'établissement de M. Feray, à Essonne, dont les produits sont très-recherchés, à ce point qu'il ne peut absolument pas satisfaire aux demandes qui lui sont faites, et qu'il peut mettre à son fil un prix supérieur à celui du fil anglais.

369. *D.* Dans quelle proportion et dans quels numéros? — *R.* Tous les numéros de la fabrication de M. Feray ont une plus-value sur tous les produits anglais : je n'en excepte pas même ceux de M. Marshall.

370. *D.* Toujours est-il que ce que vous venez de nous dire des importations de toiles faites en excès et comme par enthousiasme a

pu motiver les alarmes des fabricants français? — *R.* Parce qu'ils ne se rendent pas bien compte du cours des choses. Ils crient : «Le tissage est ruiné!» lorsque le fil arrive en grande masse et que la consommation de la toile augmente considérablement. Je soutiens, au contraire, qu'elle a reçu un grand essor par l'emploi des nouveaux fils : je vous ai déjà dit qu'elle a tiercé. Sans eux pourrions-nous faire le linge de table que nous sommes en train de fabriquer aussi bien que la Saxe et la Belgique? C'est avec ces fils mécaniques que M. Feray fait de très-beaux damassés, qu'on lui achète à mesure qu'ils sortent du métier, quoiqu'il les vende cher. M. Cohin aîné.

Sans le fil anglais, je n'aurais point entrepris la fabrication des toiles. Dans ce moment j'ai, dans l'arrondissement de la Ferté-Bernard, département de la Sarthe, 150 métiers me produisant de 1,000 à 1,100 aunes de toile par jour. Cette toile me revient à meilleur marché que ne me reviendraient les mêmes qualités achetées en Angleterre et en Belgique. Par suite de la bonne fabrication que produit l'emploi des fils mécaniques, je viens de faire monter à Mamers (Sarthe) 20 métiers pour le linge de table, dont les produits ne craindront nullement la concurrence étrangère. Les fils mécaniques ont également engagé les fabricants d'Armentières à monter des fabriques de linge de table qui sont aujourd'hui dans une excellente position.

Chaque réclamant s'attache à un point de la question, ou, ce qui est le plus ordinaire, à ce qui se passe dans sa localité; mais c'est l'ensemble de tous les principaux marchés, c'est-à-dire des principaux groupes de fabriques de toiles, qu'il faut juger. Je les connais; souffrez que je vous les désigne.

MARCHÉS DES TOILES EN FRANCE.

Armentières.

Le prix moyen des toiles d'Armentières est de 35 sous l'aune ou 118 centimètres.

Cette fabrique a deux classes de fabrication : l'une, en toile destinée à l'équipement des troupes et pour chemises d'ouvriers; ces toiles ont une vente très-suivie; on y emploie fort peu de fils mécaniques;

M. Cohin aîné. la baisse, sur ces toiles, est de 7 à 8 pour 0/0. L'autre fabrication est en linge de table; on n'y emploie que des fils mécaniques : la vente est très-active et la marchandise rare.

Amiens. Le prix moyen des toiles d'Amiens est de 1 fr. l'aune dans les largeurs de 2/3, 5/8, 3/4 et 7/8.

Le prix de fabrication qui ne consiste, pour ainsi dire, qu'en grosses toiles où il entre peu de fils mécaniques, n'a presque pas varié.

Abbeville. Le prix moyen des toiles d'Abbeville est de 85 cent. l'aune.

Depuis dix-huit mois, la fabrication de cette toile est entièrement changée : on y emploie beaucoup de fils mécaniques (trame) mélangés avec du coton (chaîne). Il est impossible de comparer les prix actuels avec ceux des époques antérieures, puisque la fabrication est complétement changée.

Lisieux. C'est la fabrique la plus importante de France. Depuis dix ans, les tisserands et les fabricants de toiles ne se sont pas trouvés dans une position aussi favorable que depuis quatre mois, quoique le cours des toiles soit moins élevé; cela provient de l'emploi considérable des fils mécaniques. On peut dire, sans exagérer, que la fabrication est augmentée d'un tiers. Les toiles de Lisieux ne sont nullement en concurrence avec les toiles anglaises; ces toiles n'ont de concurrence qu'en Belgique. Par suite de l'emploi des fils mécaniques, elles sont à des prix qui leur permettent de soutenir cette concurrence avec avantage. Les toiles de Lisieux se vendent depuis 1 franc 50 centimes l'aune jusqu'à 8 et 9 francs, et cela dans des largeurs de 2/3 à 3/4. La baisse sur les toiles communes est de 10 à 12 pour 0/0; sur les toiles fines, de 15 à 18. Mais il est bien entendu que je ne compare pas les prix actuels aux prix exagérés qui ont eu lieu il y a un an, à la suite de deux années de mauvaise récolte, mais à la moyenne des prix antérieurs et du cours véritable de la toile, pris sur six années. Malgré cette baisse, il est reconnu que le fabricant et l'ouvrier gagnent beaucoup plus qu'ils ne gagnaient avant l'emploi des fils mécaniques.

M. Cohin aîné. *Vimoutiers.*

Les mêmes observations s'appliquent à ce marché qui fait les mêmes toiles que Lisieux.

SARTHE.

La Sarthe ne produit généralement que des toiles de chanvre; la fabrication n'y a pas baissé : au contraire; et le cours n'a varié que de 4 à 5 pour 0/0. Ses fabriques sont pourtant assez importantes : l'une d'elles, Mamers, a augmenté sa fabrication en même temps que ses prix. Une portion (1/3) de la fabrication trouve son emploi dans les hôpitaux militaires, et ce que nous disons sur le cours soutenu peut se vérifier par les marchés récemment passés avec les hôpitaux militaires; marchés très-importants, puisqu'ils s'élèvent à des sommes de 400,000 et 500,000 francs.

ORNE.

La fabrique de l'Orne est importante aussi : les qualités et les genres de toiles sont très-variés. Les toiles d'Alençon, sur le prix moyen des six dernières années, ont peu varié : la baisse est de 5 à 6 pour 0/0 sur les toiles de 30 sous; elle n'est pas de 4 pour 0/0 sur celle de 34 à 45 sous. Il se fabrique des serviettes et des toiles fines où l'on emploie le fil mécanique; sur ces serviettes, la baisse est de 8 à 10 pour 0/0; et sur les toiles fines, que l'on fabrique en petite quantité, de 55 sous à 5 francs, la baisse est de 15 à 18 pour 0/0. Cette fabrication est loin d'avoir fléchi à Alençon où il y a un mouvement d'ascension, comme dans toutes les fabriques de France, et je tiens pour certain que les tisseurs ont gagné cette année plus que dans les trois dernières.

Il y a encore dans l'Orne deux petites fabriques, Mortagne et Domfront. Comme dans les autres fabriques de l'Orne, les ventes y ont été régulières; il y a une baisse de 5 à 6 pour 0/0. On emploie peu de fils mécaniques dans ces deux fabriques.

BRETAGNE. *Rennes et Fougères.*

L'entrée des fils étrangers n'a pu nuire à la fabrication de ces deux pays qui n'emploient que des chanvres et des lins filés à la main. La plupart des toiles qui s'y fabriquent sont en chanvre : une partie est

M. Cohin aîné. destinée pour la voilure de la marine royale et la marine du commerce. Les toiles de consommation ont subi une très-légère baisse.

Quintin. Quintin n'emploie pas du tout de fils mécaniques : sa fabrication est toujours la même, et cependant la marchandise y est rare, puisqu'un des réclamants a des ordres à moi qu'il ne peut pas remplir.

371. *D.* N'est-ce pas parce qu'ils cessent de produire, ne trouvant pas de profit à le faire? — *R.* Je ne puis pas l'admettre ; car leur genre de fabrication n'est pas remplacé pour la consommation intérieure, et leurs prix actuels répondent aux prix moyens des dix dernières années, avec une faible baisse d'environ 4 à 5 pour 0/0; ce qui prouve que la cause de leur malaise est antérieure à l'importation des fils mécaniques, et provient plutôt des circonstances du dehors où ils rencontrent la concurrence des toiles de Silésie qui leur sont analogues. Cependant la supériorité de leurs produits est appréciée, au Mexique surtout, où l'on expédie encore quelques balles de leurs toiles sous la dénomination de *Bretagnes légitimes*.

Cette supériorité est même reconnue en France; car les consommateurs habituels de toile de Bretagne persistent à ne pas vouloir la remplacer par d'autres toiles, parce qu'ils la jugent plus ferme, et qu'ils trouvent qu'elle tient mieux à la main. J'ai moi-même voulu faire imiter le toucher d'un échantillon de Bretagne par des ouvriers habiles; je n'ai pu y parvenir.

Landernau. Ici la souffrance est réelle, et par beaucoup de raisons; nous sommes les premiers à le reconnaître. D'abord, la concurrence des toiles anglaises est, pour les toiles de Landernau, la plus directement dommageable, attendu qu'elles leur sont parfaitement identiques; ensuite, parce que, pendant long temps, ils ont eu l'habitude de fournir la marine presque sans concurrence, et d'obtenir des prix très-avantageux, et qu'en dernier lieu, ils ont dû subir des adjudications au rabais qui les ont amenés à des prix tellement bas et tellement hors de proportion avec les anciens prix, qu'ils ont dû changer la condition des tisserands, parce qu'ils n'ont rien changé à leur mode de fabrication, ni à l'espèce du fil employé, tandis que tels de leurs coadjudicataires ont pu, par l'emploi du fil mécanique, remplir leurs engagements avec quelque profit. Mais, après tout, cette fabrique n'est pas importante; elle ne fournit guère à la consommation commerciale que pour 1,200,000 à 1,500,000 francs de toiles et serviettes. Les serviettes, qui entrent pour les deux tiers dans la production, n'ont pas baissé de plus de 6 à 8 p. 0/0. M. Cohin aîné.

Ce qui me rassure sur l'avenir de cette contrée, c'est qu'il s'y trouve des hommes intelligents qui ont compris que la fabrication par les fils à la main devait nécessairement être remplacée par les fils mécaniques, et qui sont en état de diriger l'industrie dans cette *nouvelle voie.*

La fabrication des toiles y est presque nulle : il ne s'y fabrique pas, par an, pour 500,000 francs de toiles. La principale fabrication est en coutils; et celle-là a pris une très-grande importance, uniquement par l'emploi des fils mécaniques qui, au reste, n'ont remplacé, en partie, que des fils que l'on faisait autrefois venir de Saxe. *Mayenne.*

C'est en France la seule fabrique importante de mouchoirs de fil; par suite du prix excessif du fil à la main, elle avait cédé à l'extrême bon marché du coton; mais, depuis l'emploi des fils mécaniques, elle a pu produire des mouchoirs de très-belle qualité à plus bas prix que la Westphalie et la Silésie; d'où est résulté aussitôt une grande consommation, et la fabrique de Chollet a triplé ses produits qui sont devenus et si beaux et à si bas prix, que certainement on les exportera, et qu'on pourra les vendre, sur les marchés extérieurs, en concurrence avec ceux qui autrefois nous fournissaient. *Chollet.*

Il y a encore en France une foule d'autres petits marchés et de fabriques qui ne servent que la consommation provinciale; je les MARCHÉS DE L'EST ET DU MIDI.

M. Cohin aîné. mets en dehors du mouvement général, parce que leurs produits spéciaux ne pourraient pas, sur les grands marchés, soutenir la concurrence avec ceux des fabriques des départements dont nous venons de parler. Cela est particulièrement vrai pour les départements de l'Est. Nous devons en excepter la fabrique de Voiron, qui a une certaine importance; cette fabrique produit des toiles de chanvre dont les qualités sont reconnues excellentes. Ces toiles sont toutes consommées dans les départements circonvoisins : leurs prix, en raison de leurs qualités, sont excessivement élevés et hors de proportion avec les autres toiles de France.

Il est inutile que je parle d'autres petites fabriques qui existent dans l'Ouest et qui suivent nécessairement les conditions des grands marchés, pas plus que je n'ai parlé des fabriques de Chauny et de Picardie, qui ne font que des toiles de chanvre, particulièrement des treillis pour sacs, lits de sangle, pantalons d'écurie, etc.; leurs prix se sont maintenus parfaitement. Les toiles qui sont exposées à la halle de Rouen ne sont pas des toiles apportées par des fabricants, mais bien par des marchands de Bernay, Lisieux, Dieppe, Caguy, etc., de ce que l'on appelle *pays de Caux;* ces toiles ont subi le cours de leurs localités.

372. *D.* On nous a donné pour exemple de la dépréciation de la toile un achat fait en boutique, à 3 fr. 50 cent. l'aune, d'une toile qui valait autrefois 5 fr. et 5 fr. 50 cent.?—*R*. C'est parce qu'on a acheté une toile fabriquée avec des fils mécaniques aujourd'hui employés par presque tous nos fabricants de toiles fines, et qu'on aura comparé cette toile avec une autre achetée il y a deux ou trois ans, et faite avec des fils à la main. Du reste, je tiens pour positif qu'il ne se fabrique pas en France de toile pour chemises, du prix de 3 fr. 50 cent. à 6 fr., pour plus de 40,000 fr.

373. *D.* Sur quelle espèce de toile porte la plus grande consommation en France, et comment se répartit-elle entre les diverses ori-

gines? — *R.* La plus grande consommation se fait en toiles de 7 à 12 fils, qui sont principalement produites par l'industrie française. L'Angleterre fournit beaucoup de toiles au-dessous de 8 fils, fort peu de 9 à 13, mais davantage de 13 à 19. Je viens de dire que la Belgique donnait surtout des numéros de 9 à 13 inclusivement, et j'ajoute que, pour ces numéros, elle reprend à cette heure l'avantage que les toiles anglaises lui avaient fait perdre en dernier lieu. M. Cohin aîné.

374. *D.* Les toiles fines consommées par les classes riches proviennent donc principalement de l'étranger? — *R.* Oui : de la Silésie, de la Westphalie, de la Hollande, et de la Belgique particulièrement, qui nous fournit des toiles de Courtray, Bruges, Gand, Ath, etc., etc., dans les finesses, comme je viens de le dire, de 9 à 13 fils inclusivement. Ces toiles nous viennent en écru, parce que nous avons l'avantage de les blanchir et de les teindre mieux qu'en aucun pays, et que, de plus, en cet état elles ne payent qu'un simple droit.

375. *D.* En somme, peut-on dire qu'il y ait maintenant un trop plein de toiles, soit fabriquées en France, soit importées de l'étranger? — *R.* Non ; puisque tout se vend à mesure que l'on fabrique ; que le salaire des tisserands a été plus fort dans les trois dernières années, et que, sur une pièce de toile valant 250 fr., les fabricants (plusieurs me l'ont avoué) gagnent 54 fr.

376. *D.* Quel a été, selon vous, l'effet de la loi du 5 juillet 1836, qui a réduit le droit des toiles 8, 12 et 16 fils? — *R.* J'ai entendu des fabricants de Bretagne se plaindre de la loi du 5 juillet qui a été favorable principalement aux toiles de 8 fils, en faveur desquelles toutes les maisons de toileries de France avaient fait des réclamations, puisque, malgré le changement de droit, cette toile fait encore 20 pour 0/0 de frais ; et cependant la majeure partie des toiles de 8 fils, qui sont à l'usage de la classe ouvrière, ne peut être aucunement remplacée par les localités qui réclament.

M. Colin aîné. 377. *D.* Puisque vous ne vous occupez pas exclusivement du commerce des toiles, nous vous demanderons encore quelques renseignements sur les fils. Pensez-vous que ce soit autant son défaut de qualité que son plus haut prix qui donne le désavantage au fil à la main?—*R.* Il y a de très-beaux fils à la main en France, et je les crois même meilleurs en qualité que les autres; mais ils sont trop chers et d'un emploi moins facile au tissage.

378. *D.* Mais la différence en plus dans le prix n'est-elle pas effacée par la grande réduction que ces fils ont subie, et qu'on nous a dit être de 25 à 30 pour o/o. —*R.* C'est une exagération : le prix de nos fils n'est pas tombé si bas. Ce qui se vendait à Lisieux 37 et 38 sous la livre, avant la concurrence des fils mécaniques, vaut encore 32 sous. La baisse sur les fils, dans les départements de l'Orne et de la Sarthe, n'est pas de plus de 8 à 10 pour o/o; et comme je vous ai déjà fait voir que, sur les toiles, cette baisse s'est arrêtée à 5 ou 6 pour o/o, vous pouvez reconnaître la justesse de l'observation qui montre que la condition des tisseurs s'est réellement améliorée, puisque leur toile n'a pas baissé dans la même proportion que le fil qu'ils emploient.

379. *D.* Cependant la baisse de 30 p. o/o nous a été affirmée même par des filateurs à la mécanique?—*R.* Tels filateurs peuvent avoir mal fabriqué, et par suite mal vendu. Je vous citerai, par exemple, ceux de Trévaux et d'Haguenau.

380. *D.* Voudriez-vous nous faire le rapprochement du prix anglais et du prix français, du fil n° 30, filé à la mécanique d'un côté, et à la main de l'autre?—*R.* Ce fil vaut en France 46 à 48 sous la livre, en gris ou écru, et l'on ne peut l'obtenir d'Angleterre qu'à 43 sous; après qu'il a dû payer 12 à 13 p. o/o de droits et de frais de diverses natures.

381. *D.* Comment comprenez-vous cette addition de 12 à 13 p. o/o?—*R.* Ces fils exigent:

Pour emballage croisé, soit	3f 00c	M. Cohin aîné.
Pour fret	4 00	
Pour commission	3 00	
Pour assurance à 1 p. 0/0	3 00	
Pour frais de réception		
Pour droit de douane	26 40	

Or, ces frais constituent bien une prime en faveur de la filature française; prime très-efficace pour les nos 10 à 20.

Et remarquez bien que je parle encore du fil à la main, quoiqu'il doive être bien entendu que l'industrie qui le produit ne peut plus subsister à côté des machines à filer, en tant qu'il s'agit du fil de lin; car, pour le chanvre, je l'excepte. Pour lui, la mécanique ne peut pas encore remplacer d'une manière absolue le filage à la main: c'est encore une belle part qui reste à celui-ci; car le tiers des toiles fabriquées en France est en fil de chanvre, que le fil de lin ne remplacera peut-être jamais, parce que le chanvre a une force qui le rend propre à des usages spéciaux, comme tentes, bâches, sacs, et pour linge de travail des gens de campagne. Des essais ont été faits pour filer le chanvre à la mécanique; mais la dureté de son filament en a empêché la réussite.

382. *D.* Vous établissez que le fil anglais ne peut nous arriver qu'avec une addition de valeur de 13 p. 0/0; en est-il de même pour la toile?—*R.* Pour la toile, les frais sont beaucoup plus considérables. Il faut d'abord des colis énormes. Je calcule que de la toile au-dessus de 8 fils supporte pour frais et droits 18 p. 0/0 de son prix. Or, je puis faire en France à meilleur marché; car, avec 100 kilogrammes de lin, qui me coûteront, pour droit d'entrée, 26 fr. 60 cent., je ferai 300 aunes de toile valant 420 francs, en 110 centimètres de large, du prix de 1 fr. 40 cent. Or, mon économie, jointe aux droits et aux frais dont j'ai parlé, équivaudra à une protection de 20 p. 0/0.

383. *D.* Vous convient-il de nous dire comment se règlent, en

M. Cohin aîné. Angleterre et en France, les crédits et les escomptes? — *R.* En Angleterre, tous les achats se font payables de 7 à 21 jours; pour notre compte, ce que nous traitons avec l'Irlande se fait sous l'escompte de 2 1/2 p. 0/0. En Écosse, nous n'achetons qu'au comptant, sans escompte. En France, le commerce se fait également au comptant; nous parlons des achats faits en fabrique; car, à Paris, l'usage est de quatre mois, tout en laissant aux acheteurs la faculté d'escompte dans le mois, moyennant 2 p. 0/0.

384. *D.* Le projet d'établir des filatures, dont vous nous avez parlé, n'est-il pas subordonné à des modifications du tarif des douanes, qui rendraient moins facile l'entrée des fils anglais? — *R.* Nullement. Ce n'est pas que si la filature était plus protégée qu'elle ne l'est à présent, il y aurait plus d'activité et plus de confiance chez les entrepreneurs de nouvelles filatures. Je désire, plus que personne, que notre industrie prospère dans l'intérieur, et même qu'elle recouvre les marchés étrangers, d'où les Anglais l'ont exclue. Dans mon intérêt de fabricant, je m'accommoderais fort d'un surcroît de tarif; mais ce surcroît, je le répète, n'est pas nécessaire pour atteindre le but avec un peu plus de temps. Je ne veux pas d'ailleurs vous dissimuler que j'ai mis à profit la crainte que les Anglais ont conçue d'un changement dans le tarif des douanes de France : je les ai trouvés si disposés à lâcher la main, que j'ai fait des achats considérables. Par conséquent, le changement dont il s'agit augmenterait la valeur de mes magasins; mais c'est d'après ma conscience, et non d'après mon intérêt, que je réponds ici. Je vois l'ensemble et l'avenir de notre industrie et de notre commerce, et je dis qu'une augmentation de droits sur le fil ou sur la toile leur serait très-préjudiciable.

385. *D.* Cependant on affirme que les Anglais ont des avantages de position et d'antériorité qui ne permettent pas de lutter avec eux autrement qu'à la faveur d'un autre tarif que celui qui existe. Quels sont ces avantages? — *R.* Ils ont les frais de premier établissement qui

sont moins forts. Telle fabrique, qui chez nous coûterait 1,800,000 f. à monter, ne leur reviendrait qu'à 1,100,000 francs, et ils ont de bonne houille à bas prix; mais nous avons des avantages naturels qu'il ne faut pas perdre de vue. Croyez-vous que dans un pays comme la France, où, sur tel point, la vie est à si bon marché qu'on paye 50 centimes la journée des terrassiers, et où l'on met un employé en pension pour 120 francs par an, on ne puisse choisir, pour fonder des établissements manufacturiers, des positions plus avantageuses que celles de Dundee et de Belfast; des positions où le combustible n'est pas plus cher que dans la Grande-Bretagne? Ajoutez que nous produisons nous-mêmes, en quantité, de très-bon lin. M. Cohin aîné.

Non, l'aggravation du tarif des fils n'est pas indispensable. Je vois, au contraire, qu'elle aurait les plus graves et les plus désastreuses conséquences pour le tissage. D'abord, il faut bien se dire qu'à moins de mettre un droit très-considérable sur le fil anglais, on ne l'empêchera pas d'arriver, par la raison facile à saisir qu'il y a égale nécessité pour la France d'acheter ce fil, et pour l'Angleterre de nous le vendre. La France ne peut plus s'en passer, puisque les succès de sa fabrication en tissus dépendent de l'emploi du fil mécanique. Et ce fil, où le prendre ailleurs? L'Angleterre ne peut pas davantage arrêter ses ventes: car elle a donné une immense extension au filage à la mécanique; elle a déjà 178 filatures dans lesquelles on a engagé des capitaux énormes. C'est d'ailleurs une nécessité pour ce pays d'employer les lins de Russie, qui sont achetés à l'avance, et qui viennent s'accumuler dans les ports d'Angleterre et d'Écosse. Or, cette nécessité, les Anglais ont le moyen d'y obéir; car ils ont une grande puissance de réduction dans les prix, et parce qu'ils travaillent en grand, et parce qu'ils ont déjà d'assez grands profits pour être en état de sacrifier temporairement leurs bénéfices. Avec le simple revient, ils peuvent aller longtemps.

Ainsi, vous le voyez, pour changer effectivement la condition des filatures à la mécanique en France, il faudrait un droit prohibitif, et c'est ce qu'on ne peut pas vouloir. Je tiendrais une telle mesure pour un malheur; et, comme elle aurait pour conséquence logique et inévi-

M. Cohin aîné. table l'aggravation du tarif des toiles, je la tiens pour impossible : car ce serait arrêter la fabrication de la toile en France ; ce serait faire un grand mal pour en arrêter un moindre, et remarquez que vous retomberiez alors dans les inconvénients de la fraude, surtout pour les toiles fines.

386. *D.* Ainsi, vous seriez d'avis de laisser les choses suivre leur cours actuel, assuré que vous êtes que la filature à la main ne peut plus être raisonnablement défendue, et que la filature à la mécanique se développera naturellement à l'aide du tarif actuel qui lui réserve toujours, avec l'addition des frais, une prime de 12 à 13 p. 0/0 ? — *R.* C'est bien là ma pensée ; quoique je vous aie dit que, si l'on n'avait à s'occuper que des fils, il serait sans doute possible et désirable d'encourager le plus prompt établissement des filatures à la mécanique par un droit plus élevé que le droit de 14 ou 24 francs, qui se perçoit aujourd'hui. Mais, en considérant l'ensemble de l'industrie du lin, on arrive toujours à reconnaître qu'il est impossible de refouler subitement les fils mécaniques qui nous viennent d'Angleterre. C'est avec ces fils que les tisserands de l'Orne et de la Sarthe travaillent profitablement et assortissent sans peine leurs chaînes et leur trames ; tandis que, lorsqu'ils employaient leurs fils à la main, il leur fallait aller au loin pour les assortir, ce qui était toujours difficile : à présent on est certain de l'identité des numéros.

387. *D.* Ainsi, vous attribuez tout le dommage de notre situation à l'imperfection de notre mode de filer le lin, et à l'insuffisance des produits des mécaniques qu'on a montées jusqu'ici ? — *R.* Le mal vient de là, je ne puis trop vous le répéter ; et je ne comprendrais pas comment on pourrait tisser aujourd'hui en France sans le secours des fils anglais. Il vous est facile d'en juger vous-même : dans le Maine-et-Loire, on paye 6 francs pour filer deux livres de fil du n° 80 à 90 ; hé bien ! c'est justement le prix du fil à la mécanique tout importé d'Angleterre. Où trouver la valeur de la matière employée

et le bénéfice du fabricant? Il me semble que c'est un procès jugé. M. Cohin aîné.
Tout ce qu'on voudra faire pour relever le filage à la main, ou seulement pour lui donner le temps de disparaître petit à petit, n'aura aucun bon résultat; ce sera prolonger un état de choses qui a perdu sa raison d'être. Il faut profiter de l'avantage qui nous est offert de tisser beaucoup avec du fil régulier obtenu à bon compte; il faut obéir au mouvement de la consommation, qui devient de plus en plus considérable en tissus de lin, sans pour cela renoncer au projet de fonder en France, et au plus tôt, la filature à la mécanique. Nous réunirons ainsi les deux sources de richesse; mais, pour les vouloir faire jaillir à la fois par des moyens artificiels, on courrait le danger de les perdre toutes deux.

388. *D.* On ne file pas encore les étoupes à la mécanique en France? — *R.* Bien peu. Les Anglais trouvent encore profit à venir acheter celles dont nous ne savons que faire. J'ai commission d'acheter celles que produisent les maisons de charité qui en ont 15,000 à 20,000 kilogrammes.

389. *D.* Quelle marge croyez-vous qu'aient encore les Anglais pour baisser les prix du fil et de la toile? — *R.* C'est leur secret.... Mon frère, qui est resté longtemps en Écosse et en Irlande, qui y est encore et qui communique facilement avec toutes les classes de fabricants, parce qu'il est très-familier avec la langue du pays, n'aurait pas été d'avis que je fisse des achats considérables en toiles anglaises, précisément parce qu'il apprécie les moyens qu'ont les Anglais de réduire leurs exigences : ils ont des maisons gigantesques à 25,000,000 fr. de capitaux; il les voit engagées par des achats de matière, et il mesure la somme des sacrifices qu'ils sont en état de subir; aussi prévoit-il que, si l'on augmentait le droit sur la toile et sur les fils de 6 à 7 pour o/o, il n'en entrerait pas une aune de moins. Il pense, comme moi, que cette augmentation n'aurait pour nous aucun avantage.

M. Cohin aîné. 390. *D.* Pensez-vous que les industriels qui établissent des filatures à la mécanique en France pourront faire d'aussi grands bénéfices que les Anglais, qui ont pris l'initiative de cette importante fabrication? — *R.* Je pense que les industriels qui établiront en France des filatures de lin avec le système anglais trouveront de très-beaux résultats, puisqu'ils pourront se procurer la matière première au même prix qu'en Angleterre; que, de plus, la protection actuelle donnera à leurs produits une plus-value de 10 à 15 pour 0/0; enfin, qu'ils n'auront pas à faire, comme les Anglais, des frais énormes pour chercher la vente de leurs filés.

391. *D.* Mais l'événement que vous prévoyez, ne pourrait-on pas le hâter par quelques mesures? — *R.* Je le voudrais bien; mais tuer un malade pour en secourir un autre n'est pas chose à faire. Or, pour moi, la question se présente ainsi: le droit qu'on mettra sur le fil en fera mettre un autre sur la toile; et, du même coup, on dérangera le tissage et la consommation qui, je le répète, progressent à l'envi. Et qu'en résultera-t-il pour la filature à la mécanique et pour la culture du lin? Rien d'immédiat, rien de décisif, puisque les Anglais peuvent baisser leurs prix et renoncer, pour un temps, à tout bénéfice.

392. *D.* Ainsi vous pensez qu'il faut maintenir le tarif tel qu'il est? — *R.* Je trouverais parfaitement raisonnable qu'on ne fît plus de différence, pour l'application du droit, entre le fil de lin et le fil d'étoupe; car, pour certains numéros, on ne peut pas les distinguer en douane, et cela donne lieu à des difficultés, à des discussions qu'il faut éviter.

393. *D.* Mais le tarif actuel a deux droits: celui de 14 fr. pour le fil d'étoupe, et celui de 24 fr. pour le fil de lin. Quel taux faudrait-il maintenir? — *R.* Celui de 24 fr.

394. *D.* Ne frapperait-il pas trop inégalement des valeurs très-différentes? — *R.* Il serait fort modéré pour les hauts numéros et

même pour ceux qui sont le plus employés; pour les numéros bas, c'est-à-dire 10 à 12, il semblerait lourd; mais ce serait un encouragement en faveur des filatures que nous pouvons nous approprier d'abord; ce serait une amélioration pour la Picardie et la Bretagne. M. Cohin aîné.

395. *D.* Ne nuirait-il pas au tissage des toiles communes? — *R.* Je pense, au contraire, qu'il aiderait à la consommation de ces toiles, qui se font beaucoup en fil d'étoupe, et qui ont leur emploi marqué pour les prisons et les hospices. Le renchérissement du fil mécanique des bas numéros pousserait à la consommation des toiles de chanvre, qui sont appréciées par beaucoup de localités.

396. *D.* Comment établissez-vous le rapport entre le prix du fil et le prix de la toile? — *R.* Il serait excessivement long d'établir des calculs sur le prix du fil et de la toile, puisqu'il se fait des toiles avec du fil depuis le numéro 8 anglais jusqu'au numéro 100.

Je prendrai pour exemple une toile d'une consommation assez importante, faite avec des fils numéros 22 et 16. Je mettrai, pour faire une toile de 64 aunes,

22 livres fil n° 20, à 1 fr. 45 cent.; soit.	31f 90c
29 fil n° 16, à 1 fr. 20 cent.	34 80
	66 70
Façon de la toile, à 35 centimes l'aune.	22 40
	89 10

Cette toile revient à 1 fr. 39 cent. 1/2 l'aune. Le fil anglais, avec lequel elle est faite, a payé 8 fr. 77 cent. de droits, frais, etc. Cette même toile peut supporter avec avantage la concurrence des toiles belges et anglaises qui, dans les mêmes qualités, auraient payé 17 fr. 80 cent. de droits, frais, etc.

397. *D.* Vous expliquez bien que le fil à la mécanique importé de l'étranger crée, en quelque sorte, une nouvelle industrie de tissage, et nous donne des bénéfices que nous n'avions pas; mais le lin ré-

M. Cohin aîné. culté en France, quel sera son emploi? — *R.* J'ai souvent réfléchi à ce côté de la question; et je puis dire que c'est le mauvais côté. Mais le dommage de la culture est passager, puisque la consommation des toiles et leur tissage augmentent considérablement; il faut de plus grandes masses de lin. Nous le tirons tout filé du dehors; cela est vrai. Mais peut-on faire autrement, d'abord? Est-il au pouvoir du Gouvernement de faire qu'il y ait aujourd'hui en France assez de ce fil mécanique dont on ne peut plus se passer! Maintenant que nous voyons ce que l'on obtient avec ce fil mécanique, ne pouvons-nous pas le produire aussi bien et peut-être mieux que les Anglais?

En définitive, la culture ne peut prospérer que pour ces fabriques. Or, celles-ci seraient arrêtées si on leur refusait le fil d'Angleterre. Que l'agriculture patiente donc : son tour viendra aussitôt que nous nous serons emparés de la filature à la mécanique; ce qui ne peut manquer d'avoir lieu. Aujourd'hui, elle profite en partie du mouvement donné au tissage, puisqu'il est avoué de toutes parts que les fils à la main se combinent encore avec les autres pour former des trames.

398. *D.* Les Anglais emploient le lin de Russie en grande quantité; savez-vous à quelles conditions ils l'obtiennent? — *R.* Le prix du lin de la Baltique est bien inférieur à celui des lins de France, de Belgique et de Hollande. Aujourd'hui on achète, à Londres, les lins de la Baltique de 35 à 42 liv. st. le tonneau, tandis que les lins de France valent de 40 à 80 liv.; ceux de Hollande, de 35 à 70 liv.; et enfin ceux de Belgique, de 40 à 120 liv. st. le tonneau. En France, Valenciennes produit des lins d'une qualité reconnue tout à fait supérieure; ils sont presque tous employés dans le pays et filés à la main pour batiste. Tout en achetant les lins de la Baltique à des prix bien inférieurs, les petites filatures anglaises n'en ont pas l'emploi, puisqu'avec ces lins, qui ont un déchet très-considérable, on ne file point au-dessus du n° 40. La supériorité du lin de Belgique consiste dans sa souplesse.

J'adressais à un filateur Anglais, sur les lins de France et de Belgique, cette question : Si vous aviez à choisir entre un lin belge et un lin français, qui est plus dur et donne par conséquent plus de mains, auquel donneriez-vous la préférence? S'il s'agissait du fil pour coutils croisés, du fil à coudre, etc., je prendrais du lin belge, parce que sa souplesse le rend plus propre à ce genre d'industrie. M. Cohin aîné.

399. *D.* A combien p. 0/0 les Anglais peuvent-ils donner le fil à meilleur marché, en fabricant du lin de Russie, plutôt que du lin de France ou de Belgique? — *R.* De 6 à 7 p. 0/0.

SÉANCE DU VENDREDI 15 JUIN 1838.

M. de Bergue, constructeur de machines, à Paris.

400. *D.* Vous nous avez été désigné comme constructeur de machines à filer le lin : vous occupez-vous réellement de cette industrie? — *R.* L'établissement que j'ai fondé en 1830, pour construire les machines alors en usage, est trop petit pour que je m'occupe en grand des machines à lin. Mais, en ce moment, je fais construire de nouveaux ateliers qui, j'espère, seront complétement terminés au 1er octobre prochain. Je pourrai alors accepter les nombreuses demandes que je refuse aujourd'hui, dans l'impossibilité où je me trouve de fixer certainement l'époque de la livraison.

401. *D.* Les machines que vous construirez alors seront-elles faites d'après le plus nouveau système, et sur des modèles anglais? — *R.* J'ai acheté en Angleterre, des machines modèles qui ont reçu les perfectionnements les plus récents; je ne dois pas tarder à les recevoir.

402. *D.* Avez-vous été vous-même en Angleterre pour constater la perfection des machines que vous faites venir? — *R.* Oui; j'ai choisi mes modèles sur place, après les avoir vu fonctionner dans différentes filatures, et c'est d'après leurs produits que j'affirme qu'il n'en existe pas de plus parfaits.

403. *D.* Et quant aux outils? — *R.* Nous avons déjà reçu d'Angleterre une partie des outils qui sont nécessaires à la fabrication des pièces qui entrent dans les machines à filer le lin; nous aurons le reste dans un mois.

404. *D.* Avez-vous fait venir des ouvriers d'Angleterre? — *R.* J'ai fait venir un contre-maître et un monteur anglais, et je crois que c'est une condition indispensable pour commencer à faire aussi parfaitement qu'en Angleterre.

405. *D.* Vous les payez plus cher que d'autres? — *R.* Sans doute : mais nous recherchons avant tout la perfection, et, pour l'obtenir des machines, il faut faire surveiller les travaux par des hommes parfaitement au fait et doués d'une attention plus soutenue que n'est en général celle des ouvriers français. M. de Bergue.

406. *D.* La précision qu'exigent les machines à filer le lin en rend-elle la construction difficile? — *R.* Il n'y a de difficulté que dans la construction des cylindres cannelés et dans la disposition des trous des broches, qui demandent à être percés avec une précision qu'on n'obtient qu'avec une machine faite exprès. Les machines préparatoires exigent aussi beaucoup de soins et l'emploi d'un outillage dispendieux.

407. *D.* La machine étant bien construite, les résultats en sont-*ils* modifiés par la plus ou moins grande habileté des ouvriers qui la conduisent ? — *R.* C'est dans les machines préparatoires que, suivant l'habileté de l'ouvrier, la qualité du fil est plus ou moins bonne; quant à la machine à filer, l'ouvrier n'ayant qu'à rattacher les fils rompus, sa maladresse réduit la quantité des produits, mais n'a aucune influence sur la qualité. L'intelligence du contre-maître influe à la fois sur l'une et l'autre.

408. *D.* Combien avez-vous d'ouvriers ? — *R.* Cinquante; mais, dans les ateliers que je fais construire, il m'en faudra de 500 à 600.

409. *D.* Quel est votre moteur? — *R.* J'emploie actuellement une machine à vapeur de 8 chevaux; dans mon nouvel établissement, j'en aurai une de 20.

410. *D.* Les machines à filer le chanvre peuvent-elles aussi filer le lin, et jusqu'à quel numéro? — *R.* Quoiqu'on ait pour chaque espèce de filasse une série de machines distinctes, on peut filer à gros numéros (de 5 à 20 anglais) le lin avec la série de machines destinées à la filature du chanvre.

M. de Bergue. Cette différence entre les systèmes existe aussi pour le filage du lin à des numéros très-différents; aussi on le file jusqu'aux numéros 70 et 80 anglais dans toute sa longueur, tandis que, pour les numéros supérieurs, on le coupe avant de le soumettre à l'étirage. De là résulte la nécessité de machines différentes.

411. *D.* Quelle vitesse ont vos broches? — *R.* Cette vitesse varie, pour les machines à filer le chanvre, de 2,000 à 2,500 révolutions par minute; et pour les machines à filer le lin, de 3,500 à 5,000.

412. *D.* Les machines à filer fin sont-elles plus difficiles à établir que les machines à filer gros? —*R.* Celles-ci sont extrêmement faciles à construire, soit pour la préparation, soit pour le filage du chanvre et du lin destinés à de gros numéros; mais les machines propres à la fabrication des numéros moyens et supérieurs se font avec difficulté.

413. *D.* Pour le tissage du lin et du chanvre avez-vous monté des métiers mécaniques qui aient réussi? — *R.* J'en ai établi, en France, un assez grand nombre qui ont plus ou moins bien réussi, suivant la qualité des fils que l'on employait, et suivant l'intelligence et la persévérance des entrepreneurs. Les établissements qui ont donné les meilleurs résultats sont ceux de M. Édouard Jaquemet, de Voiron (Isère), et de MM. Bachemallet, Barnicaud et Dietz, de Clermont-Ferrand.

Dans ces deux fabriques, on tisse de fortes toiles de chanvre en 4/4; c'est l'espèce qui offre le plus de difficulté au tissage mécanique. Chez M. Jaquemet, il y a 50 métiers qui ont été successivement montés; à Clermont, il n'y en a qu'une vingtaine. Ces deux fabriques auraient pris plus d'accroissement sans la difficulté de se procurer des fils en quantité suffisante.

414. *D.* Vos métiers à tisser sont-ils absolument dans le système anglais? — *R.* Ils diffèrent en mieux. Nous sommes, sous ce rapport, plus avancés que nos voisins, qui ne peuvent fabriquer à la mécanique que les toiles plates, dont il est vrai que la plus grande consommation

anglaise s'arrange. Nous avons encore l'avantage sur eux, lorsqu'il s'agit du tissage à la main, car ils ne peuvent réussir à imiter le grain de la toile de Cretonne qui résulte d'une certaine manière de disposer les chaînes, et de l'adresse des tisserands de Normandie. M. de Bergue.

415. *D.* Peut-on tisser à la mécanique avec du fil à la main? — *R.* Par cela même que le fil à la main se compose d'écheveaux presque tous différents, il est difficile de tisser à la mécanique. Toutefois, l'obstacle n'est pas insurmontable ; et, en résultat, les toiles tissées à la mécanique sont plus belles que les toiles tissées à la main avec les mêmes fils.

416. *D.* Pouvez-vous nous indiquer le prix anglais de chacune des parties qui composent une filature, et le comparer avec le prix que vous exigerez vous-même pour les mêmes pièces?—*R.* Voici le détail que vous désirez :

MACHINES.	PRIX de M. FAIRBAIRN, constructeur à Leeds.	PRIX de MM. DE BERGUE et compagnie, constructeurs à Paris.
1° MACHINES PRÉPARATOIRES POUR LIN LONG OU NON COUPÉ.		
Un étaleur ou premier étirage..........................	2,142f	3,250f
Un deuxième étirage à 3 têtes..........................	3,694	5,550
Un troisième étirage à 4 têtes..........................	4,926	7,400
Un banc à broches à régulateur de 36 broches........	12,530	18,000
TOTAL..................	23,292	34,200
2° MACHINES PRÉPARATOIRES POUR LE LIN COUPÉ.		
Un étaleur ou premier étirage..........................	1,607	2,500
Un deuxième étirage à 4 têtes..........................	3,876	6,000
Un troisième étirage à 5 têtes..........................	4,845	7,500
Un banc à broches, à régulateur de 36 broches........	9,180	14,400
TOTAL..................	19,508	30,400

M. de Bergue.

MACHINES.	PRIX de M. FAIRBARIN, constructeur à Leeds.	PRIX de MM. DE BERGUE et compagnie, constructeurs à Paris.
3° MACHINES PRÉPARATOIRES POUR ÉTOUPES DE LIN LONG.		
Une machine à nappe	398f	600f
Une carde en gros de 4 pieds de large	2,812	4,000
Deux cardes en fin de 4 pieds de large	5,024	8,000
Un premier étirage à 3 têtes	3,213	4,800
Un deuxième étirage à 4 têtes	4,284	6,400
Un banc à broches à régulateur de 36 broches	10,602	16,200
Fournitures desdites cardes	7,207	10,200
TOTAL	34,200	50,200
4° MACHINES PRÉPARATOIRES POUR ÉTOUPES DE LIN COUPÉ.		
Une machine à nappe	402	600
Une carde en gros	2,550	4,000
Deux cardes en fin, avec 8 travailleurs	7,050	11,000
Un premier étirage à 4 têtes	3,876	6,000
Un deuxième étirage à 5 têtes	4,845	7,500
Un banc à broches à régulateur de 36 broches	9.180	14,400
Garniture des cardes	7,777	3,400 7,500
TOTAL	36,280	54,400
5° Ces systèmes de préparation de lin et d'étoupe peuvent en préparer assez pour entretenir 3,500 broches dans les proportions et pour les numéros suivants :		
1° Lin long, n° moyen du fil 40..... 1,000 broches	30,600	45,000
2° Lin coupé ..... 120..... 800	23,460	34,400
3° Étoupes de lin long ..... 40..... 1,000	30,600	45,000
4° Étoupes de lin coupé ..... 80..... 700	23,205	35,000
TOTAL	107,865	159,400
RÉCAPITULATION.		
Machines préparatoires pour lin long	23,292	34,200
Machines préparatoires pour lin coupé	19.508	30,400
Machines préparatoires pour étoupes de lin long	34,200	50,200
Machines préparatoires pour étoupes de lin coupé	36,280	54,400
Broches	107,865	159,400
TOTAL GÉNÉRAL	221,145	328,600

117. *D.* Il résulte de ce tableau que vos prix excèdent ceux des mécaniciens anglais de 40 à 50 p. o/o ; est-ce que vous espérez réussir avec une telle différence ? — *R.* Il ne dépend pas de nous de les faire disparaître d'abord ; car nous avons à nous couvrir des premiers frais qui sont considérables et des pertes causées par l'inexpérience des ouvriers. A mesure que ces deux circonstances s'effaceront, et que les bénéfices se réaliseront, notre tarif s'abaissera. Nous serons d'ailleurs forcés de réduire nos prix pour soutenir la concurrence des autres mécaniciens français. Ainsi, les filateurs français sont bien sûrs d'avoir de bonnes machines à bas prix, quoique nous autres, constructeurs, soyons fortement protégés, non pas par le tarif de France (car les 15 p. o/o qu'il impose s'atténuent beaucoup au moyen des fausses déclarations), mais par l'énorme prime de contrebande qu'il faut payer à la sortie d'Angleterre, et par les frais d'emballage et de transport. M. de Bergue.

SÉANCE DU 15 JUIN 1838.

MM. Varin, de la maison Chambry et Varin, marchands de toiles à Paris.

418. *D.* Vous savez quel est l'état de la fabrication du fil et de la toile et quelle révolution elle subit en ce moment; voulez-vous bien nous faire part de vos notions à ce sujet? — *R.* Il est vrai qu'une révolution complète s'est opérée dans l'industrie du lin, et que les moyens mécaniques substitués au travail manuel ont produit une baisse considérable. Je prévois qu'elle continuera et atteindra 25 p. 0/0 dans l'espace de dix années; car vous comprenez parfaitement que la filature à la main, ne donnant plus de profits, doit cesser d'avoir lieu un peu plus tôt, un peu plus tard.

On ne peut pas songer à contrarier le cours des choses; il faut bien plutôt en profiter et devenir aussi habile que les Anglais dans la filature du lin. Tous les efforts doivent se tourner de ce côté, car pour le tissage nous ne sommes pas en aussi grande différence avec eux. Loin de là, je puis dire que nos tisserands sont plus habiles, et que leurs produits, mieux *réussis*, peuvent se défendre sans aucun secours. J'ai voulu essayer d'envoyer aux Anglais des échantillons de toile de Cretonne, pour qu'ils en fissent de semblables à meilleur marché (un négociant doit être un peu cosmopolite); mais ils n'y sont pas parvenus.

419. *D.* Ainsi, vous ne trouvez pas extraordinaire que l'importation des fils anglais se soit accrue autant qu'elle l'a fait? — *R.* Je ne peux pas le trouver extraordinaire, puisque ces fils sont plus réguliers, plus faciles à mettre en œuvre et à plus bas prix. Ils se sont en effet introduits partout, et partout ils ont produit avantages et bénéfices. Je vous citerai particulièrement Chollet: sa fabrique ne produisait plus, il y a six ans, que 600 à 800 douzaines de mouchoirs, tandis qu'aujourd'hui elle en vend de 2,000 à 3,000, sans compter ce qui se débite en dehors du marché, c'est-à-dire dans les caves. Vous concevez que le travail des tisserands a

dû reprendre une valeur qu'il avait perdue, depuis que le haut prix du fil comparé à celui du coton avait fait baisser l'emploi des mouchoirs de Chollet. Ce n'est pas trop dire que d'affirmer que le salaire du tisserand a doublé par l'emploi des fils anglais. Mais je vous donnerai une idée plus exacte de l'état des choses en vous lisant une lettre du 3 juin, que j'ai reçue de Chollet. En voici quelques passages : MM. Varin

«Depuis l'importation des fils anglais dans notre fabrique, les «produits se sont presque quadruplés. Le bas prix auquel nous «vendons aujourd'hui facilite évidemment la consommation; nous «la voyons descendre dans la classe ouvrière. Il en résulte, pour «la fabrique en général, un grand bien-être, et les ouvriers reçoi«vent un salaire plus élevé. Le fil mécanique est d'un emploi si «facile, que tel ouvrier, qui ne faisait que trois mouchoirs par «jour avec du fil à la main, en fait de six à sept. Si aujourd'hui «on élevait le tarif des fils, le prix des mouchoirs s'en ressenti«rait, et nous serions de nouveau exposés à la concurrence de la «Westphalie et de la Suisse, qui, avant l'emploi du fil mécanique, «nous empêchait de faire des mouchoirs au-dessus de 2,560 fils «de chaîne sur 80 centimètres de largeur, tandis qu'aujourd'hui «nous établissons, à meilleur marché qu'eux, non-seulement dans «ce degré de finesse, mais encore dans tout ce qu'on peut faire «de plus fin. Nous pouvons vendre, en écru, des 3,520 fils sur «80 centimètres à 32 et 34 francs la douzaine. Informez-vous de «ce que vaudraient ces mouchoirs en Westphalie, et vous jugerez «des progrès que nous avons faits. Ajoutez que, pour les faire «dans cette finesse en fils du pays, nous aurions autrefois mis un «an pour assortir la matière de quatre douzaines seulement.

«Maintenant nous pouvons faire encore plus fin, sans que le prix «soit considérablement augmenté. Pour 6 francs de plus par dou«zaine, nous ferions des 3,840. Le fil mécanique nous donne d'ail«leurs le moyen de fabriquer des toiles belges à un prix peu différent.

MM. Varin. «L'augmentation du droit sur les fils favoriserait l'entrée des tissus an-« glais avec lesquels nous pouvons aujourd'hui rivaliser à peu près. Les « fils mécaniques sont indispensables; il n'est pas un fabricant de bonne « foi qui n'en convienne, et ceux qui pétitionnent pour qu'on les sur-« taxe, méconnaissent leur propre intérêt. Que l'on demande à Li-« sieux si, depuis l'invasion des fils mécaniques, il ne s'est pas fait plus « de 10,000 pièces de cretonne de plus que précédemment, dans un « même espace de temps. La fabrication de ces toiles, avec le fil mé-« canique, est aussi favorable que celle des mouchoirs de notre fa-« brique, que celle des coutils de Laval, de Turcoing et de Roubaix. « Le bas prix facilite la consommation et permet de varier les produits « selon les caprices de la mode. Si on adoptait un droit prohibitif « de 150 francs par 100 kilogrammes on réduirait nos fabriques à ce « qu'elles étaient il y a sept à huit ans, et peut-être au-dessous. Il est « pénible, sans doute, de dépendre de l'étranger pour des intérêts aussi « considérables; mais, avant de priver les fabriques de leur unique « élément, il faudrait pouvoir en trouver un autre qui les maintînt au « même niveau. La filature à la main est considérablement diminuée; « les fileuses n'en sont ni plus riches, ni plus pauvres; elles mendiaient, « elles mendient et mendieront toujours jusqu'à ce qu'on établisse des « filatures mécaniques qui les emploieront. Ces filatures ont produit « une révolution dont il ne faut se dissimuler ni les avantages, ni « les désastres; mais c'est un fait accompli; ce serait en vain que l'on « chercherait à reculer; le mieux est d'en profiter et de laisser les « choses telles qu'elles sont. »

Je puis ajouter au contenu de cette lettre, qu'autrefois les produits de Chollet étaient de 10 pour 0/0 plus chers que ceux de Bielefeld, tandis qu'à présent ils sont de 10 pour 0/0 au-dessous; ainsi c'est une différence de 20 pour 0/0 à notre avantage. Vous avez là, en quelque sorte, le résumé de la question. Elle a pu être mal jugée d'abord, parce qu'il y a eu entraînement dans la vente d'un produit nouveau par sa qualité et par son prix, et ensuite parce que les fabricants des départements se sont effrayés plus qu'il n'y avait lieu, prenant pour un état qui devait durer, ce qui était le résultat de circonstances toutes exceptionnelles, et ne jugeant pas du progrès que la consommation faisait aussi bien que les importations de l'étranger. Cela est si vrai que le salaire des tisserands s'est élevé, et qu'il n'y a pas encombrement de marchandises sur les marchés de Normandie. Si vous pouviez interroger les paysans, et obtenir d'eux la vérité, ce qui n'est pas facile, vous sauriez que la toile leur donne de bons bénéfices. Il faut bien qu'il en soit ainsi, puisqu'ils font beaucoup plus d'ouvrage en moins de temps avec du fil qu'ils reçoivent tout assorti en chaîne et en trame, et qu'ils n'ont plus qu'à encoller, c'est-à-dire avec du fil coulant qu'ils n'ont besoin que de frapper deux fois. Remarquez d'ailleurs que le nombre des tisserands ne s'est pas accru, quoiqu'il y ait un tiers de plus en consommation. Les cretonnes particulièrement ont été recherchées; il s'en est vendu, dans les douze derniers mois, un tiers en sus de l'année précédente. Aussi n'en trouve-t-on pas vingt pièces disponibles, soit à Lisieux, soit à Vimoutiers. Ce que je vous dis de l'ancienne fabrication est bien plus vrai à l'égard de la nouvelle; car M. Feray, qui file et qui tisse à la mécanique, et dont les produits réussissent parfaitement, ne suffit pas aux demandes et vend très-cher. MM. Varin.

420. *D.* Mais, sans parler de M. Feray, n'admettez-vous pas qu'il y a sur les toiles françaises une baisse considérable ? — *R.* Les prix varient toujours dans le commerce, et, pour s'entendre, il faut préciser les époques. Après la révolution de 1830 et les troubles qui l'ont suivie, il y a eu baisse; mais, dès que la tranquillité a été rétablie, les prix se sont relevés, à tel point qu'une toile de 65 sous s'est vendue, en 1833, 3 francs 50 centimes. La baisse actuelle, que l'on peut considérer comme simultanée à l'importation des toiles anglaises, n'est que de 6 à 7 p. 0/0, si l'on compare le prix actuel à la moyenne du prix des vingt années antérieures; car, remarquez-le bien, vous aurez toujours un résultat faux quand vous comparerez seulement deux années entre elles, puisque, dans l'une ou l'autre, il doit y avoir eu un

MM. Varin. accident particulier. Aujourd'hui il y a tendance à la hausse, et telles affaires se sont faites à 6 ou 7 p. 0/0 de plus qu'elles n'auraient été faites il y a deux mois.

421. *D.* Vous pensez donc que le tissage peut se maintenir en France aux conditions actuelles du tarif des douanes? — *R.* Oui; avec des fils mécaniques, dont l'emploi est aujourd'hui la condition nécessaire du succès.

422. *D.* Mais ce fil, il faut le tirer de l'étranger; pensez-vous que nous pourrons établir des filatures à la mécanique? — *R.* Je n'en fais pas de doute; le tarif actuel accorde une assez grande protection pour que les établissements de filature puissent se former. Cela serait déjà fait si, en France, l'industrie et le commerce étaient plus en honneur, et si les hommes qui ont de la fortune et de l'intelligence se vouaient aux progrès du travail.

423. *D.* Nous ne croyons pas qu'aujourd'hui il y ait personne en France, quelque élevée que soit sa position, qui dédaigne de s'associer aux loyales entreprises de l'industrie et du commerce. — *R.* Je reçois avec plaisir l'assurance que vous m'en donnez.

424. *D.* Veuillez nous dire à quelles conditions vous faites venir des toiles de l'étranger; et, pour exemple, prenez la toile de la qualité dite 8 fils? — *R.* Sur ces toiles, les droits et les frais, payés jusqu'à la porte de notre magasin, reviennent à 18 7/10 p. 0/0 du prix d'achat. Sur les toiles au-dessous de 8 fils, la proportion est plus considérable; elle s'élève au taux énorme de 34 1/2 p. 0/0.

425. *D.* Vous conviendrait-il de donner plus de détails à cet égard, et de nous montrer sur quelle valeur se prélèvent ces tant p. 0/0. — *R.* Il est assez difficile de s'en rendre un compte parfaitement exact, parce que nos factures comprennent toujours des toiles de diverses qualités; mais je prendrai un terme moyen, et je

serai sûr de me trouver dans le vrai, plutôt à 2 p. 0/0 au-dessous qu'au-dessus. MM. Varin.

Ainsi pour la toile 8 fils :

Soit une facture montant à 155l 9d ou, à raison de 25f 60c........ 3,968f 30c

Frais de facture, emballage et pesage. 1l 8sh, à 25f 60c...		35f 85c
Remboursement à Londres pour fret de Dundee, emmagasinage, commission et transport de Londres à Boulogne.		100 90
Droits de douane sur 3 balles. — Poids — brut..................	1,242k	
Tare, 2 p. 0/0........	24,85	
net....................	1,217,15	
Droits, à 36f les 100 kil.........	438f 17c	481 98
Décime..................	43 81	
Commission de 1/2 p. 0/0 au banquier de Londres........		19 84
Transport de Boulogne à Paris.................		99 00
Ports de lettres..............................		5 00
TOTAL..................		742 57

Ces 742f 57c divisés par 3,968f 30c, donnent, pour le montant net des frais, 18f 7/10 p. 0/0.

Pour la toile de moins de 8 fils :

Soit une facture montant à 100l 5sh 3d ou, à raison de 25f 55c...... 2,561f 80c

Frais de facture, emballage, etc., 2l 3sh..............		54f 95c
Remboursement à Londres pour fret de Dundee, emmagasinage et transport de Londres à Boulogne........		224 10
Droits de douane sur 5 balles. — Poids — brut..................	1,371k	
Tare, 2 p. 0/0.........	27,42	
net....................	1,343,58	
Droits, à 30f les 100 kil.	403f 08c	443 38
Décime.	40 30	
Permis et timbre................................		0. 89
Frais d'emmagasinage à Boulogne, commission et autres frais..		46 75
A REPORTER............		770 07

MM. Varin,

Report	770f 07c
Transport de Boulogne à Paris	97 50
Ports de lettres	5 00
Commission de 1/2 p. 0/0 au banquier de Londres	12 80
Total des frais	885 37

Ces 885f 37c divisés par 2,561f 80c, donnent 34 1/2 p. 0/0.

Il est à propos que j'ajoute que toutes mes opérations se font au comptant et sans escompte.

426. *D.* Pensez-vous qu'il résulte de ces charges que la vente des toiles françaises n'est pas empêchée? — *R.* D'autant moins que les toiles françaises sont toujours préférées à qualité et à prix égal, et qu'au détail elles donnent un plus grand bénéfice. Les acheteurs les préfèrent de plus en plus, parce que les toiles à la mécanique sont réellement moins bonnes : elles ont beaucoup plus d'apparence, mais peu de qualité; elles pèsent moins que la toile française, et que la toile de Belgique même quand elle est faite avec du cœur de lin. Pour les toiles faites avec du fil d'étoupe, la différence serait bien plus considérable.

427. *D.* Dans quelles proportions les toiles faites à la mécanique s'importent-elles? — *R.* Pour un tiers de la quantité totale, mais dans les numéros communs.

428. *D.* Les distingue-t-on facilement des autres? — *R.* Oui; à leur aspect terne, même après le blanchiment; et à la lisière qui, surtout dans les toiles 8 fils, est très-défectueuse. Cependant cela n'est vrai que pour les tissus unis; car ces signes disparaissent dans le linge damassé. J'ai été à Dundee et à Aberdeen où j'ai vu jouer le tissage à la mécanique, et là j'en ai reconnu les inconvénients : les fils, qui se cassent dans le travail, ne peuvent être rattachés tout de suite, ce qui fait des trous, et d'ailleurs la toile ainsi faite réussit mal au blanchiment.

429. *D.* Vous pensez donc que l'importation de ces toiles diminuera? — *R.* J'en ai l'intime conviction. Je vous ai déjà dit ce qui en est des toiles communes : quant aux toiles fines, les lingères qui en ont fait usage viennent nous en faire des reproches : elles disent que ces toiles sont molles, qu'elles cotonnent et sont d'un *vilain porter;* aussi redemandent-elles des toiles de France et de Belgique. Le tissage reprend faveur dans ces deux pays; leurs toiles tendent à la hausse. MM. Varin.

430. *D.* Il n'est donc pas nécessaire, selon vous, de modifier le tarif des douanes pour que l'industrie du tissage prospère en France? — *R.* Non; pourvu qu'on ne touche pas au tarif des fils.

431. *D.* Mais les nouvelles filatures à la mécanique peuvent-elles se passer d'un encouragement quelconque? — *R.* C'est ce que je ne sais pas; mais s'il leur en faut un, qu'on donne plutôt des primes à ceux qui, les premiers, établiront de grandes filatures à la mécanique, et produiront aussi bien et à aussi bon marché que les Anglais. Une augmentation de droits sur les fils serait très-nuisible au tissage qui nous est si avantageux. Augmenter le droit sur les fils ce serait augmenter le prix de nos toiles et rappeler l'importation des toiles étrangères que je vous ai dit devoir cesser; et si, comme il est naturel de le penser, on augmentait proportionnellement le droit des toiles, il arriverait encore ce qui est arrivé après la loi de 1826. Elle venait de hausser de quelques p. 0/0 le droit d'entrée des toiles de Belgique, et ces toiles se donnaient à 20 p. 0/0 au-dessous du cours antérieur, si bien qu'en 1827 et en 1828, il en est entré tout juste autant qu'en 1826. Vous voyez donc que ce ne serait pas une addition de 8 p. 0/0 au tarif actuel qui pourrait faire grand'chose.

SÉANCE DU 15 JUIN 1838.

M. Legendre, négociant en toiles, à Paris.

432. *D.* Voulez-vous bien nous dire quel a été l'état du commerce des toiles dans ces dernières années? — *R.* Depuis la fin de 1832, c'est-à-dire depuis le rétablissement de la tranquillité, jusqu'en 1836, il y a eu constamment hausse dans le prix de la toile. En 1836, l'importation des toiles d'Angleterre a commencé à se joindre à l'importation des toiles de Belgique, et alors il y a eu une baisse, mais peu considérable; c'était vers la fin de l'année, et c'est aussi l'époque de la grande fabrication et d'une certaine baisse annuelle. Ce n'est qu'en 1837 que les importations d'Angleterre ont eu un effet marqué dans la vente qui, jusque-là, était satisfaite par les toiles françaises, belges et allemandes : ces deux dernières jusqu'à concurrence des 2/3 de la consommation.

L'avantage que les toiles anglaises ont obtenu tout à coup a tenu, je dirai d'abord à la nouveauté, et à l'espèce d'étonnement que produisaient des toiles régulières, de belle apparence et s'offrant à des prix inaccoutumés. La plupart de nos correspondants ont voulu en être pourvus; mais, la qualité réelle de ces toiles ne répondant pas à leur apparence, la demande s'en est ralentie, et la communication de notre correspondance à cet égard ne serait pas sans un grand intérêt pour vous. Je pourrais vous communiquer des lettres de Lyon et d'autres endroits qui prouvent bien que l'on est déjà revenu de l'espèce d'engouement qui s'était produit d'abord. Je ne doute pas que les toiles, plus appropriées à nos besoins et plus résistantes au blanchissage, ne reprennent faveur.

Je pense qu'avant deux ans on vendra bien peu de tissus anglais, parce que, si la fabrication est assez belle, la qualité n'y répond pas.

Dès cette année, il y aura grande diminution dans la vente de ces toiles. Mon avis se fonde d'ailleurs sur ce fait, qu'avec des fils anglais nous faisons nous-mêmes d'excellente toile, soit à la main, soit à la mécanique, ainsi qu'il arrive dans l'établissement de MM. Delloye et Lelièvre, qui ne fait que commencer, mais qui s'annonce d'une manière avantageuse. Ce genre de fabrication est susceptible de s'étendre beaucoup, si les fils arrivent en grande quantité et à bas prix; alors l'importation des toiles cessera. Sous le rapport du tissage, les Anglais ne sont pas plus favorisés que nous: car ce n'est pas le dixième des fils qu'ils fabriquent à la mécanique. Je sais que M. Germain Petit tisse à la mécanique, mais que la qualité de ses toiles n'est pas satisfaisante. Les produits de la mécanique, en Écosse, ne sont pas non plus recherchés en France, parce que l'expérience a prouvé qu'au blanchiment ils perdaient de leur force et de leur qualité. M. Legendre.

433. *D.* Comment se répartit votre vente spéciale en toiles de différentes origines? — *R.* Avant l'importation des toiles anglaises, notre vente se distribuait comme suit:

En toiles françaises:

Alençon, qui n'a pas de concurrence, pour		8	24[es]
Bretagne	Quintin	4	
	Landernau		

Je ne parle pas des toiles cretonnes venant de Lisieux, qui se vendent directement à la halle : c'est un genre de toile qui est tout à fait propre à la France, et qui n'a pas d'analogue dans les autres pays; on a voulu la faire imiter par les Anglais, mais cela n'a pas réussi.

En toiles étrangères :

Belgique	10	24[es]
Allemagne	2	

M. Legendre. Six derniers mois de 1837 :

Alençon			6	24"
Bretagne.	Quintin	2	3	
	Landernau (serviettes à part)	1		
Belgique			6	
Allemagne			1	
Angleterre			8	

Maintenant, c'est-à-dire depuis les six premiers mois de 1838, la vente se répartit ainsi :

Alençon			9	24"
Bretagne.	Quintin	4	5	
	Landernau	1		
Belgique			6	
Allemagne			1	
Angleterre			3	

Remarquez qu'indépendamment de cette nouvelle distribution il y a accroissement de chaque nombre, par l'accroissement même de la consommation que les bas prix favorisent. Et quant à la Belgique, il y a spécialement tendance à une vente plus considérable, depuis qu'on a exactement comparé ses toiles aux toiles d'Irlande et qu'on leur a donné la préférence sur celles-ci; aussi, dans le voyage que je suis sur le point d'entreprendre pour l'Angleterre, me contenterai-je d'aller en Écosse pour revenir par la Belgique.

434. *D.* Recevez-vous toutes les toiles au même état de blanc ou d'écru? — *R.* Les toiles de Belgique nous viennent en écru; celles d'Écosse, partie en écru, et partie en demi-blanc; mais, cette espèce payant maintenant comme blanc, on n'aura plus le même intérêt à les faire venir. Quant aux toiles d'Irlande, il en venait une partie en blanc parfait; mais le double droit dont elles sont atteintes empêche absolument qu'elles puissent concourir avec les toiles de Belgique.

Vous aurez remarqué, par les rapprochements que je viens de

faire, que ce sont les toiles de Belgique et d'Allemagne qui ont le plus souffert des importations d'Angleterre, et je crois même qu'en 1837 l'importation, par Lille, a diminué dans une plus forte proportion que l'importation, par les ports venant d'Angleterre, n'a augmenté. M. Legendre.

135. *D.* Ainsi, vous maintenez que la production et la vente des toiles françaises n'ont pas sensiblement diminué?—*R.* Je maintiens, au contraire, qu'il y a eu un tiers d'augmentation; et c'est de quoi vous pouvez acquérir la preuve en vous faisant rendre compte, par les préfets, des quantités de toiles successivement vendues aux différentes halles de Paris, Rouen, Lisieux, Mamers, Mortagne et Le Mans. L'accroissement de la consommation se prouve encore par l'importance que le commerce des toiles a pris à Paris. Autrefois, par exemple, nous avions ici trois marchands de toiles en gros, dont un faisait peu de chose. Aujourd'hui, nous en avons sept à huit qui ont bien plus d'importance, et M. Cohin fait, à lui seul, plus d'affaires que n'en auraient fait huit marchands d'autrefois.

A Lille, c'est plus encore : le commerce de la toile est vingt fois plus considérable qu'il y a vingt-cinq ans. J'en dirais autant de Lyon et de Châlons. La consommation a grandi, en dernier lieu, au détriment des tissus de coton qu'on ne préférait qu'à cause de leur prix très-inférieur; car une mauvaise toile vaut toujours mieux, dans un ménage, que le plus beau calicot.

Chollet a considérablement gagné depuis qu'il emploie des fils à la mécanique : ses mouchoirs sont plus recherchés que jamais : ses qualités sont les mêmes; mais on les obtient à meilleur marché.

Si Quintin ne prospère pas de même, c'est qu'il garde ses anciens procédés et n'en est pas encore venu à l'emploi des fils mécaniques que l'on demande partout ailleurs, et que les tisserands préfèrent.

La consommation s'est accrue au retour de la tranquillité, en raison de l'augmentation de la population, et en raison de l'aisance qui s'augmente à mesure que la paix continue.

M. Legendre. 436. *D.* Cependant il y a une baisse dans les prix, ce qui n'est pas ordinaire quand la demande d'un objet devient plus active? — *R.* La baisse, qui s'est produite après que la production s'est mise en rapport avec la consommation, aurait eu lieu, quand bien même le fil et la toile faits à la mécanique ne se seraient pas produits sur le marché.

437. *D.* Ainsi, vous admettez que nous avons un avantage sur le tissage? — *R.* Oui, nous avons une supériorité marquée.

438. *D.* C'est donc par la filature que nous manquons? — *R.* Je le pense; et il est bien entendu qu'en parlant de la filature, j'entends celle à la mécanique; car, pour l'autre, je la considère comme anéantie.

439. *D.* Vous avez dit que toutes les ventes en toiles s'étaient augmentées par la consommation elle-même; mais est-ce à perte que l'on a vendu? — *R.* Quand il y a une grande vente *suivie*, il y a nécessairement bénéfice, et cela est vrai malgré la baisse apparente qui se produit. Ainsi, la valeur des toiles sera, si vous voulez, de 15 à 20 p. 0/0, au-dessous de ce qu'elle était il y a dix-huit mois, parce qu'alors les prix se trouvaient exagérés à la suite de plusieurs mauvaises récoltes en lin, et par une consommation qui reprenait tout à coup après les années de troubles qui avaient longtemps suspendu les achats. Si, au contraire, vous comparez les prix actuels avec une moyenne, prise sur de longues années antérieures, dix ans par exemple, vous n'avez plus qu'une baisse réelle de 6 à 8 p. 0/0; et cela s'explique par l'économie, très-heureuse, je crois, qu'apportent la filature et le tissage à la mécanique.

440. *D.* Pouvez-vous nous présenter la comparaison du prix des fils faits à la mécanique en Angleterre, et du prix des fils faits à la main en France? — *R.* Je n'ai pas été dans le cas de faire cette recherche : je m'occupe spécialement des toiles; cependant je puis vous

présenter le compte des frais qu'ont supporté cinq balles de fil venant de Belfast par un bateau à voiles, c'est-à-dire par la voie la plus économique. La facture de ces cinq balles, composées de fils des numéros de 16 à 40, se monte à 266 liv. st. 2 sh., ou, au cours de 25 fr. 50 cent., 6,785 fr. 50 cent. M. Legendre.

Les droits payés à la douane de Dunkerque, pour 1,667 kilogrammes, fil d'étoupe............. 233f.38c.

Et pour 948 kilogrammes, fil de lin, à 24 francs,................. 227 52

Plus, pour le décime........... 46 34

507 24 ou 7 1/2 p. 0/0.

Mais, si, à ces droits, on ajoute tous les frais de Belfast à Paris, on a 1,044 francs 57 centimes, ou 15 3/8 p. 0/0. Vous voyez en original toutes les pièces sur lesquelles ces calculs sont établis : ce fil ainsi acquitté se vend ici, en moyenne, 35 sous.

441. *D.* Quels sont les frais que supportent les toiles que vous tirez d'Angleterre? — *R.* Pour les toiles d'Écosse, prises en écru, ces frais, avec l'addition des droits, s'élèvent à 20 p. 0/0, et, pour les toiles en blanc, de 27 à 33 p. 0/0.

442. *D.* Voulez-vous nous en donner le détail appliqué particulièrement à des toiles de 8 fils? — *R.* C'est, en effet, l'article qui se vend le plus, et que l'on peut prendre pour point de comparaison.

443. *D.* D'abord, qu'aurait valu cette toile il y a quatre ou cinq ans? — *R.* C'est donc de la toile française que vous parlez. Or de la toile de chanvre d'Alençon valait, il y a quatre ou cinq ans, de 21 à 23 sous l'aune; maintenant le prix est réduit de 18 sous 1/2 à 21 sous. Une toile analogue, prise en Écosse, revient aujourd'hui à 5 pences 1/2 la yard, soit 14 à 15 sous l'aune; mais, à ce prix, il faut ajouter les frais et les droits, qui s'élèvent ensemble de 15 à 22 p. 0/0. En voici le calcul détaillé :

M. Legendre. Je l'établis sur trois balles de toiles écrues venant de Dundee, et, d'après les deux factures que je vous présente sous la date des 16 avril et 23 mai.

Elles ont coûté 110 liv. 11 sh. 6 d., qui, au cours de 25 fr. 50 cent., donnent 2,819 fr. 35 cent.

Sur ces trois balles, la douane de Boulogne a perçu, le 29 mai, 275 fr. 55 cent.

Ce qui fait bien 9 1/2 pour 0/0.

Si nous ajoutons au droit les frais de toute nature faits de Dundee à Paris, la dépense totale aura été de 425 fr. 15 c.; d'où ressort 15 p. 0/0 de la valeur.

Mais le compte ci-dessus se rapporte à la toile de moins de 8 fils, qui n'a payé en douane qu'à raison de 30 fr. Voici un autre compte qui se rapporte à cinq balles, dont les factures sont de 173 liv. 13 sh. 3 d., soit, au cours de 25 fr. 50 cent., 4,423 fr.

Pour celles-là les droits payés ont été de 811 fr. 27 c.

Ce qui représente 18 1/2 pour 0/0.

Mais si, comme plus haut, nous ajoutons à ces droits tous les autres frais, nous avons une dépense de 1,036 fr. 85 cent., ou 23 1/2 pour 0/0.

444. *D.* Pensez-vous qu'il puisse se monter des établissements de filature sans autre protection que celle qui existe maintenant? — *R.* La protection actuelle, pour les numéros de la plus grande fabrication, 16 à 40, est de plus de 15 pour 0/0 sur les fils mêlés d'étoupe et de lin.

445. *D.* Cependant vous savez que les filateurs déjà établis se plaignent, et demandent une augmentation de tarif. — *R.* C'est parce qu'ils sont trop nouveaux, trop inexpérimentés : c'est parce qu'ils font toujours état de leur mise dehors, et veulent trouver tout de suite le moyen d'amortir le capital engagé ; car ils peuvent faire avec la même supériorité que les Anglais : ce qui le prouve, c'est la réussite

de la fabrique de M. Feray qui fait de très-beaux fils et de très-beaux damassés. M. Legendre.

Les fils de ce fabricant sont très-bons et très-recherchés; ils se vendent plus cher que les fils anglais. C'est ce que M. Selles pourrait vous dire mieux que moi, s'il n'était pas en ce moment en Angleterre. De plus, M. Feray fait lui-même de beau linge damassé que l'on ne trouve pas trop cher à 5 fr. 50 cent. l'aune; et c'est ce qu'on ne pourrait pas obtenir en Angleterre.

446. *D.* Ainsi vous n'admettez pas qu'aucun changement de tarif doive être consenti? — *R.* Je crois que la filature à la mécanique, pour réussir en France, n'a besoin que d'un droit harmonisé.

447. *D.* Comment l'entendez-vous? — *R.* J'entends que, sans faire de distinction entre le fil d'étoupe et le fil de lin, on répartisse un droit modéré entre certaines classes de finesse.

448. *D.* Pouvez-vous déterminer ces classes et assigner à chacune la portion de droit que vous jugeriez à propos de lui appliquer? — *R.* Je ne suis pas en mesure de faire, ni ces distinctions, ni ces calculs: tout ce que je puis dire, c'est que le fil à la mécanique est absolument nécessaire, et qu'il faut, sinon en favoriser l'importation, du moins la ménager beaucoup; car, si on agissait dans un autre sens, le tissage en France en éprouverait un grand dommage, même alors que l'on voudrait le pallier par un tarif plus élevé sur la toile.

449. *R.* Voulez-vous bien expliquer votre idée? — *R.* Je suppose que l'on ajoute 10 pour 0/0 de la valeur du fil au droit actuel : cela produirait, sur la toile, une augmentation que je ne porte qu'à 8 pour 0/0, parce qu'elle n'atteindrait pas la main-d'œuvre. Que, pour couvrir ce désavantage, on mette sur la toile un nouveau droit de 8, de 10 et même de 12 pour 0/0, qu'arrivera-t-il? Ce qui est toujours arrivé; c'est que les pays étrangers producteurs de toiles, et particulièrement la Belgique, qui a absolument besoin du marché de France,

M. Legendre. baisseront le prix de leurs toiles tout autant qu'il faudra pour arriver malgré le nouveau tarif. Ils en souffriront autant que le trésor public en profitera; mais le tissage français aura subi une perte double, en ce qu'il n'aura pas profité du nouveau droit, et qu'il aura vu la consommation se restreindre par l'effet du renchérissement que les deux tarifs auront produit.

Ce que j'avance, relativement à la réduction que les toiles belges pourraient éprouver, afin de continuer à se vendre chez nous malgré une nouvelle surtaxe, est d'autant plus exact que, dans ce pays, ce sont de petits fermiers et leur famille qui tissent et filent l'hiver dans les moments perdus; en sorte que l'on ne fait pas compte du revient, et que ce qui est produit doit toujours se vendre.

Il faut bien se dire que les mesures que l'on voudrait prendre s'attaqueraient à une grande prospérité qui existe aujourd'hui dans la fabrique des tissus de lin; cette fabrique est tellement progressive que je vois arriver l'époque où nous n'aurons plus à tirer de toiles d'Angleterre.

450. *D.* Mais vous pensez que les toiles belges nous seront encore indispensables? — *R.* Oui, parce qu'elles ont, comme les nôtres, l'avantage d'être de meilleure qualité. En général, le tissage dans les deux pays est supérieur au tissage anglais, et il est naturel que nous complétions nos approvisionnements par la fabrique qui est tout à fait analogue à la nôtre, et qui d'ailleurs s'adonne à la fabrication des toiles fines qui ne se fabriquent pas en France. Aussi la Belgique a-t-elle beaucoup souffert de la vente des toiles anglaises, en France, depuis dix-huit mois. Les toiles de 20 sous l'aune étaient tombées à 16; mais il y a maintenant tendance à la hausse, parce que, chez nous, il y a tendance à reprendre l'usage de ces toiles.

451. *D.* Si on établit en Belgique des filatures à la mécanique, ne seront-elles pas en meilleure position que les nôtres? — *R.* Je le pense; car elles auront la matière première sur les lieux et en plus

grande abondance ; si elles se meuvent à la vapeur, elles auront le charbon à meilleur compte. Pour les machines, je ne leur reconnais pas d'avantages. De notre côté se trouve l'avantage de pouvoir nous placer sur des cours d'eau qui offrent une grande économie. M. Legendre.

452. *D.* La distinction des finesses par les numéros, serait-elle facile à l'égard des fils de toute provenance? — *R.* Les numéros sont différents en chaque pays : je crois même que les Anglais seuls les rangent par paquets d'une mesure et d'un poids donnés. Si les Belges ont un mesurage, il doit se rapprocher de notre mesurage métrique ; mais les fils allemands se vendent au poids, sur l'appréciation que chacun fait de leur finesse. Il ne serait donc pas facile de trouver une énonciation qui convînt aux fils de toutes provenances.

453. *D.* Vous ne pouvez pas donner un projet de tarif sur les fils : mais, du moins, pouvez-vous indiquer le taux auquel on devrait s'arrêter comme maximum? — *R.* Je crois que le taux de 14 à 17 pour 0/0 ne doit pas être dépassé et je vous ai montré qu'il était déjà atteint par le tarif actuel combiné avec les frais, si ce n'est pour le très-fin dont personne, je crois, ne demande la répulsion.

SÉANCE DU MARDI 19 JUIN 1838.

M. [illegible], négociant à Lille, et principal consignataire des fils anglais.

454. *D.* Vous faites à Lille le commerce en grand des fils de lin? — *R.* Oui : depuis plus de 30 ans je m'occupe du commerce des lins et fils, tant français que belges et anglais.

455. *D.* Faites-vous fabriquer des toiles ou en faites-vous le commerce? — *R.* Ni l'un ni l'autre.

456. *D.* Depuis quand les fils anglais entrent-ils en concurrence avec ceux dont vous traitiez précédemment? — *R.* C'est en 1825 que j'en ai fait venir quelques échantillons pour essai, et dans les années suivantes, j'en ai fait successivement de petites importations. Mais, depuis 1830, mes importations ont augmenté considérablement.

457. *D.* Est-ce que depuis cette époque la fabrication anglaise a fait de nouveaux progrès, ou a plus baissé ses prix qu'elle n'avait fait encore? — *R.* Non; mais c'est qu'il y a toujours quelques difficultés à faire accueillir un produit nouveau dont la qualité n'est pas encore appréciée, et qui dérange un peu les habitudes des personnes routinières.

458. *D.* Le prix de ces fils est-il fort au-dessous de celui des fils que vous vendiez jusqu'alors? — *R.* Non; mais la qualité en est très-supérieure. C'est cette différence de qualité, plus que la différence de prix, qui a assuré le succès de ces fils: ils peuvent seuls servir à la fabrication des tissus croisés, particulièrement à celle des coutils. En général, ils sont beaucoup plus favorables au travail du tisserand, non-seulement parce qu'ils sont plus maniables, mais encore parce qu'ils produisent des tissus plus réguliers.

459. *D.* Cependant leur fabrication par la mécanique est beaucoup moins coûteuse? — *R.* Cela n'est pas douteux : et c'est aussi ce qui

explique le grand intérêt qu'il y a à s'adonner à ce genre de filature et les grandes fortunes qu'il a crées en Angleterre et en Écosse. J'en sais telles qui se sont élevées de zéro à 25, 40 et 80,000,000 fr. M. Marcri.

460. *D.* La filature mécanique emploie aussi les étoupes : jusqu'à quel numéro ? — *R.* Jusqu'au n° 120.

461. *D.* Les fils d'étoupe se distinguent-ils des fils de long brin ? — *R.* Depuis le n° 4 jusqu'au n° 20, et particulièrement du n° 4 au n° 12, on peut reconnaître le fil d'étoupe par la présence des nœuds et des parcelles de chenevotte qui s'y trouvent. Du n° 20 au n° 25, on peut encore facilement reconnaître les fils d'étoupe, quand ils sont de 2e ou de 3e qualité ; par delà, c'est très-difficile pour les négociants et impossible pour la douane.

462. *D.* Avez-vous connaissance que des fils de lin au-dessus du n° 25 soient entrés comme fils d'étoupe ? — *R.* Oui, cela est arrivé quelquefois ; de même que, par contre, des fils d'étoupe des nos 12, 14 et 16, ont dû payer le droit de fil de lin, parce que la douane le jugeait ainsi.

463. *D.* A combien, par kilogramme, s'élèvent les frais d'entrée des fils de lin anglais qui payent 26 fr. 40 cent., non compris la commission de vente qui vous est allouée ? — *R.* Pour répondre à votre question, je prendrai le n° 20, en regard duquel les droits et les frais réunis s'élèvent à 16 3/4 p. 0/0.

464. *D.* Veuillez-nous donner le détail de ce chiffre ? — *R.* 1,000 kilogrammes de fil coûtent 3,396 fr. 60 cent.

Sur cette valeur :

Frais de commission.......	2 p. 0/0	4 p. 0/0, ci.	135f 86c
Droits de sortie..........	1/2 p. 0/0		
Assurance et autres frais....	1 1/2 p. 0/0		
		A REPORTER.......	135 86

M. Marsucci.

REPORT......	135^f 86^c
Emballage et transport à Dunkerque.............	127 50
Frais de réception à Dunkerque et transport à Lille...	36 00
	299 36
Droits d'entrée...........................	264 00
	563 36

Soit 16 3/4 p. 0/0 du prix d'autre part, 3,396 fr. 60 cent.

Ce rapport change suivant les numéros plus ou moins fins et le prix des fils; ainsi il faut que je vous l'indique pour d'autres numéros.

Pour les n°s 22...........................	15 3/4
——— 25...........................	15 1/4
——— 28...........................	14
——— 30...........................	13 1/4
——— 35...........................	12 1/4

Moyenne des numéros ci-dessus, en 1re qualité,... 14 1/2 p. 0/0,
en 2e qualité,... 18 1/4 p. 0/0.

De 40 à 60,	1re qualité................	10 3/4 p. 0/0
	2e *idem*................	12 1/2 p. 0/0
De 90 à 140,	1re *idem*................	7 1/4 p. 0/0
	2e *idem*................	8 1/4 p. 0/0

465. *D.* Veuillez faire le même rapprochement pour le fil d'étoupe qui ne paye que 15 fr. 40 cent., décime compris? — *R.* Du fil du n° 20, acheté à Leeds, chez M. Marshall, coûte pour 100 kilogrammes 2,264 fr. 40 cent.

Commission..............	2 p. 0/0	4 p. 0/0, ci 90^f 57^c
Droits de sortie...........	1/2 p. 0/0	
Assurance, sortie, etc.......	1 1/2 p. 0/0	

A REPORTER........ 90 57

Report.	90f 57c	M. Maracci.
Emballage et transport à Hull et Dunkerque	127 50	
Frais à Dunkerque et transport à Lille	36 00	
	254 07	
Droits de douane	154 00	
	408 07	

Soit 18 1/4 p. 0/0 du prix d'autre part, 2,264 fr. 40 cent.

Vous comprenez bien que ce rapport change suivant les numéros plus ou moins fins; ainsi, vous pouvez noter que les mêmes dépenses reviennent, pour les nos anglais 6 à 36 3/4 p. 0/0

8 ——— 35
10 ——— 32 3/4
12 ——— 27 1/2
14 ——— 26 1/4
16 ——— 21 1/2
18 ——— 18 1/2

Si nous prenons la moyenne du n° 6 au n° 18, ces divers taux reviennent à 18 1/4 p. 0/0.

466. *D.* Ne faudrait-il pas aussi donner au fil d'étoupe la moyenne des nos 20 à 25? — *R.* Cette moyenne est de 15 1/4 pour 0/0 pour la 1re qualité, et de 16 1/2 pour 0/0 pour la dernière.

467. *D.* Cette surcharge de droit et de frais vous semble-t-elle une protection suffisante pour la filature française? — *R.* Pour la filature à la main, je ne crois pas qu'il soit question de compter avec elle : c'est une industrie perdue et qui est destinée à disparaître assez vite, comme industrie dont les produits doivent venir sur le marché. Quant à la filature à la mécanique, qui s'est établie et qui peut s'établir en France, je crois effectivement que la prime qui lui est maintenant échue est tout à fait suffisante; car, outre la protection que constatent les calculs précédents, elle a un très-grand avan-

M. Maracci. tage sur la filature anglaise, quand c'est du lin de Belgique ou de France qu'elle emploie. Les Anglais ont à payer plus que nous, sur le lin de France, des frais de commission, d'achat, d'assurance, de commission, de banque, d'emballage, de droits d'entrée et de transport, de 10 à 16 pour 0/0, soit, en moyenne, 13 pour 0/0, et sur le lin de Belgique, 7 à 10 pour 0/0, soit, en moyenne, 8 1/2 p. 0/0.

En ajoutant cet avantage naturel que nous avons pour l'achat du lin à celui qui résulte des frais et des droits que les fils supportent à leur entrée en France, on reconnaît que nos filatures présentes et à venir ont une protection plus que suffisante.

168. *D.* Cependant vous n'ignorez pas qu'il s'élève de vives réclamations de la part de ceux qui ont déjà entrepris la filature à la mécanique et de la part de quelques-uns de ceux qui se proposent de suivre la même industrie? — *R.* Les plaintes ne sont fondées, ni de la part de ceux qui ont déjà réussi, comme M. Feray, qui fait et vend bien et qui gagne beaucoup d'argent, ni de la part de ceux qui s'en prennent au tarif des douanes d'un malaise qui résulte de quelques erreurs, peut-être inévitables au début. Tel établissement peut avoir commencé par les numéros fins, tandis qu'il aurait fallu se familiariser d'abord avec les gros numéros qui, plus faciles à produire, donnent aussi de plus gros bénéfices. Je crois même savoir, qu'à cet égard, M. Scrive revient sur ses pas : je crois qu'il s'en trouve bien; car il vient d'élever le prix de ses nouveaux produits en bas numéros. Tel établissement peut avoir commencé par des constructions et des dépenses beaucoup trop grandes, et s'être chargé d'abord de très-gros intérêts pour une très-minime fabrication. Pour atteindre la perfection des filatures anglaises, il faut nécessairement ou attirer des ouvriers tout formés d'Angleterre, ce qui n'est pas difficile, ou attendre qu'on en ait formé en France.

Toute fabrique qui s'établit avec prudence et des conditions de bonne économie ne pourra manquer de réussir; mais il est bien entendu qu'il ne faut pas qu'elle soit entreprise par des gens dont ce n'est pas le métier, ou par des gens qui, ayant eu des intérêts dans des fabriques étrangères, n'en ont jamais suivi ni même connu le détail, et dont on prend le nom pour drapeau. M. Marac.

Si j'avais un jeune homme dont je voulusse faire la fortune, je lui mettrais en main ce qu'il faut pour monter une filature, et je suis sûr que, dans dix ans, il posséderait une bien belle fortune.

Comment penser que des bénéfices suffisants ne soient pas assurés à nos nouvelles filatures, lorsque les anciennes petites mécaniques à filer le lin, qui existent à Lille, ont toujours soutenu la concurrence des prix anglais, quoiqu'elles fassent 20 à 30 p. o/o de déchet, quand les filatures mécaniques anglaises n'en produisent que 5; et quoiqu'il faille pour les mener une ouvrière par 28 et 36 broches, tandis qu'une seule ouvrière mène 316 et même 432 broches de la nouvelle machine.

469. *D.* Mais la difficulté n'est-elle pas de commencer, et les nouveaux industriels français n'ont-ils pas à craindre que les Anglais, qui ont fait les fortunes colossales dont vous nous avez parlé, ne puissent, en se rapprochant davantage de leur véritable prix de revient, baisser considérablement leur prix de vente? Ne peuvent-ils pas se contenter de 10, 5 et même 1 pour o/o? — *R.* Vous pouvez supposer qu'ils consentiront à ne rien gagner du tout; ce qui n'est pas probable. Eh bien, dans ce cas même, notre seule position nous assurerait encore une prime de 15 à 16 pour o/o, sans rappeler que, pour l'achat des lins de France et de Belgique, nous avons un avantage de 7 à 16.

470. *D.* Cet avantage n'est-il pas effacé par celui qu'ont les Anglais de produire en très-grande masse et d'avoir les métaux, le combustible et les machines à meilleur marché que nous? — *R.* Je ne le pense pas. Le salaire des ouvriers, les locations et les contributions de tout genre sont plus chers en Angleterre qu'en France, et, si vous voulez tout compter, j'ajouterai que leurs fils ne se placent que par des intermédiaires qui leur coûtent encore 5 à 6 pour o/o.

M. Maracci. Je répète donc que la protection actuelle est suffisante. J'en ai pour indices certains les dispositions qui se font en Belgique pour établir des filatures. Là, on est moins défendu encore qu'en France, car le tarif projeté en augmentation pour le fil n'a pas été admis : encore n'aurait-il pas égalé le nôtre : et, là aussi, on sait très-bien quel a été le résultat obtenu par MM. Scrive et et Feray.

471. *D.* Y a-t-il en Belgique des établissements en activité? — *R.* Oui; M. Cockerill a déjà trois filatures; une à Liége, une à Bruxelles, une autre à Gand.

472. *D.* Vous a-t-il expédié de ses produits? — *R.* Oui; depuis un an. Les fils sont tout à fait identiques avec ceux d'Angleterre. Voici un échantillon de son n° 60. M. Cockerill est si convaincu que, partout où il pourra s'établir, il soutiendra la concurrence anglaise, qu'il s'occupe, en ce moment, de monter deux nouvelles filatures.

473. *D.* Ne doit-il pas établir une filature en France? — *R.* Oui; mais je ne sais pas en quel endroit.

474. *D.* Vous pensez donc que l'importation du fil à la mécanique, qui s'accroît considérablement, n'a rien de préjudiciable? — *R.* Non; car je viens de vous démontrer qu'elle n'empêche pas que l'on établisse, en France, des filatures à la mécanique. Elle est d'un avantage immense pour la tisseranderie, puisqu'elle donne moyen de travailler en concurrence avec les toiles étrangères; car avec le fil mécanique elle fait mieux et plus vite. Si elle souffre néanmoins du bas prix qu'occasionne l'entrée des toiles étrangères, sera-ce en augmentant le droit sur le fil que l'on parviendra à la soulager? Je ne le pense pas; le meilleur moyen, selon moi, serait d'augmenter plus ou moins le droit d'entrée sur les toiles et tissus étrangers, et de laisser le tarif existant sur les fils, tout en le soumettant à une meilleure classification que celle qui existe.

Je considère qu'il est de la dernière importance de ne pas augmenter les droits sur les fils : M. Maracci.

1° Parce que c'est le moyen de conserver du travail à la nombreuse classe de tisserands qui existe en France ;

2° Parce que la tisseranderie procurera du travail aux anciens fileurs à la main, dont l'existence est compromise par la nouvelle manière de filer ; et cela, sans les obliger à aller habiter les villes ;

3° Parce qu'en fabricant des étoffes à bon marché on en augmentera considérablement la consommation.

Le contraire arriverait, et la consommation serait refoulée si on prétendait fermer la porte aux fils de l'étranger ; car la filature française, par les anciens procédés, étant trop défectueuse pour être employée en tissus, et les nouvelles filatures en si petit nombre, que leurs produits sont presque imperceptibles, il devient indispensable de favoriser, au moins momentanément, l'introduction des fils étrangers, si on ne veut pas que nos tissus reviennent trop cher aux fabricants, et ne les mettent dans l'impossibilité de continuer, même en France, la concurrence avec nos voisins.

Avant de fermer les portes de la France aux fils de l'étranger, laissez élever nos filatures ; car, je le sais à n'en pouvoir douter, trois à quatre ans s'écouleront encore avant qu'elles puissent suffire à la dixième partie de notre consommation. L'établissement de M. Scrive en est une preuve irrécusable : commencé en 1834, et formé pour contenir 25,000 broches, il n'en renferme encore aujourd'hui que 4,000. Après un tel exemple pris chez l'un de nos meilleurs industriels, exposerez-vous la tisseranderie à languir ou périr dans l'attente de vos établissements à naître ?

475. *D.* En dernière analyse, vous pensez que l'intéret du tissage exige que l'on s'abstienne de toucher au tarif des fils ? — *R.* Oui ; car l'emploi du fil mécanique a donné, je le répète, un grand essor à la fabrication des toiles, et la consommation s'est augmentée d'un tiers ou même de moitié en sus, depuis trois ans. C'est en quel-

M. Mareri. que sorte une industrie nouvelle que nous avons acquise, et remarquez son importance : le fil entre en plus grande quantité, mais l'importation de la toile diminue, et je prédis qu'elle diminuera toujours d'avantage. Or, nous gagnerons tout le surcroît de valeur que le tissage donne au fil. On craint de donner trop à l'étranger. Eh bien! en laissant aux choses leur cours actuel, on lui donnera beaucoup moins. Je m'explique : si nous recevons aujourd'hui 4,000,000 kilogr. de fil, ce qui représente 20,000,000 fr., nous fabriquerons avec ce fil pour 60,000,000 fr. de toile que nous n'aurons plus à faire venir de l'étranger. Ce fait, que j'ai toujours prévu, se réalise aujourd'hui, et les états de douane le mettent très-bien en évidence. En 1825, alors qu'il n'était pas question de fil mécanique, nous recevions de l'étranger 4,634,300 kilogr. de toile : c'est justement la quantité à laquelle les importations sont revenues en 1837, après s'être élevées jusqu'à 5,017,000 kilogr. Or, il est certain que la consommation de la toile est, aujourd'hui, double de ce qu'elle était en 1825. C'est donc le tissage français qui a gagné toute la fourniture nouvelle, et je tiens pour certain que, d'ici à trois ou quatre ans, nous ferons nous-mêmes toutes les toiles qui se consomment en France, c'est-à-dire que nous serons affranchis du plus grand tribut que nous ayons jamais payé. Je n'excepte pas de ma prévision le linge de table que nous ferons certainement aussi bien, et peut-être mieux qu'en Suède et en Écosse, mais toujours grâce aux fils à la mécanique obtenus à bas prix.

476. *D.* Vous dites que le tarif des fils laisse désirer une meilleure classification; quelle serait celle que vous trouveriez préférable? — *R.* Je serais d'abord d'avis de faire disparaître la distinction de fil de lin et de fil d'étoupe, et de ne distinguer les espèces que par la finesse accusée par les numéros; mais, comme il ne doit pas s'agir d'un droit considérable, je me contenterai de deux grandes divisions séparées par le n° 25.

477. *D.* Mais, quelque faible que soit le droit, ne frapperait-

il pas encore d'une manière très-inégale des valeurs très-différentes? — *R.* Si l'on voulait absolument graduer le droit d'une manière plus minutieuse, j'indiquerais comme bonne en soi la division ci-après : M. Maracci.

N° 20 et au-dessous, minimum du droit;
De 21 à 40;
— 41 à 70;
— 70 et au-dessus.

478. *D.* En supposant que la 1re classe fût taxée à 10 fr., comment conviendrait-il de graduer le droit pour les trois autres? — *R.* Si vous partiez du droit de 10 francs pour la 1re classe, vous devriez mettre 15 francs pour la 2e, 20 francs pour la 3e, et 30 francs pour la 4e. Les numéros élevés n'ont pas besoin d'une grande protection : ils ne peuvent être faits qu'avec des lins belges ou français. Cet avantage, nous l'avons chez nous.

479. *D.* Comment reconnaîtrait-on les différentes finesses que vous venez d'indiquer? — *R.* Par le poids des paquets, qui se composent de six *bundles* et ont une longueur donnée, je crois 172,000 aunes, mais je n'en suis pas sûr.

480. *D.* Sur quels points du royaume se dirigent les plus fortes parties des fils que vous vendez? — *R.* Lille, Roubaix et Turcoing sont les premiers consommateurs; la Picardie en prend beaucoup dans les nos 4 à 12 : la Normandie et la Bretagne, beaucoup dans tous les numéros. Je vous cite les grandes destinations, mais tout le reste de la France en prend; j'en expédie même à Bayonne.

481. *D.* L'Angleterre tire principalement ses lins du Nord, sans doute parce qu'ils sont moins chers que ceux de France et des Pays-Bas? — *R.* En effet, l'Angleterre tire des lins du Nord en grande quantité, parce que la plus grande masse de la consommation porte sur des numéros communs pour lesquels les lins russes, qui sont gé-

M. Malo[illegible] néralement de basse qualité, sont très-convenables; mais à partir du n° 50 on ne les emploie plus.

482. *D.* A quoi tient la moindre qualité des lins du Nord? — *R.* A ce que la saison propre à la végétation est trop courte, et que le lin croît et mûrit trop vite. A notre latitude, le travail de la nature se fait plus lentement et mieux. Le lin, que nous semons en mars, éprouve encore du mauvais temps qui contrarie sa première crue et fortifie la racine, et, quand plus tard les chaleurs arrivent, la végétation est vigoureuse et fournit un lin plus *corcé* que le lin de la Baltique. Ce phénomène se vérifie chez nous, lorsqu'au lieu de semer en mars on sème en mai et juin; alors aussi la crue est trop subite et la qualité du lin se rapproche de celle du Nord.

483. *D.* Ainsi le lin du Nord étant propre à filer jusqu'au n° 50, c'est à peu près à toute la consommation qu'il peut pourvoir; car, au delà de ce numéro, la fabrication est peu considérable? — *R.* L'observation serait juste si, jusqu'au n° 50, il n'y avait pas de différence de qualité; mais comme le lin du Nord ne donne que des fils de qualité inférieure, il faut toujours employer du lin de France ou des Pays-Bas pour tous les numéros que l'on veut avoir en qualité supérieure et en 1re qualité, et j'estime que la consommation de ces numéros de 1re qualité forme le quart de la consommation totale.

484. *D.* Vous ne croyez donc pas que l'emploi des lins du Nord soit un obstacle à la consommation des nôtres, soit en France, soit en Angleterre? — *R.* Non; et, ce qui le prouve, c'est que nos importations ou nos exportations varient uniquement par suite de l'état des récoltes : quand elles sont abondantes chez nous, et que la qualité du lin est bien venue, l'exportation augmente. Par exemple, vous avez, en 1831, la plus forte exportation qui a été de 2,151,000 kilogram.; sans doute parce qu'il y avait eu bonne récolte en 1830.

485. *D.* N'était-ce pas aussi parce que, dans cette année, l'état des affaires était fâcheux, et que la fabrication intérieure s'arrêtait? — *R.* Je ne le crois pas; car il est bon que je vous dise qu'en général il n'y a pas de rapport à établir entre le prix de nos lins, et celui des lins du Nord, puisqu'ils ne servent pas au même emploi; et que, pour les lins de France, le prix, en Angleterre, se détermine uniquement en vue de la qualité obtenue chaque année, tant en France qu'en Belgique. Toujours le prix est bien établi en vue de cette qualité par la concurrence que se font entre eux les acheteurs Anglais; et, comme les lins de France et de Belgique sont destinés à filer des numéros de haut prix, la valeur de la matière n'a pas une grande importance pour le fabricant. 10, 15 et 20 p. o/o de hausse influent très-peu sur le cours de la vente; vous comprenez que ce serait toute autre chose pour les basses qualités. M. Mararci.

Je vous ai dit que la plus forte exportation appartenait à 1831; mais j'aurais dû remonter à 1823. L'année précédente ayant produit un lin d'excellente qualité, nous n'avons eu à tirer du dehors que 142,000 kilogrammes, et nous en avons exporté 3,087,000. Vous pouvez remarquer le fait contraire dans les années où l'exportation est faible: celles-là présentent toujours des importations plus fortes. Ainsi, en 1834, après une mauvaise récolte, on a reçu 1,045,000 kilogrammes, et on n'en a exporté que 506,000. En 1837, si nous n'avons exporté que 815,000 kilogrammes, c'est que nous avions eu besoin de recevoir 7,834,000 kilogrammes. Ce dernier fait prouve évidemment, ce me semble, ce que j'ai déjà eu occasion de vous dire, que l'importation du fil étranger ne nuit en rien à notre agriculture; car il prouve que la valeur de nos récoltes est comparativement plus élevée que celle des récoltes de la Belgique d'où nous tirons le lin. Si le lin de France eût été avili de prix, nous aurions dû en exporter davantage, et en acheter moins. Mais il ne faut pas attacher aux chiffres d'importation et d'exportation plus d'importance qu'ils n'en ont: les lins du Nord ne forment qu'une bien faible

M. Marack. partie de la production et de la consommation totale de la France. Les importations et les exportations, qui ont principalement lieu entre nous et la Belgique, sont déterminées par des circonstances et des accidents de localité et par des variations de cours entre les deux pays. Le choix du lin, de telle ou telle contrée, se détermine quelquefois par celui de la couleur grise, jaune, bleue ou argentée, selon les goûts des fabricants; quoiqu'aujourd'hui, avec les nouveaux modes de préparation, ces différences d'aspect diminuent.

En résumé, je crois que la somme des importations ou des exportations n'est pas ce qui détermine la valeur du lin, en France et en Belgique, mais seulement ce qui aide au nivellement de prix dans les deux pays, qui, pour cette production, sont réellement solidaires. Et, toutefois, je dois ajouter que la position des cultivateurs de lin en France est toujours meilleure que celle des cultivateurs belges. Nous donnons nécessairement la préférence au premier pour l'achat du lin, soit qu'il doive être employé en France; car, alors, nous épargnons le droit d'entrée de 15 francs: soit qu'il doive être réexpédié sur l'Angleterre; car, alors, nous évitons les frais et les formalités du transit. Je donne donc la préférence, à prix égal, aux lins du pays, lorsque j'ai une commande que je puis, à mon choix, remplir par des lins français ou belges; et cela, avec d'autant plus de raison que la ligne des bâtiments, sur le Nord de l'Angleterre, que j'employe, aboutit de Hull à Dunkerque, et les bâtiments partent tous les cinq jours.

486. *D.* Ainsi, la filature à la mécanique venant à se développer en France, nous aurions nous-mêmes des lins à tirer de Russie? — *R.* Oui, pour les fils de basse qualité, jusqu'au n° 50.

487. *D.* Vous dites que les prix du lin se nivellent entre la France et la Belgique: mais n'y a-t-il pas souffrance égale dans les deux pays? — *R.* Je dis que les prix se nivellent, mais que la condition du culti-

vateur français est encore meilleure que celle du cultivateur belge; et, pour répondre entièrement à votre question, j'ajoute que la condition du paysan belge est bonne. M. Maracci.

488. *D.* En disant que les lins belges payent des droits pour traverser la France, vous parlez sans doute du simple droit de transit qui n'est que de 15 centimes par 100 francs de valeur?— *R.* Non; les expéditions de lin belge ne se font pas en transit : c'est du lin importé aux conditions du tarif, pour le compte des maisons de Bayonne qui le réexportent en Espagne, comme si c'était du lin français.

489. *D.* Il doit y avoir une différence notable entre le prix du lin en France et en Belgique, puisque, malgré le droit de 16 fr. 50 cent. par 100 kilogr., nos fabricants vont aujourd'hui acheter en Belgique? — *R.* Oui; MM. Scrive et Féray vont maintenant acheter en Belgique les beaux lins qu'ils emploient, et cela montre que le cultivateur français trouve, en ce moment, à vendre ses produits à des conditions favorables, et que notre marché n'est pas suffisamment approvisionné, soit en quantité soit en qualité. Ce n'est pas seulement la France que la Belgique approvisionne; elle fournit aussi à toutes les consommations du nord de l'Espagne. C'est aussi à cause du bas prix que là elle obtient la préférence, puisque c'est par notre intermédiaire que ces lins s'expédient en Espagne. Si les nôtres étaient, comme on dit, dépréciés, nous les prendrions de préférence pour les envoyer en Espagne; car nous éviterions les droits. Eh bien! la maison Maze frères, de Bayonne, m'écrit, tout récemment, pour ne lui envoyer que des lins de Belgique, parce qu'elle trouve ceux de France comparativement trop chers. Il n'en sera probablement pas de même, l'année prochaine, si j'en juge d'après les apparences de la récolte qui se prépare; car elle devra être fort belle. Pour faire ce rapprochement, il ne faut pas partir des prix existant au 1er janvier 1837; car alors il y avait hausse extraordinaire de 5 p. 0/0 sur les lins de haute qualité, et de 30 à 40 p. 0/0, sur les lins inférieurs. Je prendrai, pour point de comparaison, deux années pendant lesquelles je considère que les prix

M. Mimerel. se trouvaient à leur taux normal. Ainsi, au 1er janvier 1823, le lin valait, à Bergues, de 20 à 30 sous la botte qui pèse 1 kilogramme 1/2. Maintenant, et depuis le 1er janvier 1838, il vaut de 30 à 40 sous; et ce prix répond à la moyenne des vingt-cinq à trente années antérieures; et même, si je comparais les qualités, je dirais qu'il excède la moyenne. Je ne puis donc pas admettre qu'il y ait dépréciation dans la valeur des produits. Ce que je vous ai dit de Bergues se reproduit exactement à Douai. Si les cultivateurs des bords de la Lys se plaignent particulièrement, c'est que le beau lin qu'ils produisent, et qui sert à la filature des numéros au-dessus de 70, avait, pour un moment, pris une valeur exagérée, et que le prix normal actuel, qu'ils ne peuvent plus consentir à comparer aux prix d'autrefois, leur semble ruineux, quoiqu'avec ce prix leur culture soit encore la plus avantageuse et la plus riche de toutes.

490. *D.* La vente de ce lin continue donc? — *R.* Oui; elle est même considérable.

491. *D.* La culture augmente-t-elle également dans toutes les parties du département du Nord?—*R.* Oui; on a semé beaucoup de lin, cette année, et je pense que la récolte sera double de ce qu'elle était les autres années précédemment.

492. *D.* Malgré la cherté des terres et la culture de la betterave? —*R.* Oui : quant à la betterave, on l'abandonne dans les localités où le prix de location de la terre est très-élevé. Le lin, au prix actuel, procure au cultivateur de tels bénéfices, qu'il remplacerait toutes les autres cultures, s'il ne fallait pas que la terre se reposât sept ans.

493. *D.* Mais en Bretagne, où le prix des terres est très-bas, et où le lin se cultive, vous n'allez pas faire d'achat?—*R.* Nous n'y allons pas, parce que, jusqu'à présent, la production de ce pays n'était pas

même suffisante pour sa consommation, et parce qu'on y réglait le prix sans égard à celui des autres parties de la France. Quand leurs prix se nivelleront, nous achèterons là comme ailleurs. M. Marsecci.

494. *D.* D'après ce que vous venez de nous dire, il n'y aurait pas lieu de se préoccuper d'une nouvelle protection à accorder à la culture du lin ?—*R.* Aucunement; tout ce que j'ai dit jusqu'ici me semble prouver qu'une nouvelle protection serait superflue.

SÉANCE DU MARDI 19 JUIN 1838.

M. Cottin, négociant en toiles, à Paris.

495. *D.* D'où tirez-vous les toiles qui font l'objet de votre commerce? — *R.* De France, pour les deux tiers, soit de la Flandre, soit de la Normandie[1]; nous en tirons aussi d'Écosse, mais surtout de Belgique, où l'on trouve des qualités analogues aux toiles de France et très-supérieures aux toiles anglaises.

496. *D.* Veuillez nous faire part des observations que vous avez pu faire sur le cours des ventes et la variation des prix, dans ces derniers temps? — *R.* En général, il y a eu un grand mouvement dans l'importation et dans la vente des toiles de toutes espèces. La consommation en est devenue plus active; et, comme ce mouvement résultait de la présence, sur le marché, de toiles qu'on n'y voyait pas autrefois, il est arrivé, ce qui n'est pas ordinaire, qu'en même temps que l'on vendait plus, on abaissait les prix. Ainsi, la toile 2/3 d'Alençon, qui se vendait encore 30 sous l'an dernier, ne se vend plus que 25 sous à présent. Pour les toiles cretonnes la baisse est plus forte : celles qui valaient 3 fr. 50 cent. en août 1836, ne se sont plus vendues, en mars dernier, que 52 sous; ce qui fait une réduction de 25 à 30 p. 0/0. Cependant ce n'est pas qu'on puisse les remplacer par les toiles d'Écosse, ni faire prendre le change aux acheteurs; car elles ont un tout autre aspect, et s'importent d'ailleurs blanchies en partie ou en totalité, tandis que les autres nous arrivent en écru et ont une qualité incontestablement supérieure; et même, lorsqu'elles sont faites avec du fil à la main, elles valent réellement 10 p. 0/0 de plus. Et ce n'est pas un préjugé; c'est que le fil à la main, pris dans toute la longueur du filament, est toujours plus souple et se tasse mieux. Si la toile elle-même a été faite à la mécanique, elle présente un autre désavantage résultant de

[1] Particulièrement d'Alençon.

ce que les fils, qui se brisent dans le travail, ne sont pas rattachés assez tôt, et laissent des fissures dans le tissu; et de ce que la toile ainsi faite ne se prête pas dans tous les sens et se blanchit mal. Aussi ce n'est que par le bon marché que les toiles anglaises ont pu d'abord obtenir faveur. Je viens de vous dire que les toiles d'Alençon avaient baissé de 30 à 25 sous; mais ce sont de plus fortes baisses que les toiles d'Écosse ont successivement subies. Je ne puis pas vous les indiquer exactement dans leur ordre, parce que nous n'avons commencé que depuis quelques mois à tirer des toiles d'Angleterre; mais nous savons déjà, par expérience, que celles-ci, lorsqu'elles sont faites à la mécanique, ne valent réellement pas, pour la force et la durée, nos toiles faites à la main, que nous préférons, nous, et que les acheteurs préféreront plus encore, lorsqu'ils seront accoutumés à faire la différence. M. Cohin.

497. *D.* Ainsi vous pensez que la fabrication et la vente des toiles françaises se maintiennent? — *R.* Sans aucun doute; seulement les prix varient et s'altèrent au préjudice de nos tisseurs. Cela n'aurait peut-être pas eu lieu, si l'importation des toiles d'Écosse n'avait pas été aussi brusque et aussi considérable tout d'un coup; mais ces toiles, ne trouvant plus leur débouché en Amérique, ont reflué sur la France où, il faut le dire, elles ont plus nui aux toiles belges qu'aux nôtres, quoique les toiles belges leur soient également supérieures en qualité.

498. *D.* Ne croyez-vous pas que les prix finiront par se niveler et qu'alors la meilleure qualité des toiles l'emportera? — *R.* Nous ne pourrons abaisser nos prix au niveau de ceux des Anglais, que lorsque nous ne tisserons plus qu'avec des fils anglais: et alors quel préjudice ne sera-ce pas pour nos cultivateurs et pour nos fileuses! Pour le tisserand et le marchand, la chose est indifférente: peu leur importe d'employer ou de vendre des fils de telle ou telle origine.

499. *D.* Mais le tissage à la mécanique doit prévaloir: pensez-vous qu'il réussisse aussi bien en France qu'en Angleterre? — *R.* Peut-être mieux, si j'en juge par les produits qui sortent de l'établissement de

M. Cottin. MM. Delloye et Lelièvre (Cambrai). Ce genre de fabrication s'accroîtra certainement chez nous, à mesure qu'on aura du fil en qualité et en quantité suffisante et à bas prix.

500. *D.* Pensez-vous que, pour arriver à ce résultat, il faille changer le tarif des toiles? — *R.* Il est possible qu'une augmentation de droits sur les toiles anglaises favorise l'établissement de nouvelles fabriques; mais ce ne devrait être que pour un temps : car je crois bien que, dans trois ans, on se passera des toiles anglaises. Mais je ne vois pas trop comment on établirait, sur les toiles anglaises, une surtaxe qui n'atteindrait pas les toiles belges. Or, je ne voudrais pas qu'en aucune manière on touchât à celles-ci, qui, tout analogues aux toiles françaises, complètent nos approvisionnements. Elles nous seront toujours indispensables; leur bonne qualité fait qu'elles sont chères, et que leur concurrence n'est pas ruineuse. Je maintiens qu'en les repoussant on ne lèserait pas moins les intérêts français que les intérêts belges.

SÉANCE DU VENDREDI 22 JUIN 1838.

501. *D.* La filature de lin que vous avez établie à Essonne est-elle ancienne? — *R.* J'en ai conçu le projet dans le courant de l'année 1833; j'ai commandé mes machines en Angleterre, en octobre de la même année. Après avoir surmonté d'énormes difficultés et fait d'immenses sacrifices, pour faire sortir ces machines d'Angleterre, j'ai commencé à filer en novembre 1835. M. Feray, filateur à Essonne.

502. *D.* Les machines que vous avez fait venir, vous n'avez pas obtenu de permission du gouvernement anglais pour les faire sortir? — *R.* Non; pour faire sortir ces machines, j'ai été forcé d'avoir recours à la contrebande, et de payer des primes qui ont été d'abord d'environ 35, et ensuite de 80 p. 0/0 de la valeur; leur total, pour les 1,300 premières broches, s'est élevé à 80,000 francs.

503. *D.* Avez-vous tiré toutes vos machines d'Angleterre, ou en avez-vous construit une partie? — *R.* Depuis que j'ai tiré d'Angleterre mes premières machines, j'en ai fait construire d'autres semblables à Essonne; mais j'ai toujours été forcé de tirer d'Angleterre certaines pièces, telles que les grands cylindres cannelés en cuivre, et, d'ailleurs, j'ai été obligé de commander, en Angleterre, des machines préparatoires sur un système perfectionné, pour ne pas rester en arrière des filateurs Anglais.

J'ai déjà été obligé de mettre au rebut des machines préparatoires commandées par moi en 1833; il en est même qui sont arrivées trop tard pour n'être d'aucun usage, étant déjà devancées par des machines plus parfaites.

504. *D.* Sur quelles parties de la fabrication les perfectionnements portent-ils? — *R.* Principalement sur les différentes machines préparatoires.

505. *D.* Êtes-vous à même de construire, par imitation, ces

M. Feray. machines aussi bien qu'en Angleterre? — *R.* Jusqu'ici, je ne crois pas qu'aucun atelier réunisse, en France, tous les outils nécessaires à cette construction, qui réclame une précision mathématique. Ces outils sont extrêmement dispendieux. Pour citer un exemple de la différence du coût des machines; un mécanicien de Paris me demandait 3,000 francs, et, après les premiers essais, me demande encore aujourd'hui 2,000 francs pour la garniture de cylindres cannelés en cuivre, d'un métier à filer de 100 broches, laquelle coûte 850 francs en Angleterre.

Aucun établissement, en France, n'est jusqu'ici en mesure de faire les garnitures de cardes à étoupe; M. Decoster a fondé un atelier pour la construction des machines à lin, et doit même en avoir fourni à l'établissement du Blanc, en Touraine, et je le regarde comme très-capable de réussir dans cette branche d'industrie; car il a fait plusieurs voyages en Angleterre, et a eu accès dans plusieurs filatures : avec le talent qu'on lui accorde, il ne lui faut que des capitaux et l'outillage, qui ne demande pas moins de 15,000 à 20,000 francs.

506. *D.* Quel nombre de broches avez-vous aujourd'hui en mouvement? — *R.* 1,300 broches : mais, pour diminuer mes frais généraux, j'ai augmenté leur production en travaillant jour et nuit, au moyen de deux *bretelles* d'ouvriers.

507. *D.* Avez-vous attiré des ouvriers Anglais? — *R.* J'en ai deux : un maître peigneur et un contre-maître de filature, que je paye 4,000 francs chacun.

508. *D.* Considérez-vous que vos ouvriers français soient aussi habiles que les ouvriers Anglais? — *R.* Si j'avais à répondre d'une manière générale et pour tout le pays, je dirais qu'il y a une grande différence entre l'ouvrier français et l'ouvrier anglais, sauf sans doute dans le département du Nord, où la population ouvrière est très-nombreuse, mais tout à fait étrangère à ce genre de travail.

A Leeds, il existe 20,000 ouvriers qui, depuis leur enfance, sont consacrés à la filature du lin; sans avoir le même avantage, j'ai eu au moins celui de pouvoir prendre, dans une bonne filature de coton, la crème de nos ouvriers. M. Feray.

509. *D.* Quelle espèce de lin employez-vous? — *R.* Du lin jaune de Lille, et surtout du lin gris des environs de Gand.

510. *D.* Quelle quantité de lin brut employez-vous? — *R.* 450 livres par jour de 23 heures de travail. Ces 450 livres de lin brut produisent 220 livres de fil de lin, 180 livres de fil d'étoupe, 30 livres d'étoupe grossière que je vends, et 20 livres de pâte sèche.

511. *D.* A quelles conditions obtenez-vous le lin de Belgique: ces conditions ne sont-elles pas plus avantageuses que celles des Anglais? — *R.* Ce serait une erreur de le croire. Le transport coûte 10 francs les 100 kilogrammes, de Gand à Essonne; il ne coûte que 7 francs de Gand à Leeds, et nous avons, en outre, à payer 5 fr. 50 cent. de droits, au lieu de 25 centimes que le filateur anglais doit payer. Ainsi, ses frais sont de 7 fr. 20 cent., et les nôtres de 15 fr. 50 cent.

512. *D.* Cependant il nous a été affirmé que les approvisionnements anglais se faisaient par l'intermédiaire de Lille, et que, pour l'achat des lins belges, tout l'avantage était de notre côté? — *R.* Mes relations habituelles avec Gand, Audenarde et Anvers me donnent la certitude du contraire. On ne peut expédier pour Lille que les lins des environs de Menin et de Courtray; ceux des environs de Gand, tels que Saint-Nicolas, Loehun, s'expédient pour Essonne.

513. *D.* Les lins que vous achetez, en Belgique, trouveraient-ils leurs analogues en France, et n'est-ce qu'à cause du bas prix que vous préferez les premiers? — *R.* La France produit des lins de qualités analogues: mais ils sont, en général, moins bien préparés que les lins belges: leur prix est plus différent.

514. *D.* Quels sont les numéros que vous filez le plus? — *R.* Nous filons depuis le numéro 45 jusqu'au numéro 80 anglais, en fil de lin,

M. Feray. et depuis le numéro 28 jusqu'au numéro 50, en fil d'étoupe : nous vendons les étoupes du premier peigne.

515. *D.* A quel prix vous revient le fil? — *R.* 1 fr. 50 cent. le kilogramme de main-d'œuvre; plus, environ 75 cent. de frais généraux, et 35 centimes de frais de moteur.

516. *D.* Vendez-vous vos produits aussi cher ou plus cher que le filateur anglais? — *R.* Nos prix de vente sont les mêmes que ceux de la 2e qualité de M. Marshall; quant à ses fils de 1re qualité, faits avec des lins supérieurs, le rapport de ses prix aux nôtres est de 96 à 84.

517. *D.* Cependant on s'accorde à dire que vos produits sont d'assez belle qualité, et que, non-seulement ils soutiennent la concurrence des fils anglais, mais encore qu'ils peuvent se vendre et se vendent en effet plus cher que ceux-ci? — *R.* Nos produits soutiennent effectivement la concurrence anglaise, pour les fils de lin; et quant au prix, ils se vendent, ainsi que je l'ai dit, au niveau de la 2e qualité de M. Marshall. Quant aux fils d'étoupe, nous devons dire que nous n'avons pas encore réussi aussi bien que nos rivaux d'outre-mer.

518. *D.* Mais, pour le genre de filature qui vous a réussi, pourquoi n'augmentez-vous pas vos moyens de produire, et laissez-vous dire que vous ne suffirez pas aux demandes. — *R.* Nous avons été découragés par la baisse d'environ 30 p. 0/0 qui a eu lieu, depuis dix-huit mois, dans le prix des fils de lin. N'étant pas soutenus par notre gouvernement, nous avons envisagé avec terreur l'énorme quantité de fil anglais qui encombrait nos marchés, et les filateurs de Leeds ont fait tout au monde pour arrêter nos progrès, en ordonnant à leurs commissionnaires de vendre à tout prix, là où ils nous trouveraient en concurrence avec eux. Je puis vous donner ma parole d'honneur que j'ai vu cet ordre écrit dans une lettre de MM. Hive et Atkinson. Ce qui leur coûte cependant plus cher qu'à nous; car ils opèrent sur

des millions et nous sur des cents francs. Les établissements de filature de lin ne peuvent encore s'improviser en France. Quand on a payé 240,000 francs ce qui reviendrait à 100,000 francs à un filateur de Leeds, il est permis d'hésiter; et, dans ce moment, nous ne nous sommes pas mis en mesure de porter notre établissement à plus de 1,800 broches. M. Feray.

519. *D.* Quels sont vos principaux débouchés. — *R.* J'emploie moi-même au tissage des services damassés un huitième de mes produits; j'expédie les sept autres huitièmes sur Laval, Lisieux, Alençon et Paris.

Ils servent principalement au tissage des toiles et des coutils; ce que je vends pour Paris, c'est principalement le fil d'étoupe.

520. *D.* Sans doute pour la passementerie et la tapisserie? — *R* Je l'ignore; c'est l'affaire des commissionnaires.

521. *D.* Lorsque vous avez formé votre établissement, la législation était ce qu'elle est aujourd'hui; elle vous a donc paru suffisamment protectrice? — *R.* Je ne me suis guère occupé alors de la protection de la législation, parce que les prix de vente offraient une marge suffisante : mais ce qui se vendait, en 1833, de 110 à 120 francs (le paquet de 360,000 yards, du n° 60 anglais, par exemple) se vend aujourd'hui 75 francs, quoique le prix du lin brut n'ait pas baissé. D'ailleurs, comme je l'ai déjà dit, la prime de contrebande, pour la sortie des machines d'Angleterre, n'était alors que de 35 à 40 p. 0/0; mais elle est aujourd'hui de 80 p. 0/0, ou plutôt elle n'a plus de cours.

522. *D.* Ce cours ne vous importe plus, puisque vous avez les modèles? — *R.* Il m'importe toujours; car il y a journellement de nouveaux perfectionnements en Angleterre, et je suis forcé de les adopter.

523. *D.* Vous-même, ne faites-vous pas des perfectionnements? — *R.* Non; nous n'avons jusqu'ici été occupés qu'à former des ouvriers

M. Feray. pour tirer tout le parti possible des machines que nous avions, et, de longtemps encore, nous n'aurons pas d'autre tâche.

524. *D.* A combien évaluez-vous les produits d'une broche dans les différents numéros, pour 300 jours de travail, à 10 heures par jour? — *R.* En numéro 30 anglais, le produit, dans notre filature, est d'environ 46 à 47 kilogrammes; chez M. Marshall, il s'élève à 52 kilogrammes; en n° 40, ce produit serait, à Essonne, de 32 kilogrammes, et, chez M. Marshall, de 37 environ : c'est un 1/7e de différence.

525. *D.* A quoi tient cette différence; est-ce que vos broches tournent moins vite? — *R.* Non; elles tournent à peu près de la même vitesse : mais les ouvriers anglais gagnent beaucoup de temps sur les nôtres pour rattacher, pour lever et remettre le métier en train. Ce n'est pas en deux ans que l'on peut former une bonne rattacheuse.

526. *D.* Les désavantages dont vous avez parlé n'ont-ils pas été couverts, en partie du moins, par la baisse du lin, depuis que vous avez établi votre filature? — *R.* La valeur du lin brut a varié plusieurs fois; mais j'affirme que la moyenne des achats de nos six derniers mois n'est pas sensiblement au-dessous de celle des six premiers mois de 1836.

527. *D.* Pour combien la valeur du lin entre-t-elle dans celle du fil? — *R.* Pour le n° 40, lin filé, dont le prix est de 6 francs à 6 fr. 50 c. le kilogramme, en bonne qualité, le prix de la matière première entre pour environ 1/3 ou 1/4, suivant les sortes de lin.

528. *D.* En 1836, à quel prix vendiez-vous vos fils? — *R.* 90 à 92 francs le double paquet anglais, nos 50 à 70; c'était déjà une baisse considérable sur les prix de 1833 qui avaient servi de base à nos calculs; maintenant nous vendons 75 francs, la baisse étant progressive depuis 1836.

529. *D.* Comment expliquez-vous cette baisse progressive de la part des Anglais? — *R.* Par la concurrence qu'ils se font entre eux,

et par l'énorme quantité de leurs produits qui encombrent leurs dépôts en France, et qui les obligent à venir eux-mêmes ici forcer la vente par des offres au rabais. Ainsi, il y a six mois environ, à Lisieux, un filateur anglais est venu offrir des fils à 5 p. 0/0 au-dessous du cours; après de nombreuses ventes effectuées à ces conditions, il a encore baissé de 5 p. 0/0, ce qui lui a amené de nouveaux acheteurs, et enfin, pour écouler ce qui lui restait de ses produits, il s'est décidé à baisser encore de 5 p. 0/0; ce qui a porté, en tout, la baisse à 15 p. 0/0. Vous comprenez à quel point le marché a dû être encombré. M. Feray.

530. *D.* Mais après des baisses aussi considérables, croyez-vous que les Anglais aient encore de la marge pour réduire leurs prix? — *R.* En vérité, il est difficile de répondre à cette question; car, lorsque je cherche à établir le compte de revient d'une filature de Leeds, la baisse me paraît arrivée à la limite du possible; mais sans cesse de nouveaux faits viennent démentir mes prévisions. Des baisses continuelles ont lieu, et, lorsque j'en cherche les nouvelles causes, j'apprends, entre autres, que des établissements considérables ont été fondés à Leeds par d'anciens contre-maîtres qui, jouissant de la confiance des constructeurs, ont obtenu d'eux des machines dont ils ne commenceront à payer le prix qu'un an après la mise en train de l'établissement. Pour moi, au contraire, quand je commande une machine en Angleterre, je suis obligé de payer, savoir: 25 p. 0/0, en donnant la commande; 75 p. 0/0 avant que la machine sorte de l'atelier de construction, et encore alors serai-je des mois et des années avant que la contrebande m'en mette en possession.

531. *D.* Mais ces filateurs, qui reçoivent des machines à crédit, doivent payer l'intérêt du capital qu'elles représentent? — *R.* L'intérêt de la première année leur est remis, et, comme moi je suis environ un an avant d'avoir, dans mes ateliers, la machine que j'ai commandée en Angleterre, le filateur de Leeds a sur moi l'avantage immense de deux années.

M. Feray

532. *D.* Ne doit-on pas croire, d'après ce que vous venez de dire, qu'un nouveau droit qu'on établirait sur le fil, s'abaisserait à zéro, par l'effet d'une baisse égale que les filateurs anglais pourraient s'imposer? — *R.* Peut-être cela aurait-il : lieu mais cet effet ne serait que momentané; car les désavantages que nous avons vis-à-vis des filateurs anglais diminueront chaque jour; nos frais de contrebande s'amortiront; nos ouvriers deviendront plus habiles et produiront plus; nos causes de déchet diminueront chaque jour, et, si une sage protection du Gouvernement nous aide à franchir cette période d'un laborieux enfantement, je crois que la filature du lin est destinée, en France, à un aussi bel avenir au moins qu'en Angleterre.

533. *D.* Mais la protection que vous réclamez n'existe-t-elle pas déjà dans le droit de 14 à 24 francs en vigueur, et qui, avec tous les frais que l'on doit faire pour introduire du fil anglais de Leeds à Lille par exemple, revient, nous assure-t-on, à 13, 16 et 20 p. 0/0 pour des numéros moyens, et, pour des numéros bas, on prétend que cela revient à 34 p. 0/0. Au reste, vous connaissez sans doute le travail des fileticrs de Lille? — *R.* Il est facile de réfuter entièrement les calculs sur lesquels se fondent ces assertions : il est évident qu'il ne faut prendre les frais que jusqu'à la sortie de la douane de Dunkerque; car moi, filateur à Essonne, j'ai à payer le transport à Lisieux ou à Lille, et la commission de vente dans ces deux villes, comme un filateur anglais pour arriver de Dunkerque sur l'un ou l'autre point.

Je vous présente la note de frais de 3 balles fil de lin écru, pesant brut 1,075 kilogrammes, soit net 1,000 kilogrammes de fil :

Frais de Hull à Dunkerque.............	38ᶠ	75ᶜ
Remboursement à Hull.............	124	80
Rames, voiles et veillage...............	2	25
Permis, port à la visite, vérification, etc...	7	70
Droits d'entrée, décime et timbre........	284	30
	469	80

A l'exception de l'assurance, qui varie suivant la finesse du fil, ces frais seront les mêmes pour 1,000 kilogrammes de quelque numéro que ce soit. Ils s'élèveront à 40^{c} 7/10 par kilogramme, au droit de 24 francs les 100 kilogrammes sur le n° 50 anglais moyen, dont le kilogramme vaut, en bonne qualité, 7 fr. 50 cent., le droit et la totalité des frais s'élèveront donc à 1/17 du prix de vente, ou au plus à 6 p. 0/0 de la valeur. Sur le n° 30, dont le kilogramme vaut, en bonne qualité, 4 fr. 50 cent., le droit et les frais s'élèveront à 1/10 soit 10 p. 0/0.

Nous voici bien loin des résultats de nos tableaux.

Vous venez de voir que je calcule comme si le droit était payé au droit de 24 francs pour les numéros au-dessus de 30; mais il n'en est pas ainsi, et j'ai vu un acquit de la douane du mois de mai, pour 2 balles, l'une d'étoupe, l'autre de fil de lin, dans les n°s 50 à 80, qui ont été admises toutes deux au droit de 14 francs; de sorte que, pour ces balles, les frais ne sont revenus qu'à 30 cent. 7/10 par kilogramme.

534. *D.* Nous savons bien que la douane éprouve une grande difficulté à distinguer le fil d'étoupe du fil de lin; mais en général elle n'admet pas, comme fil d'étoupe, ce qui dépasse le n° 30. Ainsi ce fait que vous citez ne pouvait être qu'un accident, une supercherie qu'on ne saurait prendre pour base de raisonnement? — *R.* Je n'accuse pas la vigilance de l'administration; je cite seulement ce fait comme certain et pour prouver que, dans des cas semblables, tous les frais des filateurs anglais, y compris les droits, se réduisent à 30 cent. 7/10 par kilogramme.

J'accuse d'autant moins la vigilance de l'administration, que je sais aussi que des numéros au-dessus de 35 francs, en étoupe, ont été maintes fois acquittés au droit de 24 francs.

D'après ce que je viens de dire, il est inutile d'insister plus longtemps sur l'inexactitude des tableaux dont vous me parlez.

535. *D.* Dans quelle proportion se consomment les fils de lin et

M. Feray les fils d'étoupe? — *R.* Je n'ai pas eu occasion de le rechercher; la douane pourrait même difficilement le dire; car vous venez de voir que souvent ils se confondent.

536. *D.* En définitive, pensez-vous qu'il y ait en France les éléments nécessaires pour le succès de la filature du lin à la mécanique? — *R.* Je vous dis que la France réunit ces éléments au plus haut degré, et qu'il n'y a qu'à les développer. Les départements de l'Ouest possèdent des chutes d'eau considérables: la main-d'œuvre y est à bon marché et l'agriculture est capable de fournir de bon lin et en abondance. Les seuls obstacles qui s'opposent à la prospérité des grandes filatures qui pourraient s'établir dans ces départements, sont la difficulté de se procurer de bonnes machines et de former des ouvriers; mais, chaque jour, ces difficultés diminueront, si le Gouvernement, au moyen d'une sage augmentation dans les tarifs, empêche nos rivaux d'outre-mer d'étouffer au berceau les établissements qui ne sont encore qu'un projet! Ces établissements, dans quelques années, pourront fournir à la consommation de nos nombreux tissages, et favoriseront eux-mêmes la prospérité de l'agriculture nationale.

Nous n'avons pas, à Essonne, ces avantages de position: mais ce n'est pas un établissement isolé qu'il faut considérer, quand des conditions de succès existent d'ailleurs dans d'autres parties du pays.

537. *D.* Avez-vous des machines à filer le chanvre? — *R.* Non: je ne crois pas même qu'il y en ait en Angleterre; le chanvre n'a pas la matière gommeuse qui, en se dissolvant, rend possible l'étirage du lin.

538. *D.* La France vous offre-t-elle, en lin teillé, toutes les qualités dont vous faites emploi? — *R.* Plusieurs parties de la France produisent du lin de très-bonne qualité; les environs de Lille, de Lisieux, de Saint-Quentin, le pays de Caux, la Bretagne, la Vendée, offrent des lins fins d'excellente qualité et propres à la filature de tous les numéros; mais, sauf dans les environs de Lille, ces lins sont, en gé-

néral, mal teillés et souvent même mal rouis. On peut attribuer cette négligence dans les préparations, à ce que, la filature à la main décroissant chaque jour, et en même temps l'exportation des lins teillés diminuant pour l'Angleterre qui tire ses lins de Russie et de Belgique, le cultivateur français, ne trouvant pas à se défaire de ses lins teillés, soigne moins un produit qui lui laisse moins de bénéfices. M. Feray.

L'établissement des filatures mécaniques, et par suite la demande des lins teillés, produira nécessairement de grands progrès dans la préparation de cette substance.

En ce moment les Anglais, par l'emploi des lins de Russie, ont sur nous un immense avantage. Les qualités propres à la filature des n°s 20 à 50 ne reviennent, à Leeds, qu'à 9 sous 1/2 le demi-kilogramme : en outre les étoupes de lin se chargent à Riga en quelque sorte comme lest, et offrent à Leeds, pour les numéros au-dessous de 20, une matière première convenable en qualité et qui ne revient que de 3 à 4 sous le demi-kilogramme. Le filateur anglais ne paye, sur les lins de Russie, que 2 francs de droit les 1,000 kilogrammes : nous payons 55 francs pour les n^{os} de 1 à 20, dans lesquels la matière première entre pour moitié environ du prix du lin filé : on voit quel est notre désavantage.

539. *D.* La consommation en tissus de lin est incontestablement beaucoup plus grande aujourd'hui qu'elle n'était il y a trois ou quatre ans ; est-ce que vous ne croyez pas qu'elle absorbe en plus tout ce qui s'importe de l'étranger, soit de fil, soit de toile ? — *R.* Je ne puis le croire, puisque les magasins sont encombrés de fils anglais, et que la filature à la main s'est considérablement réduite, tandis que la filature à la mécanique ne donne encore en France que des résultats insignifiants.

540. *D.* Mais l'appréhension d'un changement de tarif n'est-elle pas la cause de cet encombrement qui ne serait qu'accidentel ? — *R.* Le trop plein existait il y a dix-huit mois, avant qu'on parlât de ce changement.

M. Feray

541. *D.* Vous reconnaissez toutefois que le tissage a beaucoup augmenté? — *R.* Oui; il a augmenté, et l'une des causes de cette augmentation, c'est qu'avec le fil mécanique, qui est maintenant répandu partout, les tisserands peuvent produire davantage.

542. *D.* Mais ne pensez-vous pas que l'importation des toiles d'Angleterre pourra contrarier l'industrie des tisserands? — *R.* Oui, pour les comptes qui peuvent se tisser à la mécanique; et cette classe, qui est bornée maintenant aux toiles de 8 à 9 fils, s'élargira sans doute, à mesure que le tissage mécanique fera, en Angleterre, pour le lin, ce qu'il a fait pour le coton.

543. *D.* Nous vous prierons de résumer toutes les indications que nous tenons déjà de votre complaisance, par une comparaison de votre situation avec celle des filateurs Anglais? — *R.* Pour satisfaire à votre demande, je prendrai deux filatures de 3,000 broches, l'une à Leeds, l'autre à Corbeil; je supposerai ces deux établissements filant, en douze heures de travail, la même quantité (ce qui n'est pas parfaitement exact : voir la question n° 524).

Filatures de 3,000 broches filant, par douze heures de travail, 150 kilogrammes de lin n°s 50 et 130 kilogrammes d'étoupe n° 30, en tout 280 kilogrammes, soit, en commune, du n° 40.

COÛT DE PREMIER ÉTABLISSEMENT.

Bâtiment entièrement en fonte, briques et dalles de 150 pi. de long sur 36 p. de large..........................	53,000f	75,000f
Machines à vapeur de 30 chevaux avec 2 chaudières de 40 chevaux, transmission du mouvement............	55,000	77,000
Machines préparatoires pour le long brin et étoupe......	90,000	150,000
3,000 broches, système continu et tuyaux à vapeur.....	120,000	190,000
Machines accessoires, etc..........................	9,000	16,000
TOTAL..........	327,000	508,000

DÉPENSES ANNUELLES.

Intérêt sur le bâtiment, à 6 p. 0/0	3,180f	4,500f
——— sur les machines de toute sorte, à 10 p. 0/0	26,500	41,700
Combustible : 36 hectolitres par jour, à 3 francs à Essonne et 80 centimes à Leeds	8,640	32,400
Main-d'œuvre	mémoire.	mémoire.
Entretien des machines, peignes, cardes, etc.	18,000	29,000
Éclairage	2,000	3,500
Prime d'assurance	1,300	2,100
TOTAL	59,620	113,200
		59,620
		53,580

Différence en faveur des filateurs Anglais, 53,600 francs par an, qui, à raison de 84,000 kilogrammes de produit annuel, donnent 64 centimes par kilogramme sur les numéros communs 40.

La différence est réellement beaucoup plus grande, à cause des facilités qu'ont les filateurs Anglais de se procurer à crédit les machines que nous n'arrachons qu'à force d'argent et de temps, et à cause de l'habileté supérieure des ouvriers.

544. *D.* C'est donc ce désavantage que vous entendiez couvrir par la protection que vous avez dit être nécessaire? — *R.* Oui; sans cette protection, la France ne peut espérer de voir s'établir dans son sein des filatures mécaniques en nombre considérable.

545. *D.* Comment entendriez-vous l'établir? — *R.* D'abord j'effacerais toute distinction entre les fils de lin et d'étoupe, non-seulement parce qu'il est impossible de les distinguer, mais encore parce que, dans les numéros élevés que M. Marshall veut bien appeler *tow yarn,* ce fil d'étoupe n'est que du fil de lin inférieur, résultant d'un peignage pour les numéros les plus fins, lequel est si répété que, sur 100 kilogrammes de lin teillé, on ne retire que 23 kilogrammes de long brin.

M. Feray. Ensuite, je diviserais les fils en quatre classes, et il me paraît indispensable d'établir, pour ces quatre classes, l'échelle des droits suivante?

Du numéro 1 à 20 inclusivement, 0f 35c à 0f 40c par kilogr.
———— 21 à 40 .... 0 75 à 0 80
———— 41 à 75 .... 1 20 à 1 30
Tout numéro au-dessus du n° 75.. 1 80 à 2 00

Remarquez que, pour la première classe, celle des bas numéros qui se font avec des étoupes et des lins de Russie, le désavantage vient, pour nous surtout, de la matière première.

546. *D.* Quels sont les rapports des droits que vous proposez avec la valeur du fil anglais à la frontière? — *R.* Le tableau ci-après satisfera, je crois, à votre désir:

NUMÉROS ANGLAIS.	PRIX par KILOGRAMME.	DROIT DEMANDÉ par kilogramme.	CE DROIT REVIENT p. 0/0 de la valeur à :	MOYENNE de CHAQUE CLASSE p. 0/0.
16	3f 25c	De 0f 35c à 0f 40c	17	19
20	2 92		13	
25	3 80	De 0 75 à 0 80	20	17 1/4
30	4 40		17	
35	5 00		15, 4	
40	5 50		14, 5	
45	6 20	De 1 20 à 1 30	20	16 1/10
50	7 00		18	
60	8 30		15	
70	9 40		13, 3	
80	10 40	De 1 80 à 1 90	18	11 1/2
100	13 00		14, 2	
120	17 70		10, 5	
150	25 00		7, 2	
200	36 40		5	

Vous remarquerez que mon calcul a été fait en supposant que l'on prenne la moyenne entre les deux prix que j'ai donnés pour chaque classe. M. Feray.

Comme je n'ai pu établir la valeur exacte des bas nos de 8 à 16 dans la première classe, je ne puis répondre de l'exactitude du chiffre 19 p. 0/0 que j'ai considéré comme la moyenne de droit pour cette classe; je crois cependant qu'il ne s'écarte pas beaucoup de la vérité.

Il serait peut-être à propos de faire une cinquième classe, du n° 1 au n° 11. Le droit, pour cette classe, serait de 20 cent. par kilogramme, et alors la deuxième classe ne compterait plus que du n° 11 au n° 20.

547. *D.* Croyez-vous que les droits établis de la sorte, arrêtent les importations de l'étranger? — *R.* Non; mais ils arrêteront vraisemblablement la baisse, et empêcheront l'importation des produits étrangers de suivre l'énorme proportion d'accroissement qui a eu lieu, surtout depuis plusieurs mois. Comme on ne peut faire sortir du sol les deux ou trois cent grandes filatures qui seraient nécessaires pour subvenir aux besoins de notre tissage, les droits que je demande, sans arrêter l'importation des fils anglais, contribueraient à soulager momentanément nos malheureuses fileuses à la main, et, même avec ces droits, nous aurons bien assez de peine, au moins pour les premières années, à soutenir la concurrence des immenses établissements de Leeds et d'Aberdeen qui ont, depuis longtemps, amorti leurs frais de premier établissement.

548. *D.* Sera-ce du moins une excitation suffisante pour que de nouvelles filatures se créent en France? — *R.* Dès que l'on verra que le Gouvernement met du prix à la conservation, sous une nouvelle forme, de la plus ancienne industrie française, les esprits, qui sont déjà tournés vers la filature de lin, et qui, sentant en France la racine de cette industrie, sont disposés à adopter sans examen les résultats promis par de magnifiques prospectus, se jetteront alors dans cette nouvelle carrière, avec un espoir mieux fondé de voir leurs efforts couronnés par le succès.

Si les choses restent dans l'état où elles sont, la France n'aura pas

M. Feray. d'établissements sérieux, et même les petites filatures d'essai comme la mienne subsisteront difficilement. M. Marshall le sait bien; car, après la dernière baisse, il écrivait pour demander si la maison Feray et Cie existait encore.

549. *D.* Mais le tarif que vous proposez ne nuirait-il pas au tissage? — *R.* Non; si le droit sur les toiles étrangères est mis en concordance.

550. *D.* Le résultat sera donc de renchérir le prix de la toile. — *R.* Je ne crois pas qu'il y ait de renchérissement bien sensible; les intermédiaires pourront faire de moins forts bénéfices; mais, quel que doive être le résultat d'un nouveau tarif, c'est au Gouvernement à juger si le maintien d'une industrie aussi vaste que celle de la filature et du tissage du lin en vaut la peine.

551. *D.* Comment pensez-vous que l'on puisse établir l'augmentation proportionnelle sur les toiles? — *R.* Il faudrait se baser sur le poids du fil qui entre dans une longueur donnée de toile; mais je ne connais pas assez les détails de la fabrication de la toile pour donner des chiffres sur cette matière.

552. *D.* Mais sont-ce là les chiffres que vous aviez proposés aux conseils généraux? — *R.* Non; lorsque j'ai comparu devant les conseils généraux, j'ai dû baser mes calculs sur les prix de vente d'alors, et sur la marge qu'ils laissaient pour permettre, en France, l'établissement des filatures à la mécanique. Depuis, une baisse inattendue est venue renverser tous nos calculs: les Anglais, ayant reçu des lins russes mieux préparés, ont poussé, jusqu'au n° 60, ces lins, qui ne se filaient avant que jusqu'au n° 30 ou 35.

Fabricant à meilleur marché, ils ont sabré les prix, et nous avons dû suivre leur exemple, sous peine d'être témoins de leurs ventes sans y participer.

La protection, que je me bornais à solliciter alors, serait complétement insuffisante, aujourd'hui que les circonstances ont changé.

SÉANCE DU VENDREDI 22 JUIN 1838.

553. *D.* Vous avez établi une filature de lin à la mécanique, à Abbeville, et c'est comme filateur que vous êtes appelé à nous donner quelques renseignements? — *R.* Je ne puis pas me donner cette qualification : ma principale industrie est la fabrication des tapis, et c'est pour elle aussi que j'ai monté un assortiment de machines préparatoires, et un métier à 100 broches, qui produit 120 livres de fil d'étoupe par jour, c'est-à-dire dont j'ai besoin pour mes chaînes. Cela ne peut pas s'appeler une filature. M. Vayson, fabricant de tapis, à Abbeville.

554. *D.* Depuis quand êtes-vous en possession de cet appareil? — *R.* En 1834, je me rendis en Angleterre, pour étudier le meilleur système de filature de laine, et, à cette occasion, je recherchai à quoi tenait le bas prix des tapis fabriqués en ce pays. Je reconnus que la façon et le prix des fils de chaînes n'en étaient pas la moindre cause, car, alors, ils comptaient pour 5 p. 0/0. Je m'enquis aussitôt de l'origine de ces fils, et je me rendis à Leeds pour voir les métiers qui les produisaient. Cela fut très-difficile, et je n'y parvins que par ma persévérance, et à l'aide de sacrifices. Mais, dès que j'eus vu, je compris la possibilité de fabriquer moi-même, et j'achetai des machines que je payai en partie d'avance.

555. *D.* Avez-vous pu les faire sortir d'Angleterre avec permission du gouvernement? — *R.* Non; quoique j'eusse été recommandé au chargé d'affaires de France, et qu'il eût fait une démarche en ma faveur. J'ai eu recours alors à la contrebande qui, déjà excessivement chère, me demanda 30 p. 0/0. Mais il fallut refaire deux fois le marché, la première à 60 et la seconde à 80 p. 0/0, parce que, dans l'intervalle, les fabricants avaient, disait-on, monté un service pour surveiller celui de la douane, et rendre l'exportation des machines à peu près impossible. Bref, je n'ai reçu les miennes qu'avec une augmentation de valeur de 130 p. 0/0.

M. Vayson

556. *D.* Quand avez-vous commencé à les faire travailler? — *R.* A la fin de 1836.

557. *D.* En avez-vous fait fabriquer d'autres sur ces modèles? — *R.* Je n'en ai pas eu besoin, ne filant que pour ma propre consommation en tapis; mais j'ai mis toutes mes machines à la disposition de M. Decoster, mécanicien, qui avait vu ces machines travailler en Angleterre, mais qui n'avait pu les importer lui-même, et mes machines lui ont servi de modèle pour celles qu'il est en état de faire à présent. Il en a déjà fourni à trois établissements.

558. *D.* Vos machines sont-elles suivant le dernier système adopté en Angleterre? — *R.* Je ne connais d'amélioration subséquente que celle qui consiste à avoir fait en fonte le tambour à cardes, qui était en bois, et d'avoir ainsi évité le retrait ou le gonflement que le bois éprouve, suivant l'état de l'atmosphère.

559. *D.* Vous n'avez pas eu besoin d'attirer des ouvriers anglais dans votre établissement? — *R.* Je vous demande pardon; pour monter et mettre en train le métier, j'ai eu besoin de dix ouvriers anglais, dont deux venaient d'Édimbourg; mais maintenant je n'emploie que des ouvriers français.

560. *D.* Leur reconnaissez-vous l'aptitude nécessaire pour suivre et même perfectionner ce genre de travail? — *R.* J'ai des ouvriers très-habiles pour la filature de la laine, et, comme celle du lin est, comparativement, très-simple, je ne doute pas qu'ils ne puissent la suivre avec succès. Au reste, ce n'est chez moi qu'un accessoire.

561. *D.* Quel moteur employez-vous? — *R.* Une chute d'eau qui n'a pour moi qu'une force de quinze chevaux, et qui pourra être doublée, lorsque le gouvernement me donnera le moyen d'utiliser l'eau, sans aucun dommage pour la navigation. Il ne faut pas songer à se servir de la vapeur pour filer le lin, si on veut rester dans de bonnes conditions économiques, et prétendre rivaliser avec les Anglais qui ont le combustible à très-bas prix.

562. *D.* A combien revient donc l'hectolitre de houille à Abbeville? — *R.* L'hectolitre de houille de Belgique, propre aux chaudières, nous revient à 9 fr. 50 cent. Maintenant, nous en faisons venir d'Angleterre, aux prix de 16 shillings le *chaldron*, pris à Newcastle, ce qui le fait ressortir à 3 francs ou 3 fr. 10 cent. rendu à Abbeville. M. Vayson.

Avant la dernière ordonnance sur les houilles, la houille anglaise revenait au même prix que la houille belge; je la trouve, d'ailleurs, plus économique à l'emploi. J'ai calculé que la plus rapide combustion de la houille belge, et sa chaleur, moins intense, me faisaient ressortir le prix du *chaldron* à 22, au lieu de 16 shillings.

Il est bien entendu que je parle du charbon anglais de bonne qualité; il y en a à 8 shillings; mais ce n'est pas de celui-là que je voudrais me servir.

563. *D.* Dans quels numéros filez-vous les étoupes? — *R.* Aux numéros 6, 7 et 10 anglais.

564. *D.* La préparation des étoupes, avant le filage, offre-t-elle beaucoup de difficultés? — *R.* Non; mais un travail fort long et fort répété, que je vais en quelque sorte mettre sous vos yeux, par une série d'échantillons qui présentent la matière à ses différents états, c'est-à-dire les étoupes telles que je les achète, les étoupes cardées, étirées, laminées, mises en gros fils, et enfin filées au n° 10.

Je vous présente aussi la série des mêmes préparation pour le lin, et vous pouvez tout de suite comprendre que la difficulté de distinguer les deux matières, augmente avec le degré de préparation.

Vous voyez que tout consiste à peigner et à laminer le lin, et à revenir plusieurs fois sur le doublage et l'allongement des bandes, jusqu'à ce que tous les filaments soient parallèlement posés les uns à côté des autres. Il n'y a, à vrai dire, qu'un seul procédé qui se répète. C'est probablement à cause de son extrême simplicité, que le système a été si difficile à découvrir.

M. Vayson. 565. *D.* D'où tirez-vous les étoupes que vous employez? — *R.* Du pays même : j'achète tout sur place.

566. *D.* A combien? — *R.* De 25 à 40 francs les 100 kilogrammes.

567. *D.* Ce prix est-il supérieur à celui de l'époque à laquelle vous avez commencé votre filature? — *R.* Le prix des étoupes choisies, telles que je les emploie, varie peu. Je les ai payées jusqu'à 45 francs; mais, si vous me faisiez la même question pour le lin, je vous dirais qu'il éprouve une dépréciation considérable en Picardie, car les prix sont descendus de 4 fr. 50 à 2 fr. la botte de 2 kilogrammes. Aussi les cultivateurs ne se contentent pas de se plaindre, ils abandonnent le lin. On n'aura pas vendu, cette année-ci, à Abbeville, le tiers de la graine de Riga qui se vendait précédemment pour semence. Le lin dont je vous présente un échantillon, je viens de le payer 35 sous; il valait, il y a un an, 45 sous.

Ajoutez qu'en même temps que l'emploi du lin cesse chez nous, les exportations n'ont plus lieu comme autrefois par Bayonne, pour l'Espagne.

La perte de la culture du lin serait, pour la Picardie, un immense préjudice; car elle alterne, avec celle du blé, sur la même terre dont elle détermine la valeur et l'impôt. Aussi doit-on s'attendre à des demandes en dégrèvement, à mesure qu'on semera moins de lin.

568. *D.* Cette baisse ne résulte-t-elle pas aussi du succès bon ou mauvais de la récolte et de la qualité obtenue? — *R.* Le prix du lin dépend sans doute de son abondance ou de sa rareté, relativement à la demande : il dépend aussi de la qualité du lin, qui, elle-même, dépend des préparations qu'il a reçues. Chez nous, le lin, semé dru, et sur lequel nous ne laissons pas mûrir la graine, est toujours très-souple et fin de brin. Il n'en est pas de même du lin du Nord, dont la graine est recherchée par le commerce. Celui-là a de grosses fibres qui ne conviennent qu'au filage des bas numéros.

Nous avons un lin d'excellente qualité ; mais, malheureusement, nos gens de campagne le traitent mal ; et, je dois le dire, c'est par le rouissage que nous manquons. Au lieu de le faire dans l'eau courante, on le fait sur la terre ou sur le pré, ce qui a l'inconvénient d'altérer sa couleur et de la rendre inégale, suivant que le soleil et l'air ont plus ou moins agi sur la partie qui s'y trouve exposée. Mais, en définitive, ces défauts ne sont pas d'aujourd'hui, et ils n'expliquent pas la baisse actuelle ; ce qui l'explique, c'est l'importation toujours croissante des fils anglais qui sont venus prendre la place du fil fait, à la main, par les gens du pays. Celui-ci se vendait, sur le marché d'Abbeville, où la consommation était à peu près de 20,000 livres par semaine : elle est maintenant encore de 20,000 livres, mais tout entière en fil anglais. M. Vayson.

569. *D.* Quels sont les numéros de fil anglais qui se vendent le plus, et à quel prix ? — *R.* Le marché d'Abbeville ne demande guère au-dessus du numéro 20. Quant à la grande consommation, elle consiste dans le numéro 12 : le prix de ce numéro est de 18 à 20 sous. Dans mes numéros, qui sont encore inférieurs, les Anglais en vendent à 10 sous pour les grosses toiles : ce fil vient de Dundée et non de Leeds.

570. *D.* Obtenez-vous vos numéros à aussi bas prix ? — *R.* Ce que les Anglais vendent à 10 sous, ne dépasse pas le numéro 6 : c'est ce qu'il y a de plus gros et ce qui est fait avec les plus mauvaises matières, avec des matières qui, en Russie, se mêlent au mortier pour faire du torchis ; je n'employe pas de telles matières. Je ne les trouverais pas même ; car elles sont le résultat de préparations que nous ne faisons pas en France. Le numéro 6 ne peut pas me revenir à moins de 13 sous : ce n'en est pas moins pour moi une grande économie ; car, précédemment, je me servais du fil fait avec du long brin, qui me revenait à 25 et 26 sous. C'est même une économie relativement au fil anglais ; car, lorsque j'ai commencé à me servir de fils mécaniques achetés à Leeds, ils me revenaient à 16 sous de facture, sans compter les frais

M. Vayson. et les droits pour les faire venir. Dans les entrepôts de Lille, on les vendait 24 sous.

571. *D.* Ainsi, vous n'avez pas à souffrir de la concurrence des fils que l'on offre à 10 sous, lorsque les vôtres vous reviennent à 13? — *R.* Non; puisque je ne vends pas de fil, et que ceux que je fais sont meilleurs et mieux appropriés à ma fabrication de tapis. Mais pour les fileuses et pour ceux qui font de la toile, cette concurrence cause leur ruine.

572 *D.* Par conséquent vous n'avez pas à demander que le tarif des douanes soit augmenté pour les fils? — *R.* Pour ne faire qu'en petite quantité, comme je fais à présent, pour ne produire que le fil qui est nécessaire à ma propre consommation, ce qui, à vrai dire, n'est qu'une industrie de ménage, je n'ai, effectivement, pas besoin d'importuner le Gouvernement. Mais si, avec la connaissance que j'ai acquise de tout ce qui se rapporte à la filature du lin, je voulais monter une fabrique spéciale, ce que je ferais tout de suite, si j'avais vingt ans de moins, il me faudrait sans doute demander un secours à la législation; car c'est folie de vouloir concourir, de prime abord, avec des fabriques toutes formées qui travaillent en grand, qui ont des débouchés immenses, dont le capital est amorti; qui, outre cela, ont réalisé des bénéfices fabuleux, et qui, surtout, ont des ouvriers d'un sérieux et d'une attention si particulière, qu'on peut dire qu'ils s'identifient avec leurs machines, et qu'eux et elles ne font qu'un. Et puis, le fer, la fonte, les machines, l'outillage, la division du travail..... Mais il n'est pas bien nécessaire d'énumérer les avantages qu'ont les Anglais sur nous dans les industries qui emploient des mécaniques. Il suffit de dire qu'ils consistent *en tout.*

Nous ne pouvons donc pas partir du même pied; et, si on veut avoir en France des filatures qui aillent plus loin qu'au prospectus, il faudra bien que l'on accorde une certaine protection. Je ne la demande pas exagérée. Je voudrais seulement qu'elle effaçât la grande différence de position qui existe entre les Anglais et nous; car je ne comprends pas qu'un petit homme puisse lutter, avec une épée de deux pieds, contre un géant qui aurait une épée de six pieds. M. Vayson.

573. *D.* Et quel serait, selon vous, le taux de cette protection? — *R.* Je voudrais qu'elle fût de 30 francs par 100 kilogrammes sur les bas numéros, jusqu'au numéro 20, et qu'il n'y eût plus à distinguer le fil de lin et le fil d'étoupe.

574. *D.* Quel rapport ce droit aurait-il avec la valeur moyenne de toutes les espèces de fils que comprendrait la classe que vous indiquez? —*R.* Cette valeur moyenne, pour tous les numéros de 1 à 20, je la fixe à 2 francs par kilogramme, et je trouve que le droit proposé serait de 15 p. 0/0. Il serait beaucoup moins fort pour les numéros de 15 à 20, qui valent, en moyenne, 3 francs. Ainsi, ce ne serait plus que 10 p. 0/0.

575. *D.* Mais pour les numéros de 10 et au-dessous? — *R.* Je conviens que la proportion se trouverait renversée : mais c'est aussi pour ces gros numéros que je voudrais que le travail des fileuses fût encore conservé, jusqu'à ce que nous fussions en possession de toutes les machines nécessaires. Ce droit, qui reviendrait à 21 p. 0/0, aurait l'avantage de faire employer les mauvais lins et les étoupes dont on fait les fils pour les grosses toiles et les toiles d'emballage. Après tout, il se réduirait de ce qui est payé pour l'importation du lin teillé; aussi, n'empêcherait-il pas les Anglais de fournir encore à meilleur marché, et il y aurait du travail pour les tisserands, aussi bien que pour les fileuses; car les gros fils, dont nous parlons, ne sont employés que pour trames, et valent autant que les fils à la mécanique.

576. *D.* Et pour les numéros supérieurs? — *R.* Je ne me crois pas en mesure de rien proposer à ce sujet; mais il s'entend qu'il doit y avoir une protection calculée sur le temps et les matières employées à faire les numéros élevés; et je crois qu'à l'aide de ces moyens on pourra établir, avec profit, des filatures mécaniques, pourvu qu'elles soient entreprises par des hommes au fait de tous les détails de cette industrie, qui s'y consacrent entièrement et ne négligent rien de ce qui évite la dépense; car je résume toutes les conditions de succès dans deux mots : *activité* et *économie*.

SÉANCE DU MARDI 26 JUIN 1838.

M. Charles Thoré, négociant en toiles, et secrétaire de la chambre consultative du Mans.

577. *D.* Quelle est l'importance de la culture du lin dans votre département? — *R.* La culture du lin a peu d'étendue, quoique nous ayons beaucoup de terrains qui y soient propres. Ce qui a de l'importance chez nous, c'est la culture du chanvre: 10 à 12,000 hectares de terre y sont consacrées. Cette indication est exacte; elle résulte des renseignements pris dans toutes les localités. Le produit annuel de cette culture est de 4,000,000 à 8,000,000 livres de chanvre teillé. Il y a grande différence entre les deux chiffres que je vous donne; mais vous savez sans doute que le produit des plantes textiles est très-variable. Si je ne m'arrêtais pas à des moyennes, je vous dirais que, dans telle année, nous avons atteint le chiffre de 10,000,000 et même de 12,000,000 de livres. Le chanvre se cultive sur presque tous les points de notre département où le sol le permet, particulièrement dans les vallées de l'Huisne et de la Sarthe, et surtout près du confluent des rivières : chaque fermier en cultive une plus ou moins grande quantité, et la culture de cette plante, surtout depuis quelques années, où le prix des céréales a diminué, fait la principale richesse de l'agriculture de notre département. Un nombre immense de bras est occupé à cultiver et à préparer le chanvre. Mais ce sont surtout les dernières préparations qu'il exige qui méritent attention; elles se font dans les instants qui seraient totalement perdus; ainsi, c'est le matin, avant le jour, et le soir à la veillée, que les cultivateurs chauffent au four, broyent, pilent et peignent le chanvre, tandis que les femmes sont occupées à le filer.

578. *D.* A combien revient le chanvre brut, c'est-à-dire teillé? — *R.* Le chanvre doit valoir de 30 à 40 francs les 50 kilogrammes, suivant les qualités. Au-dessous de ce prix, il y a perte pour le cultivateur.

579. *D.* Le prix de 40 francs nous paraît très-élevé, comparativement à celui des chanvres que l'on peut faire venir du dehors? — *R.* Nos terres ne produisent que 400 à 500 kilogrammes l'hectare; tandis que, dans l'Anjou et la Touraine, elles produisent le double. M. Charles Thore.

580. *D.* Cela tient-il à la nature des terres? — *R.* Cela tient particulièrement à ce que nous semons plus épais pour avoir des qualités plus fines.

581. *D.* Quelle destination reçoivent vos chanvres? — *R.* Un tiers environ s'expédie sur d'autres départements moins favorisés que nous par le sol, soit teillé, soit peigné; les deux autres tiers se filent à la main dans le département, et s'y emploient en toiles. Avant l'irruption des fils de lin, nous expédiions des fils et des chanvres jusqu'à concurrence de la moitié de la consommation.

582. *D.* Avez-vous des ateliers de tissage? —*R.* Non: il y a, dans le département, 6,000 métiers environ, dont 600 à 700 seulement pour la toile de lin. Les autres 5,300 ou 5,400 métiers tissent des toiles de chanvre, et sont entretenus par le filage à la main qui employe de 60,000 à 70,000 fileuses. Ce nombre vous paraîtra peut-être exagéré; mais je dois vous faire observer que toutes les femmes ne filent pas l'année entière; qu'elles ne sont employées que de temps à autre, et qu'une partie ne consacre à la filature que des instants qui sans cela seraient sans emploi. Ainsi, chaque ferme est un véritable atelier, où, dans leurs instants perdus, les hommes préparent et tissent le chanvre que les femmes ont filé. C'est une véritable industrie de famille disséminée sur tous les points du département, et qui n'a pas l'inconvénient des grandes manufactures qui laissent, sur le même point, une grande quantité de bras sans ouvrage et de bouches sans pain, dès qu'il y a embarras dans le commerce. C'est ici le lieu de vous faire remarquer la liaison intime de l'industrie toilière avec l'agriculture; car les 11/12 des nos métiers sont employés par de petits propriétaires de fermes de un, deux, et trois hectares, que l'on dé-

M. Charles Thoré. signe sous le nom de *bordages*; et, si nous réunissons tous les travaux, tant d'agriculture que d'industrie, qui se rapportent à la culture, à la filature et au tissage du chanvre, ce n'est pas trop dire qu'il y a 120,000 individus occupés à ces travaux: c'est le quart de notre population. Une telle industrie me semble mériter quelque considération; car elle est à la veille d'être anéantie.

583. *D.* Vous éprouvez donc une baisse notable dans la valeur de vos produits? — *R.* La concurrence des toiles étrangères a fait baisser les nôtres de 25 p. 0/0. Le prix du fil s'est nécessairement abaissé en proportion; aussi la fileuse ne gagne plus que de 3 à 5 sous: (encore a-t-elle de la peine à vendre ses produits), et le tisserand, de 15 à 16 sous. Malgré cette baisse, nous n'avons pas d'écoulement; et il est certain que nous ne pouvons plus rien prendre sur le salaire des fileuses ni des tisserands. Si une réduction devait s'opérer, il faudrait qu'elle portât sur la matière première, c'est-à-dire sur le chanvre, et je vous ai déjà dit qu'au dessous des prix actuels, la culture de cette plante devrait cesser. Remarquez de plus que cette baisse ruineuse pour la culture, lors même qu'elle serait de 25 p. 0/0, n'amènerait, sur le prix de la toile, qu'une baisse de 12 à 15 p. 0/0.

584. *D.* Mais vous semblez croire que la toile de lin faite avec du fil mécanique, et que l'étranger nous donne effectivement au rabais, peut se substituer à la toile de chanvre, tandis que nous croyons savoir que la toile de chanvre a des qualités tellement spéciales, et un emploi tellement nécessaire, qu'elle reste, pour ainsi dire, en dehors de la question qui nous occupe? — *R.* Nul doute que la qualité de la toile de chanvre ne soit infiniment supérieure à celle de lin pour tous les usages qui demandent durée et solidité; mais cela n'empêche pas que les toiles anglaises ne la supplantent à la faveur de leur fabrication plus régulière en apparence, et surtout de leur bas prix. Le fait répond à tout; nous trouvons tous nos anciens débouchés de l'intérieur obstrués par les toiles étrangères. Il est beaucoup d'usages pour les-

quels on peut indifféremment se servir de toiles de lin et de toiles de chanvre; mais, pour ceux-là même qui semblaient jusqu'ici ne pouvoir admettre que la dernière espèce, pour les torchons, par exemple, on se sert très-bien aujourd'hui de toiles de lin, qu'on peut donner de 60 à 75 centimes l'aune. Si l'on pouvait même dire que les toiles de lin ne nuisent qu'à la vente des toiles de chanvre fines, le mal ne serait pas aussi grand; mais vous voyez, par ce que je viens de vous dire, qu'il n'est guère de partie de la consommation qui ne s'alimente à présent avec les nouveaux produits. M. Charles Thore.

585. *D.* Mais la consommation ne s'est-elle pas accrue de telle sorte qu'il vous est impossible de la satisfaire autrement que par l'emploi des fils mécaniques tirés de l'étranger? — *R.* D'abord, je n'admets pas que la consommation se soit réellement accrue; cela peut apparaître ainsi dans les magasins de Paris, où viennent se concentrer les toiles étrangères qui se vendent en remplacement des nôtres. Si nous employons maintenant le fil de lin mécanique, ce n'est pas que le travail de nos fileuses soit insuffisant; mais c'est que l'introduction des fils étrangers a fait baisser nos fils de chanvre à un prix qui ne permet plus à la fileuse de filer, et qu'on en est venu à faire un tissage mixte de fil de lin et de fil de chanvre. Ainsi Mamers et Alençon ont, aujourd'hui, 900 métiers dont les chaînes sont en fil de lin, auxquels les Anglais, qui savent en tout s'accommoder au goût et aux habitudes des consommateurs de tous les pays, ont soin de donner une teinte jaune imitant celle du chanvre. Je me permets donc de dire que votre objection vient de ce que l'on prend l'effet pour la cause.

586. *D.* Mais ce fil mécanique a le mérite d'être très-régulier et à bas prix? — *R.* Je ne puis en disconvenir; mais il reste vrai que le fil de chanvre à la main a une qualité supérieure, et que la toile faite, mi-partie de fil de lin et de fil de chanvre, ne présente pas autant de solidité qu'une toile homogène.

M. Charles Thoré. 587. *D.* Ainsi le dommage résulte, pour vous, de ce que la toile de lin est préférée pour les usages qui la comportent, et de ce que l'on mélange le fil de lin avec le fil de chanvre, pour les toiles qui doivent être vendues comme toiles de chanvre? — *R.* Oui, sans doute; et c'est aussi de quoi se plaignent les différentes fabriques de notre département, et notamment celle de Ballon et Saint-Marc, dont je vous remets la pétition adressée à M. le ministre du commerce. Cette fabrique mérite d'autant plus d'intérêt, qu'elle est située précisément au milieu du pays qui produit le plus de chanvre, et que ses toiles 2/3, qui valaient, il y a peu d'années, de 30 à 32 sous, valent, aujourd'hui, 25 à 26 sous, et encore ont peine à être vendues. Autrefois un grand nombre d'hospices, et notamment celui de Bordeaux, se fournissaient en toiles de nos fabriques pour les draps et les chemises : aujourd'hui cet établissement n'emploie plus, pour cet usage, que des toiles étrangères.

588. *D.* Il y a donc accumulation de produits? — *R.* Cela ne se peut pas: notre industrie, je vous l'ai dit, est une industrie de famille, qui vend au fur et à mesure qu'elle produit, et à quelque prix que ce soit. Le tisserand qui a fini sa toile doit racheter du fil, et il n'a pour cela d'autre valeur que la toile même qui, souvent, forme tout son capital. Il n'en est pas chez nous comme à Mulhouse et dans les grandes fabriques, où l'ouvrier ne donne que son travail, sans faire aucune avance, et où les capitalistes peuvent emmagasiner des marchandises pour attendre un cours plus favorable. Nous vous demandons donc, Messieurs, ce que nous ferons de nos chanvres.

589. *D.* Vous nous avez parlé de 600 à 700 métiers battants pour faire de la toile de lin; voulez-vous bien nous dire ce qui les concerne particulièrement? — *R.* Ces 600 à 700 métiers étaient autrefois alimentés par des fils à la main du pays et d'une partie de la Mayenne; ils n'emploient presque plus aujourd'hui que des fils mécaniques. La régularité de ces derniers, la facilité d'assortiment qu'ils offrent, et leur bas prix, les ont fait préférer, depuis deux ans; c'est particulièrement dans la fa-

brique de Fresnay que cette introduction s'est faite. Il en est de même à Lizieux et à Vimoutiers. Le tisserand, trouvant plus de facilité dans l'emploi de ces fils, a pu établir ses toiles plus régulières et à meilleur compte, tout en leur conservant leur type particulier : il en a trouvé un débouché assez facile et avantageux. Il pensait qu'il en serait toujours de même; mais, tandis qu'il faisait ses essais, le fabricant anglais ou écossais étudiait le grain qui convenait à la France, et nous sommes tous étonnés de trouver aujourd'hui, sur la place de Paris, des quantités énormes de toiles étrangères absolument semblables aux nôtres, et à un prix beaucoup inférieur. Je ne doute pas que d'ici à six mois ces belles fabriques de Fresnay ne soient en complète décadence, si une mesure protectrice ne vient à leur secours. M. Charles Thore.

590. *D.* Les toiles façon Fresnay, qui viennent de l'étranger, sont-elles tissées à la mécanique? — *R.* Je ne puis le dire, n'ayant point étudié la fabrication des toiles en Angleterre; mais je dois nécessairement croire qu'elles sont faites par des moyens plus économiques que les nôtres. Les toiles de 2,500 à 3,700 fils de chaîne en 2/3 (92 portées), qui, il y a quelques mois, valaient à Fresnay de 3 francs 12 sous à 4 francs 5 sous l'aune, s'offrent aujourd'hui, dans certaines maisons de Paris (j'ai vu les factures), à 3 francs 2 sous. C'en est assez pour prouver que nos fabricants de toiles de Fresnay resteront tout à l'heure avec leurs toiles sur les bras.

591. *D.* Les toiles de chanvre ne doivent pourtant pas se tisser facilement à la mécanique, attendu qu'elles sont en général d'une largeur que ne comportent pas les métiers? — *R.* Les largeurs sont déterminées par l'usage et non par la nature du fil, et l'on fait, en chanvre comme en lin, des toiles de toutes largeurs.

592. *D.* Quelle est la plus grande largeur chez vous? — *R.* On en fait qui ont jusqu'à 3 aunes de large, et, par exemple, celles qui sont destinées à des tableaux de grande dimension; mais cela est

M. Charles Thoré. fort restreint. On en fait en 2 aunes, en 7/4, 6/4 et 7/4 pour nappes, et en 2 aunes pour draps sans couture.

593. *D.* Dans vos calculs, ne tenez-vous aucun compte des droits de douane et des frais de toute sorte que les toiles étrangères ont à subir pour arriver sur nos marchés, ou avez-vous calculé à combien pour cent de la valeur ils reviennent? — *R.* Je fais peu le commerce des toiles étrangères, et je pourrais difficilement fixer le rapport entre la valeur de ces toiles et les frais qu'elles supportent. Je ne pense cependant pas que ces frais excèdent 15 p. 0/0.

594. *D.* Cette charge vous paraît-elle suffisante? — *R.* Non, évidemment, puisque nos produits ne peuvent plus se vendre en concurrence avec les produits étrangers.

595. *D.* De combien croyez-vous que le tarif actuel doive être augmenté sur les toiles? — *R.* Je pense qu'il devrait être élevé à 40 p. 0/0 de la valeur prise en Angleterre. Je ne proposerais pas de frapper de droits aussi considérables les fils dont peuvent avoir besoin ceux de nos tisserands qui ont pris l'habitude d'employer le fil mécanique que nos propres filatures ne sont pas encore en état de leur fournir entièrement.

596. *D.* Comment répartirez-vous cette quotité de 40 p. 0/0 sur les toiles de différentes finesses? — *R.* Je pense que ce devrait être sur l'échelle qu'avait établie la loi du 17 mai 1826, qui avait été soigneusement étudiée par une réunion de fabricants et de négociants dont mon père faisait partie. La classification qui résulte de la loi de 1836 a été particulièrement nuisible aux toiles communes de 8 à 12 fils, et la première chose à faire serait de revenir sur cette classification.

597. *D.* La moindre proportion de droits que vous désirez pour les fils, à quel taux la fixez-vous? — *R.* Je demanderais que le droit fût élevé à 25 p. 0/0 de la valeur. Cette protection encouragerait l'é-

tablissement de filatures mécaniques en France, et, d'un autre côté, laisserait aux tisserands français de la marge pour tisser encore en concurrence avec le fabricant anglais; et, si la filature à la main doit s'éteindre, du moins la transition serait moins brusque. M. Charles Thord.

Il est bien entendu que nous demandons d'abord que l'on ne fasse plus, en faveur du fil d'étoupe, une distinction qui n'a plus de motifs et qui donne le moyen d'éluder la taxe dont la loi a voulu frapper le lin; nous demandons ensuite que le nouveau droit que l'on établira sur le fil soit gradué en raison des finesses.

598. *D.* Avez-vous un classement de ces finesses à proposer? — *R.* Je n'ai pas étudié cet objet, et ne puis que m'en rapporter à ceux qui ont l'expérience de ce genre de commerce.

SÉANCE DU MARDI 26 JUIN 1838.

M. Decoster, mécanicien constructeur, à Paris.

599. *D.* Depuis quand et à quelle occasion avez-vous établi des ateliers pour fabriquer des machines à filer le lin? — *R.* Je me suis toujours occupé de mécanique. Ayant travaillé dans différents ateliers en Belgique, en France et en Angleterre, j'ai pu mettre à profit non-seulement ce que je faisais, mais même ce que je voyais. Mon genre de travail m'a donné, en Angleterre, accès dans plusieurs importantes fabriques de machines à filer le lin, et dans les meilleures filatures; alors mes idées se sont tournées vers cette branche d'industrie. Au commencement de 1835, je revins d'Angleterre, pour réaliser, en France, les plans que j'avais conçus. En attendant mieux, j'exploitai la machine à peigner de M. Girard. Je m'associai ensuite avec M. Liénard fils, de Reims, industriel éclairé, qui m'a fourni les moyens de fonder un établissement où je puis fabriquer toutes les machines propres à la filature du lin.

600. *D.* Les machines à filer le lin peuvent-elles aussi être appliquées à la filature du chanvre, et jusqu'à quel numéro? — *R.* Oui, avec l'aide d'une coupeuse et d'un battoir de mon invention, on peut filer le chanvre jusqu'à une très-grande finesse.

601. *D.* Est-ce le même système que pour le lin? — *R.* C'est tout à fait le même système : seulement il faut quelques changements dans les modèles pour la pression exigée, à cause de la force du filament. On peut filer le chanvre, comme le lin, par deux modes différents : à sec, et à l'eau chaude.

602. *D.* Les mêmes métiers peuvent-ils servir au filage de numéros très-différents? — *R.* Par le système que j'ai adopté, qui

est reconnu le meilleur par les Marshall et autres, on peut, sur le même métier, filer étoupe et long brin du numéro 15 à 80. Les changements, pour faire ces différents numéros sur le même métier, sont si peu importants qu'un enfant intelligent peut les faire. M. Decoster.

603. *D.* Est-il plus difficile de construire une machine pour filer des numéros fins, que pour des numéros au-dessous de 20? — *R* Non : il y a autant de facilité à construire l'une que l'autre; seulement, il faut pour chaque série de numéros observer de certaines dimensions, et les proportionner entre les métiers à filer et les métiers de préparation. C'est là que je trouve l'habileté du constructeur.

604. *D.* Avez-vous pu établir au complet l'*outillage* nécessaire à la fabrication de toutes les pièces qui entrent dans les machines préparatoires et dans les bancs à broches? — *R.* Ce n'est pas une difficulté pour moi : je puis le faire avec toute la précision exigée. Ce n'est que pour économiser le temps, que j'ai d'abord tiré d'Angleterre quelques parties d'outillage.

605. *D.* Vos modèles sont-ils établis dans le système le plus avancé en perfectionnement? — *R.* Je n'hésite pas à répondre affirmativement.

606. *D.* Comment êtes-vous assuré que les modèles tirés d'Angleterre sont ce qu'il y a de plus perfectionné en machines. — *R.* En voyant fonctionner, dans le pays soi-disant classique, les divers systèmes qui existent, j'en ai apprécié les produits en qualité et en quantité, et, par conséquent, j'ai pu faire choix, pour mes achats, de ce qui convenait le mieux, non-seulement d'après mon expérience, mais encore d'après le dire des fileurs anglais avec qui je communiquais, sans qu'ils se doutassent que je m'occupais de la filature.

607. *D.* Pouvez-vous répéter tous ces modèles sans exception?

M. Decoster. — *R.* Je le puis facilement et dans toutes les dimensions que l'on peut vouloir.

608. *D.* Y a-t-il un moyen de s'assurer de leur perfection ? L'habileté de l'ouvrier qui conduit une machine, influe-t-elle beaucoup sur le résultat qu'on obtient? — *R.* Le moyen de s'assurer de leur perfection, c'est de comparer avec du lin égal les produits de deux métiers construits l'un en Angleterre, et l'autre chez moi. Je vous offrirai cette démonstration après l'arrivée des machines anglaises que je fais venir, et qui déjà sont en France : vous pourrez juger de la construction et des résultats. Quant à l'habileté de l'ouvrier, elle consiste à bien servir la machine, afin qu'elle marche avec régularité, et donne des produits réguliers; cette condition, qui va de soi-même en toutes choses, est surtout nécessaire pour la préparation. Tout l'avenir d'une filature dépend de la connaissance qu'on doit avoir de la matière et des emplois qu'elle peut recevoir; si elle est propre à telle qualité de fil plutôt qu'à telle autre. Au reste, cela est facile, puisque le métier à filer peut s'ajuster instantanément pour le degré de finesse que le lin employé est susceptible de fournir.

609. *D.* Quelle quantité de fil produit une broche par jour, ou plutôt par tant d'heures, en numéros 6, 30 et 100? — *R.* Une broche, par journée de dix heures de travail, produit:

Au numéro 6, grosse broche	1ᵐ	8ᵉ.
——— 30, *idem*	0	8
——— 30, broche moyenne	0	6
——— 100, broche fine	0	1

610. *D.* De quelle importance sont maintenant vos ateliers? — *R.* J'ai, au passage Laurette, cinq ateliers de 60 pieds de long sur 18 de large; et dans la rue Notre-Dame-des-Champs, j'ai un atelier de 120 pieds de long sur 20 de large. Le nombre de nos ouvriers est de 80, tous Français et Belges. J'en occupe, en outre, une

quantité plus grande au dehors, pour des pièces que je fais faire à façon. En attendant que je prenne possession des ateliers que je fais construire rue Stanislas, où j'aurai une machine à vapeur de la force de douze chevaux, j'emploie un manège à deux chevaux, qui me suffit à présent. M. Decoster.

611. *D.* Quel développement sont-ils susceptibles de recevoir d'ici à un an? — *R.* Pour les premiers jours de septembre, j'entrerai dans mes nouveaux ateliers de la rue Stanislas, qui auront 220 pieds de long sur 33 de large et trois étages. Alors, conservant en outre ceux où je travaille aujourd'hui, je pourrai livrer, par mois, de 2,000 à 2,500 broches et les préparations qui en sont l'accessoire. J'ai encore la disposition de 200 toises de terrain pour d'autres agrandissements.

612. *D.* Avez-vous déjà construit des machines pour des filatures en activité? — *R.* J'en ai construit pour M. Giberton, à Vernon; pour MM. Liénard fils, à Pont-Remy; pour M. Bérard, à Bélair, près Tours.

613. *D.* Quels ont été leurs succès? — *R.* Chez les deux premiers, les machines sont en opération, et produisent des fils supérieurs en qualité à la majeure partie de ce qui se fait en Angleterre.

614. *D.* Pour quels numéros? — *R.* Pour les numéros 6 à 18. J'ai commencé par construire des machines à filer l'étoupe, parce qu'elles manquaient totalement en France, et que c'est le moyen de tirer tout le parti possible du lin. J'ajoute que les fils qui sortent de mes métiers offrent une différence à leur avantage, quand on les compare aux fils anglais. Cet avantage résulte de la grande précision que j'ai soin de donner à toutes les pièces; et cela, parce que j'ai l'expérience des obstacles peu apparents, mais très-réels, qui s'opposent à la régularité des fils. Au reste, le système de la fila-

M. Decoster. ture du lin et des étoupes est fort simple; plus simple que celui du coton. Tout consiste dans la bonne préparation de la matière; et celle-ci ne consiste également que dans un mécanisme ingénieux, mais pas du tout difficile à mouvoir. Seulement on répète, plus de fois que pour le coton, le cardage, l'étirage et la compression par des cylindres. Quand on en est aux broches, ce n'est plus rien; il suffit de voir toutes les pièces des métiers pour comprendre que cela doit bien marcher forcément.

615. *D*. Quelle est la vitesse de vos broches? Cette vitesse est-elle une condition essentielle de la bonté d'une machine? — *R*. Les broches de nos métiers peuvent marcher à 1,800 tours par minute pour les gros numéros, et à 2,500 et 3,000 pour les numéros fins. La vitesse se mesure sur la qualité du lin qu'on emploie et la finesse qu'on veut lui donner.

La vitesse des broches est une des conditions principales d'un bon métier, parce qu'avec une grande vitesse le fil se travaille comme il convient; mais pour qu'il y ait certitude de bénéfice il faut de la précision, non-seulement dans le métier, mais aussi dans les préparations, qui sont toujours les premières conditions pour obtenir un fil régulier, beau et fort.

616. *D*. On nous avait dit, et il résulte de ce que vous venez d'exposer, qu'il faut une extrême précision dans les machines? — *R*. Sans doute; mais cette précision s'obtient par des pièces bien faites, et nous les faisons au moins aussi bien que les Anglais, et, s'il faut dire toute la vérité, mieux que les Anglais. Voici le motif qui me guide en cette occasion: c'est que les Anglais sont au courant de la filature, et qu'avec une machine médiocrement bonne ils marchent convenablement. Moi, j'ai senti la nécessité de suppléer au peu d'habitude que les filateurs français ont des mécaniques de ce genre, par la perfection même de ces machines. On peut dire, avec assurance, que nous commençons la filature du lin avec de meilleurs métiers qu'en Angleterre.

617. *D.* Avez-vous maintenant des ordres à satisfaire? — *R.* J'en ai dans ce moment pour 900,000 francs. M. Decoster.

618. *D.* Consentez-vous à ce que l'on copie les machines que vous livrez? — *R.* Oui et non : oui, si l'acheteur qui veut construire lui-même s'entend avec moi et m'assure une prime sur tout ce qu'il construira : autrement, non; car alors je serais sa dupe. Mais cette condition est transitoire : je m'en départirai lorsque je serai rentré dans les frais d'achat des machines modèles de premier établissement. Des filateurs d'Alsace ont voulu traiter avec moi, mais sans aucune réserve : je les ai engagés à aller eux-mêmes en Angleterre; ce qu'ils ont fait, et nous nous sommes quittés bons amis.

619. *D.* Ces machines sont-elles donc si compliquées qu'elles ne puissent devenir promptement d'une fabrication aussi commune que celle des métiers à coton, et que la moulerie en fonte? — *R.* C'est précisément parce qu'elles sont simples que je me mets en mesure de mener de front l'intérêt général et l'intérêt particulier; car, si je livrais une série de machines de 15,000 à 20,000 fr. à l'un et à l'autre, il y aurait bientôt autant de constructeurs que de fileurs, bien que les métiers construits par quelques-uns d'entr'eux ne remplissent pas toutes les conditions voulues, et qu'ils revinssent peut-être plus cher que sortant des ateliers de constructeurs spéciaux.

620. *D.* Quel est en Angleterre le prix de chacune des parties qui composent l'attirail d'une filature, et des préparations à la mécanique pour 600 broches? — *R.* Le voici :

6	machines à peigner, de Peters, 800 francs; ou		
5	cylindres Marshall, au même prix		4,000f
1	table à étaler (70 liv. st.)		1,785
1	deuxième étirage à 2 têtes, 4 rubans; la tête	1,173	2,346
1	troisième étirage à 2 têtes, 4 rubans; la tête	1,173	2,346
1	banc à broches, de 12 broches		3,978
600	broches		18,360
	TOTAL		32,815

M. Decoster. Avec cet appareil (système à l'eau chaude) on peut faire 225 livres environ de fil numéro 30 anglais, dans une journée de dix heures de travail.

621. *D.* A quel taux ces mêmes objets peuvent-ils être fabriqués par vous ? — *R.* Prix des machines, chez moi, pour faire le même travail :

1	machine à peigner	3,500f
1	table à étaler	2,000
2	deuxièmes étirages à 1 tête	3,000
2	troisièmes *id.*, à 1 tête	3,000
3	bancs à broches, de 4 broches	6,000
600	broches	24,000
	TOTAL	41,500

Nous établissons, sur nos bancs à broches, 1 tête par 2 broches pour un de nos systèmes, et 1 tête par 4 broches pour l'autre, ce qui multiplie les mouvements et augmente le prix; tandis que, chez certains constructeurs anglais, 1 tête ou un seul mouvement fait marcher 8, 12 et 16 broches. Ce système a un inconvénient, c'est que, quand il y a quelques réparations à faire au banc à broches, soit pour bris, nettoyage, etc., il faut que les 8, 12 ou 16 broches arrêtent; au lieu qu'en établissant les mouvements de 2 ou 4 broches, si l'une est forcée d'arrêter, les autres peuvent toujours marcher, et la perte du temps se fait moins sentir. C'est ce qu'il importe de rechercher pour la France, où il faut commencer avec un matériel tout neuf et complet, qui doit fonctionner dans son entier; car, le moindre temps d'arrêt paralyserait toutes les autres machines; ce qui n'a pas lieu en Angleterre, où chaque fabrique a un matériel plus considérable que ne peut l'être celui des établissements qui se forment ici de toutes pièces. J'établis aussi, par ces mêmes motifs, des étirages de 1 tête, de 2 rubans. Ce que mes machines simples coûtent de plus est bien vite récupéré par l'avantage qu'elles présentent. Au reste, on a commencé comme cela en Angleterre; aujourd'hui même les bons fileurs n'emploient pas d'autres systèmes. M. Decoster.

622. *D.* Ainsi, il n'y aurait, entre vos prix et ceux des mécaniciens anglais, qu'une différence de 20 p. 0/0 en plus? — *R.* Pour le moment, mes prix dépassent de plus de 20 p. 0/0 ceux des Anglais, parce qu'il faut encore que je fasse venir certains petits articles de préparation, que le défaut de place m'empêche de confectionner, et à cause de la complication du mouvement que j'adopte dans mes préparations. Il faut, en outre, les monter, faire des frais de déplacement, et perdre du temps pour mettre en activité les machines sortant de mes ateliers. Mais, lorsque j'aurai formé quelques sujets capables, au courant de cette besogne, et que je n'aurai plus, comme les constructeurs anglais, qu'à soigner la construction, je réduirai la différence en plus, 20 p. 0/0 à zéro. Je le pourrai, quoique en France, la fonte, le fer, l'acier, le charbon soient plus chers, parce que mes ateliers seront montés pour ce genre de fabrication d'une manière plus spéciale que ceux qui existent en Angleterre même. Ce que je promets, je ne l'ajourne pas beaucoup : c'est dans cinq mois que je serai à même de le réaliser.

623. *D.* Vous n'avez, par conséquent, aucune augmentation de tarif à demander sur les machines, puisqu'au prix d'achat, en Angleterre, il faut ajouter,

1° Tous les frais d'emballage, de fret, de transport, et de commission;

2° Une prime d'assurance pour sortir les machines en contrebande, laquelle est dit-on, de 72 à 75 p. 0/0;

3° Enfin, le droit de douane pour l'entrée en France, qui est de 15 p. 0/0 de la valeur, sans le décime? — *R.* Je ne me suis jamais occupé du droit mis ou à mettre; quand j'ai commencé cette indus-

M. Decoster. trie, j'ai basé mes calculs de fabrication sur les moyens que je pouvais avoir de faire des outils pour établir toutes mes pièces avec l'économie et la précision voulues, et de façon à marcher sans redouter la concurrence dans le présent ni dans l'avenir. Cependant, si la prohibition des machines à filer était levée à la sortie d'Angleterre, nos 15 p. 0/0 de droit ne suffiraient plus à cause du prix des matières premières en France; mais, tant qu'il faudra, de l'autre côté, recourir à la fraude, nos droits actuels seront plus que suffisants.

SÉANCE DU VENDREDI 29 JUIN 1838.

624. *D.* Faites-vous le commerce des toiles? — *R.* Je l'ai fait pendant vingt-cinq ou trente ans; j'en suis retiré; mais c'est comme connaissant ce commerce que je suis délégué pour vous donner des renseignements sur la fabrique de toiles dont Vimoutiers est le centre.

M. Auberville, ancien député, président du tribunal de commerce de Vimoutiers.

625. *D.* D'où la fabrique de Vimoutiers tire-t-elle le lin qu'elle emploie? — *R.* Les deux tiers, du département du Nord et de la Belgique : l'autre tiers, du département de l'Eure. La masse du lin employé était de 600,000 à 700,000 balles, qui se filaient dans notre département et dans le département du Calvados pour notre compte.

626. *D.* On ne cultive donc pas le lin dans votre département? — *R.* On en cultive fort peu. Ce n'est pas que la terre y soit impropre; mais jusqu'ici les pâturages ont semblé donner plus de profit. Nous avons cherché à encourager la culture du lin, et le comice agricole d'Argentan avait même donné des primes à cet effet; nous obtenions déjà de bons résultats, lorsqu'est survenue l'importation des fils étrangers. A partir de cette année, personne ne veut plus risquer de semence; car nous savons que, dans le département de l'Eure même, la récolte de l'année dernière n'a pas trouvé son entier écoulement.

627. *D.* La filature du lin s'opère-t-elle chez vous en fabrique? — *R.* Non, c'est par des fileuses à la main, par des femmes de campagne qui travaillent isolément dans les fermes et dans les heures perdues; le nombre peut en être porté à 25,000 ou 26,000 pour l'alimentation de la fabrique de Vimoutiers. Le travail de ces fileuses suffisait : nous ne tirions rien du dehors; mais à présent le fil anglais se voit partout.

M. Aubervilie. Puisque je viens de vous donner le nombre des fileuses, il est à propos que je vous indique aussi le nombre des autres ouvriers que fait vivre l'industrie de la toile dans cent vingt communes aux environs de Vimoutiers, dont chacune prend une part quelconque dans l'approvisionnement de notre halle. Les cantons de Vimoutiers, Gacé et Trun (Orne) n'ont pour ainsi dire pas d'autre industrie.

Peigneurs de lin	152
Fileuses	26,700
Tisserands	6,400
Fabricants	236
Blanchisseuses de fil	15
Ouvriers occupés à la manutention des fils et au blanchiment des toiles	450
TOTAL	33,993

Ce sont donc 33,000 individus, sur une population de 443,688, qui sont menacés de perdre leurs moyens d'existence.

628. *D.* Ces fileuses achètent-t-elles le fil, ou le reçoivent-elles à façon? — *R.* Le plus grand nombre achète la filasse et la revend en fil; le reste reçoit la matière à filer, à tant la livre.

629. *D.* Combien payait-on autrefois et combien paye-t-on maintenant pour la façon d'une livre de fil de finesse moyenne? — *R.* Une bonne fileuse recevait, il y a deux ans encore, 30 sous par livre; elle obtiendrait difficilement aujourd'hui la moitié de ce prix; et, comme il lui faut une semaine pour filer une livre, vous pouvez juger combien le prix de sa journée est misérable.

630. *D.* La toile ne se fabrique pas non plus en atelier? — *R.* Non. Chaque ouvrier travaille dans sa maison, au milieu de sa famille; il est rare de voir réunis trois ou quatre métiers sous le même toit : c'est une fabrique de ménage. Le fil employé par les tisserands est aussi acheté par les uns avec le petit capital dont ils peuvent faire

l'avance, et reçu par les autres des marchands qui les payent à tant la pièce. M. Auberville.

631. *D.* Cette main-d'œuvre est-elle en hausse ou en baisse? — *R.* Elle est en baisse depuis cinq à six ans; mais elle a repris un peu de faveur depuis que l'on emploie des fils mécaniques.

Ainsi on a vendu en 1837 une quantité assez considérable de toiles cretonnes, et les cinq premiers mois de cette année annoncent encore un accroissement considérable.

La fabrique a profité, depuis dix ans, de la prospérité résultant de l'état de paix : elle serait maintenant dans un état très-heureux, sans l'introduction des fils et des toiles d'Angleterre; car, remarquez-le bien, je parle toujours de la quantité des toiles produites et vendues, et non pas de leur prix qui suit une marche inverse.

Il ne sera peut-être pas sans intérêt que je vous remette le tableau détaillé des 24,100 pièces de toiles cretonnes de 80 aunes qui ont été livrées au commerce dans l'année dernière :

NOMBRE DE PIÈCES DE TOILE de 8 aunes chacune.	COMPTES.	NOMBRE DE PIÈCES DE TOILE de 8 aunes chacune.	LARGEUR.
800	24	3,280	2/3
1,500	26	"	"
3,000	28	2,560	3/4
9,000	30	"	"
6,000	32	6,050	7/8
2,500	34	11,200	4/4
1,000	36	"	"
200	38	870	5/4
100	40	200	6/4
24,100		24,100	

632. *D.* Vous reconnaissez bien que la filature à la main doit disparaître entièrement? — *R.* Oui : mais pas d'une manière instantanée; car nos fileuses lutteront encore long temps contre la filature à la mécanique ; elles aimeront mieux gagner trois sous par jour que de n'avoir rien à faire; et, si, avec le préjugé qui fait croire que le fil à

M. Auberville. la main est plus durable, nous avions une protection bien calculée, cela donnerait à tout le monde le temps de se retourner vers une autre industrie.

633. *D.* Cette autre industrie ne doit-elle pas être la filature à la mécanique, qui emploie beaucoup d'ouvriers? — *R.* Nous avons bien songé à la révolution qui devait s'opérer dans l'industrie du lin, et à la nécessité d'avoir des filatures mécaniques : mais les Anglais ont pris les devants; ils ont une somme d'avantages que nous ne pouvons pas espérer compenser par nos faibles et rares capitaux.

La difficulté est de commencer, et je vous assure qu'elle est grande; car nous sommes des ouvriers agricoles, et nous ne pouvons pas tout à coup changer de nature pour devenir spéculateurs.

634. *D.* Mais, en attendant que vous puissiez fabriquer le fil à la mécanique, vous avez du moins l'avantage de tisser beaucoup avec ce même fil? — *R.* Je viens de vous dire que nous avions eu un petit moment de prospérité, et j'ajoute que nous vendons encore nos toiles 10 p. 0/0 plus cher que les toiles anglaises, à cause de leur réputation qu'elles conservent : mais nous ne nous laissons pas éblouir par ce petit coup de soleil. Les Anglais attirent nos ouvriers : ils ont fait prendre des types chez nous ; ils parviendront, n'en doutez pas, à les imiter parfaitement ; et je suis convaincu que, dans peu, l'irruption des toiles ne sera pas moindre que celle des fils ; le dommage que nous en éprouverons sera immense. On nous assure d'ailleurs que les Anglais n'expédient pour la France que leurs plus mauvais fils, des fils d'essai, des fonds de magasin, avec lesquels nous devons fabriquer de mauvaises marchandises qui ne pourront soutenir la concurrence des bonnes toiles qu'ils auront faites avec les fils de bonne fabrication.

635. *D.* Cela est peu probable; car celui qui achète sait bien se faire livrer la marchandise afférente au prix qu'il donne; et, pour que le calcul dont vous parlez pût avoir lieu, il faudrait que tous les filateurs

anglais fussent en même temps tisserands, et ne vendissent que le fil excédant leurs propres besoins? — *R.* Toujours est-il que nous ne voyons pas en France leurs meilleures qualités, et que, si M. Feray pouvait suffire à toutes les demandes, il aurait la préférence, même à prix plus qu'égal. Au reste, vous n'ignorez pas que les plus forts filateurs anglais joignent actuellement le tissage à leur industrie principale. M. Auberville.

636. *D.* Savez-vous comment et à quelles conditions s'opère le tissage en Angleterre? — *R.* Non : je sais seulement qu'il s'en fait une partie à la main et une partie à la mécanique. Mais je ne doute pas que ce dernier mode ne finisse par prévaloir tout à fait; car, après tout, il est beaucoup plus facile de tisser que de filer sans le secours de la main.

637. *D.* A quel taux entendez-vous que l'on devrait fixer la protection que vous jugez nécessaire? — *R.* Je ne suis pas à même de fixer le taux convenable des droits; mais je vous assure qu'on ne peut se tromper qu'en moins, et qu'il n'y a aucun mauvais résultat à craindre d'une protection qui assurerait à notre pays la filature et le tissage du lin; car je ne suis pas épris de la théorie d'une liberté de commerce illimitée; je la regarde comme une chimère, et je crois qu'il vaudra encore mieux acheter 20 francs, chez nous, le blé que l'étranger nous offrirait à 15 francs.

SÉANCE DU VENDREDI 29 JUIN 1838.

M. Boudin-Desvergers, négociant en toiles, à Lisieux.

638. *D.* Voulez-vous bien nous dire à quel titre vous vous intéressez à la question des lins ? — *R.* Comme marchand de toiles fréquentant la halle de Paris, et comme délégué de Lisieux.

639. *D.* Le département du Calvados produit-il du lin ?— *R.* Très-peu : c'est environ 1/7 seulement de ce qui est employé dans le département. Notre industrie s'alimente par des lins tirés du département de l'Eure : la quantité que nous en tirions était considérable avant l'invasion des fils anglais.

640. *D.* C'est donc à la filature que commence votre travail sur le lin ? — *R.* Oui ; le lin que nous tirons du département de l'Eure se répartit entre nos fileuses de la campagne, dont chacune achète ce qu'elle peut faire dans la semaine, et revend au marché suivant. Celui importé de l'Eure est repris en partie par des fileuses de la limite de ce même département, qui viennent sur notre propre marché revendre le fil.

641. *D.* Avez-vous une appréciation de la quantité de lin mise en œuvre dans votre département ? — *R.* Non.

642. *D.* Cette appréciation ne pourrait-elle pas résulter du nombre de fileuses et du produit moyen de leur travail ? — *R.* L'opinion commune de notre pays est que nous avons au moins 20,000 fileuses. Leur travail est singulièrement variable en produit, parce qu'il se mêle à celui de la campagne, et qu'il y a de bonnes et de mauvaises ouvrières. Mais, en général, on peut admettre que, dans les cinq jours de travail que représente la semaine, déduction faite des courses au marché, etc., chaque fileuse produit une livre de fil de finesse moyenne. Ainsi, c'est à peu près 50 livres par an, et pour le tout, 1,000,000 de kilogrammes.

643. *D.* Le tissage est, à ce qu'il paraît, ce qui vous importe le plus spécialement; s'opère-t-il dans des ateliers, ou à quelles autres conditions? — *R.* Il n'y a pas d'ateliers formant des fabriques proprement dites; la toile se fait par des tisserands disséminés dans la campagne, en moyenne partie dans le département du Calvados, et le reste dans le département de l'Eure. Quelques-uns, que l'on peut regarder comme chefs d'ateliers, ont jusqu'à 30 ou 40 métiers battants, mais qui sont aussi isolés. M. Boudin-Devergers.

644. D. Ces tisserands reçoivent-ils le fil des commissionnaires, ou l'achètent-ils pour revendre la toile? — *R.* Les tisserands, qui sont en quelque sorte en sous ordre sous les chefs d'atelier dont je viens de parler, reçoivent le fil à façon et sont payés à la pièce. Tous les tisserands isolés viennent à Lisieux acheter leurs fils, puis revendent leurs produits, avec plus ou moins de profit, suivant le cours.

645. *D.* Savez-vous ce que l'on paye pour la façon d'une pièce de toile? — *R.* Pour une toile 2/3 de large, de 184 fils en chaîne, soit 46 portées de 40 fils, et aunant 80 aunes, on paye aujourd'hui 22 francs 95 centimes: en 1836, on payait 7 à 8 francs de plus.

Pour les toiles de 2,320 fils en chaîne, même aunage et même largeur, on paye 37 francs: en 1836, on aurait payé 46 francs.

Pour les toiles de 2,840 fils en chaîne, on paye aujourd'hui 55 fr. au lieu de 65 francs.

646. *D.* Quel était l'état de la filature et du tissage, il y a dix-huit mois, dans le département du Calvados, et à Lisieux particulièrement? — *R.* Jusqu'à la fin de 1836, la filature et le tissage s'étaient soutenus, dans le département du Calvados, avec des chances diverses; mais, à cette époque, nous avons commencé à sentir la concurrence des fils mécaniques d'Angleterre. Nous ne voulions pas d'abord en faire usage; mais ils ont fini par prendre la place des nôtres, et nous avons eu la main forcée par leur bas prix. Dès lors toutes les conditions de l'industrie se sont trouvées changées. Le travail des

M. Boudin-Desvergers. fileuses n'a plus eu de valeur, et celui des tisserands n'a pas été moins affecté, parce qu'au même moment sont venues les toiles anglaises, qui nous ont fait dire par tous les marchands de Paris : Nous ne voulons plus des vôtres. C'était un cri général à la fin de 1837.

647. *D.* Quelle est donc la différence que vous croyez exister entre le prix du fil à la main, de votre département, et celui du fil à la mécanique importé d'Angleterre ? — *R.* Je ne puis pas établir ce rapprochement, puisque j'ignore à combien revient le fil mécanique aux fabriques d'Angleterre; mais ce que je sais bien, c'est que, pour vendre encore, nos fileuses doivent travailler pour rien, et qu'en général la baisse des toiles faites avec leurs fils est de 25 p. 0/0.

648. *D.* Cependant on file encore à la main ?—*R.* Oui, comme je viens de le dire ; mais à zéro. Les fileuses ne connaissent pas d'autre manière d'employer leur temps, et elles croient toujours pouvoir regagner ce qu'elles ont perdu; car elles ne peuvent pas imaginer qu'une machine fasse ce qu'elles font, ni qu'il soit possible que le travail qui leur a été légué soit anéanti.

649. *D.* Quel était antérieurement le taux que l'on considérait comme un bon salaire pour la journée d'une fileuse? — *R.* De 7 à 8 sous, suivant son habileté.

650. *D.* La toile faite avec les fils mécaniques est-elle d'une qualité supérieure ? — *R.* Je serais d'abord tenté de le croire, à cause de l'homogénéité des fils, qui ne se rencontre pas dans les fils faits à la main, et qui rend le travail plus égal; ce doit être là une condition de durée. Cependant l'expérience n'a pas encore décidé à cet égard.

651. *D.* Ce travail plus égal est aussi plus facile. Est-ce que la plus grande quantité de toiles produites par le tisserand, dans un temps donné, ne l'indemnise pas et au delà du dommage que peut lui faire éprouver l'importation des toiles étrangères ? — *R.* J'entends dire aux

tisserands qu'ils y trouvent une petite douceur, mais elle n'a pas été appréciée en argent; l'ouvrier aime mieux le bon fil mécanique: voilà ce qu'il y a de certain.

M. Bordin-Devergers.

652. *D.* Nous venons de parler du tissage à la main fait avec du fil mécanique; mais, s'il s'agissait de toiles non-seulement composées avec des fils mécaniques, mais aussi tissées à la mécanique, diriez-vous qu'elle est aussi bonne que celle que l'on fait dans le Calvados? — *R.* J'ai bien peur d'avoir incessamment à répondre: oui. Quant à présent, soit préjugé, soit vanité, je tiens que les nôtres sont supérieures.

653. *D.* En quoi faites-vous consister cette qualité supérieure? — *R.* Notre mode de tissage donne à la toile un grain plus carré que celui de tous autres pays; et de là résulte ce que j'appellerai un cachet qui la distingue. Cela tient, sans doute, à quelque chose qui nous est particulier dans le travail, mais qu'on nous aura bientôt dérobé, comme, par exemple, au placement des métiers, à la manière de les faire *cuver* et de les laisser remonter la chaîne. Quant à présent, j'estime qu'il y a, en raison du mode de fabrication, une différence en notre faveur de 8 à 10 p. 0/0. Aussi ne se fait-on pas scrupule dans le commerce de mettre le cachet de Cretonne à des toiles étrangères, en attendant qu'on ait mis les Anglais en mesure de nous supplanter tout à fait; car je dois vous affirmer qu'on leur a expédié d'ici des échantillons de nos toiles, pour qu'ils eussent à les imiter, comme ils imitent déjà les toiles de chanvre, en employant des fils de lin auxquels ils donnent une couleur jaune.

654. *D.* En ce moment, la fabrique de Lisieux a-t-elle de la demande? — *R.* A la fin de 1837, la demande avait pour ainsi dire cessé, et le découragement était très-grand chez nous, et toutefois on travaillait encore par la raison que je vous ai dite. En dernier lieu, c'est-à-dire pendant les mois de mars, avril et mai, la vente s'est ranimée comme il arrive chaque année: elle a peut-être été un peu plus active

M. Houdin-Desvergers. à cause du bas prix et du peu d'importance des approvisionnements, la fabrication s'étant ralentie en 1837; mais il y a déclin dès aujourd'hui, et les prix sont encore baissés. C'est de quoi vous pourrez avoir la preuve en consultant le registre de la halle de Paris.

655. *D.* La vente, sur les autres points du royaume, suit-elle le même cours? — *R.* La réduction en quantité et en prix y est plus sensible encore.

656. *D.* Quel remède jugez-vous que l'on puisse appliquer au mal que vous signalez? — *R.* Je crois qu'il faudrait combler par le tarif des douanes la différence qui existe entre le prix des fils et des toiles d'Angleterre et le prix des nôtres, car autrement je ne vois pas qu'il soit possible de cultiver du lin en France, puisque le fil et la toile que nous recevons se font avec des lins de Russie.

657. *D.* Ainsi c'est particulièrement dans l'intérêt de l'agriculture que vous désirez un changement de tarif, car vous reconnaissez bien que la filature à la main ne peut plus être soutenue? — *R.* Je pense en effet qu'il n'y a guère moyen de la sauver, et c'est très-malheureux, puisqu'elle nourissait une grande partie de notre population; mais je ne crois pas qu'elle doive disparaître tout d'un coup, et je voudrais qu'elle pût se soutenir jusqu'à ce que nous ayons nous-mêmes, d'après le nouveau système, des établissements où toutes nos fileuses pourraient trouver du travail. C'est ce que nous appelons de tous nos vœux.

658. *D.* Ces établissements, pourquoi n'avez-vous pas encore songé à les créer? — *R.* Nous y avons bien songé : mais ce n'est pas avec des capitaux comme les nôtres que l'on peut se hasarder à lutter contre la puissance des manufacturiers anglais. Quelques tentatives, qui ont été faites près de nous, ne nous ont pas encouragés. Je pourrais citer trois ou quatre établissements, dans les maisons de Lisieux, qui ont mal réussi; mais je ne puis pas dire s'ils étaient montés d'après le nouveau système. N'a-t-on pas d'ailleurs à craindre, en calculant sur

les prix les plus bas, que les Anglais ne réduisent encore les leurs, dussent-ils y perdre, afin de ruiner tous nos essais? M. Boudin-Devergers.

Aujourd'hui tout est en souffrance; les fileuses à la main qu'on ne veut plus soutenir, les nouvelles fabriques qui ne peuvent pas, de prime-abord, lutter avec celles qui prospèrent depuis longtemps chez nos voisins, et l'agriculture qui trouve ses produits remplacés par du lin qui arrive tout filé de l'étranger. Aussi les lins ont-ils subi une baisse de 45 p. 0/0 dans le département de l'Eure. C'est donc bien par un tarif sur les fils que l'on peut protéger l'agriculture; car les fabriques anglaises perdront toujours plus en lin de Russie, et moins en lins de nos pays.

659. *D.* Et la différence des prix que vous voudriez combler par le tarif des douanes, comment pensez-vous l'établir? — *R.* Je vous ai déjà dit que je ne pouvais pas fixer le prix des fils anglais, et par conséquent je ne puis pas poser la base des calculs : mais, lorsqu'elle sera trouvée, il faudra, et c'est ce que j'ai particulièrement mission de vous dire, que le tarif des toiles soit fixé au double de celui du fil.

Jusqu'ici on n'a été frappé particulièrement que de la très-grande importation des fils mécaniques, et de la révolution qu'elle a produite; mais j'ai, ainsi que mes commettants, l'intime conviction qu'avant six mois les mêmes résultats se produiront à l'égard des toiles, et on se préoccupe beaucoup, dans notre département, de la crainte que vous pourriez ne pas défendre aussi efficacement l'industrie du tissage que celle de la filature.

660. *D.* Vous demandez que le tarif des toiles soit double de celui des fils, ce qui suppose qu'il y a une relation certaine entre le numéro des uns et des autres; pouvez-vous nous la faire connaître et nous dire, par exemple, à quels fils du numérotage anglais répondent exactement les toiles :

De moins de 8 fils? — de 8 fils? — de 9, 10 et 11? — de 12 fils? — de 13, 14 et 15? — de 16? — de 17? — de 18 et 19? — de

M. Boudin-Devergers. 207? — de 21 et au-dessus. — *R.* Je ne puis pas sur-le-champ répondre à une pareille question : mais je me réserve de vous remettre un tableau (voir à la fin de la déposition), qui comprendra tous les numéros de fils et de toiles qui se rapportent à notre fabrication, laquelle ne commence qu'à 13 fils.

661. *D.* Quel est le taux de la baisse sur les toiles? — *R.* Je vais vous l'établir pour les trois catégories que je vous ai déjà indiquées, en parlant du salaire des tisserands : la toile de 2/3 de large de 1,840 fils en chaîne, soit 46 portées de 40 fils et aunant 80 aunes, et qui valait en 1836 2 fr. 30 cent. l'aune, ne vaut plus aujourd'hui que 1 fr. 69 cent.

Les toiles de 2,320 fils en chaîne, même aunage et même largeur, qui valaient en 1836 2 francs 80 centimes, ne valent plus aujourd'hui que 2 francs 25 centimes.

Les toiles de 2,840 fils en chaîne, même aunage et même largeur, qui valaient en 1836, 3 fr. 75 cent., ne valent plus aujourd'hui que 3 fr. 25 cent.

662. *D.* Mais vous avez un autre exemple plus encourageant, c'est celui de M. Feray? — *R.* M. Feray réussit effectivement à faire de très-beaux produits; nos tisserands citent ses fils comme le type de la perfection; il travaille au désir; mais croyez-vous que ce soit la filature du lin qui lui fasse gagner de l'argent? Il a plus d'une corde à son arc; c'est, je crois, par la fabrication du linge damassé, qu'il donne de la valeur au fil de lin, outre que ses autres industries peuvent lui donner le moyen de satisfaire l'esprit national qui le porte à créer la nouvelle filature.

663. *D.* Cette dernière considération n'est guère admissible; car personne ne peut fabriquer à perte? — *R.* Cela ne change pas mon idée; car, si ce n'est à perte, on peut du moins vendre sans profit pour un temps et sur certains points.

Ainsi je sais que M. Marshall, de Leeds, a donné ordre de mettre toujours ses fils au-dessous du cours de M. Feray, partout où celui-ci voudrait vendre. C'est ce que font les grandes messageries sur certaines routes. M. Boudin-Devergers.

TABLEAU du rapport des numéros des fils anglais à ceux des toiles cretonne.

NUMÉROS DES TOILES ou nombre des fils au 1/4 de pouce.	NUMÉROS DE FILS ANGLAIS EN CHAÎNE.	NUMÉROS DE FILS ANGLAIS EN TRAME.	POIDS DU FIL qui sert à fabriquer ces mêmes numéros.	POIDS DE LA TOILE fabriquée avec ces fils, ayant 2/3 de large par 100^m, 20^c de long.
13, 14 et 15	18 et 20	28 et 30	28^k 1/2	29^k 1/2
16	25	35	27	28
17	28	40	24 1/2	25 1/2
18 et 19	30	50	22	23 1/2
20 et 21	40	65	19 1/2	20
22	45	75	18	18 1/2
24	55	80	17 1/2	18
26	60	100	16	16 1/2

SÉANCE DU MARDI 3 JUILLET 1838.

M. Moret, juge de paix à Moy, arrondissement de Saint-Quentin, membre du conseil général du département de l'Aisne.

664. *D.* A quel titre vous occupez-vous de l'industrie des lins? — *R.* Je pense avoir été appelé pour vous donner quelques renseignements sur la culture du lin et sur la filature à la mécanique dont je me suis occupé depuis 1835.

665. *D.* Quelles sont vos données sur la culture du lin en général et en particulier sur la culture des localités qui vous concernent? — *R.* La culture des chanvres et des lins en France emploie annuellement, selon M. Deffite, 170,000 hectares de terre; 120,000 en chanvre et 50,000 en lin. Mais je porte cette culture à 180,000 hectares, en y comprenant les petites cultures que les statistiques négligent; et ce chiffre n'a rien d'exagéré. Or, voici la somme de travaux agricoles que cette culture nous ménage : ces travaux sont à peu près les mêmes pour ces deux sortes de plantes. On ne sarcle pas les chanvres; mais il faut cueillir les tiges femelles. La préparation, le rouissage et la manutention sont semblables, et la dépense est égale à peu de chose près.

Ces travaux coûtent, et, par conséquent, font gagner, terme moyen, 640 francs par hectare, ce qui, pour 180,000 hectares, fait 115,200,000 francs.

Leurs produits en matière récoltée sont de deux sortes. D'abord la plante textile; si c'est du lin, on a par hectare 950 francs; si c'est du chanvre, 750; soit, en moyenne réduite, 800 francs par hectare, et pour le tout 144,000,000 francs. Ensuite la graine : 10 hectolitres de graine de lin par hectare, qui, à 10 francs, donnent 200 francs; pour le chanvre, 150 francs. Ainsi, la moyenne des deux produits est de 175 francs par hectare, et, en tout, de 31,800,000 francs.

Je maintiens que l'industrie, par la filature et le tissage, triple la valeur de ces matières, qui procurent ainsi environ 300,000,000 fr.

de main-d'œuvre, outre les 115,000,000 fr. de travaux agricoles. Si, à ce total de 415,000,000 fr. on ajoute les 175,800,000 fr. de matières produites, on arrive au chiffre énorme de 590,900,000 fr. pour la seule industrie des chanvres et des lins ; et encore je néglige la toile de ménage et les tissus divers qui se fabriquent dans les campagnes et dans les fermes, et dont la valeur peut bien être évaluée à 1/6 en sus. M. Morel.

666. *D.* Cette grande industrie est-elle en souffrance? — *R.* Oui ; elle languit, depuis vingt ans, à côté de l'industrie cotonnière qui s'est considérablement accrue. De 800,000 livres de coton qu'elle employait sous l'empire, elle est montée à 80,000,000 livres, c'est-à-dire au centuple. Le coton s'est emparé de tous les genres de tissus, depuis la dentelle jusqu'à la toile à voiles. On fait, avec du coton, pour 3 fr. 50 cent., de gros linons pour modes qu'on ne peut établir en lin qu'à 9 ou 10 fr. Saint-Quentin faisait de 250,00,000 à 30,000,000 pièces de ce linon. Enfin, le coton s'est étendu à tous les emplois qui autrefois réclamaient le fil de lin. Cela devait être, puisqu'on substituait une matière qui, dans l'Inde, vaut 3 sous la livre, et qui se filait à la mécanique, à une matière qui vaut chez nous 20 sous la livre, et que l'on filait à la quenouille. Où était le moyen de lutter? Si la fabrication du lin et du chanvre avait pu suivre le progrès des autres industries, elle n'aurait pas seulement enrichi les manufacturiers: elle aurait aussi répandu l'aisance parmi les laboureurs, car la culture s'en serait ressentie.

667. *D.* Quelles raisons avez-vous de croire exacts les chiffres que vous venez d'énoncer? — *R.* Je les puise dans des inductions que je crois certaines, d'après les faits que j'ai moi-même observés dans les lieux que j'habite, et dont je garantis l'exactitude. Ainsi, quinze communes des vallées de l'Oise et de la Serre, au confluent de ces deux rivières, se livrent à peu près exclusivement à la culture du chanvre et du lin; elles y affectent 2,500 hectares de terre, qu'elles vont chercher dans un rayon de huit à dix lieues, dans les environs de

M. Moret.

Noyon, Chauny, et jusque vers Compiègne, parce que les mêmes terres ne peuvent pas toujours porter les mêmes plantes.

Leur population est de 16,000 à 17,000 habitants, parmi lesquels on compte 600 chefs *liniers* ou *chanvriers*, qui, en moyenne, récoltent chacun 1,500 gerbes ou bottes qui, sèches, après le rouissage, pèsent chacune environ 18 livres, donnant ensemble 900,000 bottes, qui, après le teillage, ne donnent plus que 3 livres par botte.

Vous voyez qu'en appliquant aux 2,500 hectares cultivés en lin et en chanvre, par les communes dont il s'agit, le produit moyen de 640 francs que j'ai indiqué tout à l'heure, nous arrivons à la somme de 1,600,000 francs dont les 6/10 sont exclusivement applicables à la main-d'œuvre. Vous l'entendez; c'est 960,000 francs qui arrivent à la classe pauvre, et cela d'une manière inaperçue et sur un coin du département de l'Aisne qui n'équivaut pas à un canton. Eh bien! cette industrie est menacée de ruine; car, avec la législation qui nous régit et le système qui subordonne tout au bon marché, on fait venir de la Hollande et de la Russie du lin, comme on fait venir du coton de l'Inde et de l'Égypte, comme on fait venir du fil d'Angleterre, et de la toile de Belgique et d'Angleterre. Mais le cultivateur ne peut pas recourir aux importations. C'est le sol de la France qui est son élément de travail et ce n'est pas sa faute si la valeur du sol est forcée par des impôts et des charges de toute nature, et si d'autres peuples se trouvent placés dans des conditions plus favorables. Si l'on frappe toujours l'agriculture comme on l'a fait par le monopole des tabacs, par la loi des sucres, et comme on semble vouloir le faire encore en supprimant la vaine pâture; si par là on la prive de ses moyens d'engrais et de la culture des plantes sarclées, si utiles et si précieuses pour l'exploitation des jachères, que deviendra-t-elle? Que deviendra la masse d'ouvriers qu'elle fait vivre? Car, tout en continuant à cultiver la terre, elle n'aura plus besoin de la multitude de bras qu'exige le genre de culture dont nous venons de parler. Vous n'ignorez pas la grande différence qu'il y a, sous le rapport du travail, entre un champ ensemencé en plantes textiles et un champ ensemencé en plantes fourragères, entre le lin et le trèfle. M. Moret.

668. *D.* Voulez-vous nous donner le détail des frais de culture et de main-d'œuvre que vous faites ressortir à 640 fr. 50 cent. par hectare? — *R.* Le voici :

Location de la terre : terme moyen, par hectare...	275f 00c
Culture, charroi de la récolte compris..........	60 00
Sarclage et semailles....................	25 00
Arrachement et mise en chaîne..............	30 00
Battage de la graine......................	15 00
Bottelage à deux liens, pour la mise au *routoir*, et manutention dans l'eau, pendant le rouissage..	25 00
Étendage et manutention sur le pré, à la sortie du routoir................................	25 00
Charrois pour les opérations et menus frais.....	28 00
Tillage pour séparer la soie sur une moyenne de 450 gerbes par hectare, à raison de 35 centimes de façon par botte........................	157 50
TOTAL...............	640 50

669. *D.* Le prix du lin est-il en baisse? — *R.* On n'en vend pas.

670. *D.* Est-ce parce que les détenteurs veulent au contraire obtenir une forte augmentation? — *R.* Non; c'est faute de demandes que l'on ne vend pas; c'est malgré la baisse que l'on consent à subir. Nous avons deux récoltes accumulées dans les greniers; il y a engorgement. Nos bons paysans, qui souffrent sans pouvoir deviner la cause de leurs maux, sont dans une affreuse misère.

671. *D.* Mais vous-même à quoi attribuez-vous la mévente des lins? — *R.* A l'importation des lins de Russie et de Hollande, qui nous arrivent convertis en fil par les Anglais.

M. Moret. 672. *D.* Vous ne redouteriez pas l'importation directe du lin et du chanvre brut des pays du Nord? — *R.* En général, je pense que le transport des matières brutes, lorsqu'il faut les tirer de l'intérieur des terres, élève le prix de manière à rendre la concurrence de ces produits moins dangereuse; mais, lorsqu'ils se récoltent près du littoral ou qu'ils y arrivent par des fleuves ou des canaux, la question change; car les transports par mer sont peu coûteux. Or, dès qu'il n'y a pas surcharge de frais par le charroyage, il est certain que nous avons tout à craindre de la concurrence du lin et du chanvre de Russie, puisque dans ce pays la terre n'a pas la valeur qu'elle a chez nous. On peut même dire qu'elle n'a pas de valeur déterminée, que la main-d'œuvre y est moins chère, que les redevances sont insignifiantes auprès de nos charges. Cependant, le prix des denrées doit être partout en rapport avec le taux des charges.

673. *D.* Mais le lin n'est pas non plus importé en France sans conditions : il paye 5 fr. 50 cent. par 100 kilogrammes? — *R.* Ce n'est guère que 2 liards par livre. Sur 75 centimes, qui est le prix moyen d'une livre de lin teillé, cela ne fait pas 3 1/2 p. 0/0. Vous comprenez que cela ne suffira pas, tant que nous nous trouverons dans des circonstances aussi différentes que celles dont je viens de parler.

674. *D.* Est-ce que vous vous attendez à ce que les impôts soient réduits, ou à ce que la valeur de l'argent augmente? — *R.* Eh, non! Aussi je veux qu'on nous défende toujours, afin de conserver notre travail le plus essentiel. Je ne crains pas de paraître trop exigeant quand il s'agit de l'industrie agricole, dont l'importance est sentie par tout le monde. Faites-y bien attention, messieurs.

675. *D.* Voulez-vous maintenant nous parler de la filature que vous avez fondée près de Mouy, en 1825? — *R.* J'ai placé cet établissement sur un cours d'eau d'une très-grande puissance. Mes machines, confectionnées à Paris et à Lille, d'après l'ancien système

qui a peu changé quant au filage, mais qui n'embrassait pas les préparations dont on se sert maintenant, laissent le filament intact dans toute sa longueur, comme le filage à la main. Cela ne va pas à la plus grande finesse, mais cela conserve au lin toute sa force. Mes métiers continus étaient montés pour 1,000 broches, mais la moitié seulement a été employée. M. Moret.

676. *D.* Quels numéros produisez-vous? — *R.* Du numéro 1 à 10.

677. *D.* En quelle quantité? — *R.* De 200 à 250 livres par jour.

678. *D.* Quel emploi donnez-vous à vos produits? — *R.* Ils servent à tisser des toiles communes dont le principal emploi se trouve dans les sucreries de betteraves, pour sacs de presse et de filtrage. Elles y sont particulièrement propres à cause de leur forte qualité, qui les fait résister aux pressions les plus énergiques.

679. *D.* Quel est le prix de vos fils? — *R.* Le fil du numéro 4, que je produis en plus grande quantité, et que je retords, se vend 3 francs le kilogramme, à cause des deux mains-d'œuvre.

680. *D.* Le fil de ce numéro n'est-il pas produit avec des étoupes? — *R.* Non : je file, avec les étoupes produites dans mon établissement, des numéros encore plus gros.

681. *D.* Où se tisse la toile à sacs dont vous parlez? — *R.* Dans les villages qui environnent mon établissement. Cette toile est très-régulièrement faite, et ressemble assez à de la toile métallique. On paye 4 francs pour le tissage de 54 aunes en 17 et 20 pouces de large. C'est le seul emploi qui ne nous soit pas disputé par l'industrie cotonnière. Mais, si les sucreries de betteraves devaient cesser, ce serait encore une industrie perdue.

682. *D.* Existe-t-il d'autres établissements semblables aux vôtres

M. Moret. dans le département de l'Aisne? — *R.* Il s'en était élevé trois autres, l'un à Sery, l'autre à Moncornet, et l'autre à Saint-Quentin. Ils ont dû cesser de travailler, il y a déjà long temps ; celui de Saint-Quentin a été relevé et abandonné trois fois. Toute la filature se fait à la main.

683. *D.* Y a-t-il des ateliers de tissage? — *R.* Non : on tisse à la main dans tous les villages, et principalement dans ceux aux environs de Chauny.

684. *D.* N'emploie-t-on que du fil à la main? — *R.* Oui. Nous ne ressentons pas encore les effets de la concurrence anglaise, parce que nous ne faisons que de gros tissus de ménage, et des coutils pour l'armée : mais les dépôts de fils et de toiles anglaises qui existent à Lille ne peuvent manquer de déboucher sur nous. Je prévois que, dès l'année prochaine, il y aura des dépôts à Saint-Quentin ; il y aura aussi des dépôts de toiles, comme il en existe à Paris, même en grosse toile de ménage. Je viens d'en voir ici à 50 centimes l'aune, qui peuvent remplacer les nôtres. Il y en a à tous les prix : à 10, 13, 15, 16 et 18 sous; vous pouvez les voir dans un magasin près de Saint-Roch. Aussi les tisseurs, qui d'abord protestaient contre l'augmentation du droit sur les fils, s'aperçoivent bien à présent qu'ils sont aussi menacés que nous, et ils se joignent à nos réclamations. Je ne parle pas des filatures qui font du fil avec du fil, c'est-à dire qui assortissent et retordent le fil à coudre : leur opposition procède d'un intérêt trop personnel et trop mesquin pour être prise en considération; elle cessera d'ailleurs, quand ils verront les Anglais, qui ne négligent rien, importer du fil préparé et assorti pour tous les usages.

685. *D.* Que devient la fabrication des linons et des batistes dans votre pays? — *R.* Depuis l'empire, ces tissus ont été remplacés par les tissus de coton, notamment par le jaconas qui imite assez la batiste. Le peu qui s'en fabrique est encore en fil de lin dit de *mulquinerie* ou *au quart,* c'est-à-dire qui se vend par 3,200 aunes.

686. *D.* Vous avez dit qu'il fallait protéger l'agriculture en restreignant l'entrée des fils et des toiles ; avez-vous calculé par quels droits on pourrait atteindre ce but ? — *R.* Non : mais une simple observation doit vous frapper ; c'est qu'on ne demande pas en faveur du lin ce qu'on a fait en faveur du coton, et qu'il s'agit cependant de conserver chez nous un travail qui donne de la valeur à nos champs et l'existence à une grande partie de la population française. L'exemple des quinze communes, que je vous ai cité, doit, sans doute, vous suffire. En somme, nous éprouvons une baisse de 25 à 30 p. 0/0 sur nos fils, nos toiles, nos coutils, et le peu de lin qui se vend est frappé de la même dépréciation. Toute la question, pour moi, se réduit à savoir si notre consommation tournera au bénéfice de la production et du travail des étrangers, ou au bénéfice de la production et du travail des Français. M. Moret.

SÉANCE DU 6 JUILLET 1838.

M. Legentil, député, négociant, à Paris.

687. *D.* Vous connaissez si parfaitement l'objet de l'enquête, qu'en nous donnant vos idées sur les faits divers que vous avez étudiés, vous aurez répondu d'avance à toutes les questions que l'on pourrait vous faire ? — *R.* Une augmentation de droits est demandée sur les fils de lin importés de l'étranger. Pour apprécier cette mesure, il faut examiner quelles en peuvent être les conséquences sur les industries nationales qu'elle intéresse le plus directement, qui sont :

La filature,

Le tissage de la toile,

Le commerce en général.

Si je place l'agriculture la dernière, ce n'est pas que j'en méconnaisse l'importance; mais je crois son intérêt moins immédiatement engagé dans la question qu'elle ne le suppose, et j'en dirai plus loin la raison.

DE LA FILATURE.

Il faut d'abord s'entendre sur l'espèce de filature qu'on veut défendre ou protéger ; est-ce la filature à la main, ou la filature à la mécanique.

688. *D.* Personne ne songe à défendre, pour elle-même, la filature à la main ? — *R.* Ainsi, la question est jugée en ce qui concerne la filature à la main ; j'abandonne donc cette face de la question. J'observerai, toutefois, que quelques personnes, mues par un sentiment que je ne puis que louer dans son principe, mais dont l'application me semblerait dangereuse, voudraient, par l'établissement d'un droit, ménager une transition moins brusque de la filature à la main à la filature mécanique. Je ne crois pas que ce but puisse être atteint, à moins que le droit n'équivaille presque à une prohibition : il n'est pas besoin de développements pour faire

concevoir tout l'avantage que doit avoir la mécanique sur le travail manuel ; j'ajoute que l'établissement de la filature du lin à la mécanique est une véritable révolution industrielle; qu'au lieu de lutter contre cette conquête du génie manufacturier, il faut nous hâter de nous l'approprier ; car tout le temps que nous perdons est autant de gagné pour nos rivaux. M. Legentil.

Je ne crois pas, toutefois, que la filature à la main doive être entièrement abandonnée. Pour les batistes, comme pour les toiles très-fines, il faut encore, et il faudra long-temps, je crois, de ses fils. Les fils mécaniques font un tissu bien régulier, bien uni ; mais son aspect est mat, terne, joue un peu le coton, et n'a pas ce brillant des toiles faites avec des fils à la main ; à l'user, il mollit et peluche un peu, ce qui s'explique par le travail de la mécanique qui brise plus ou moins le lin pour le filer. Dans les toiles communes, ou de qualité courante, cet inconvénient a moins de gravité ; mais il est grand pour les toiles de luxe ; et, comme la France est le pays du monde où l'on met le plus de prix aux belles toiles, la filature à la main restera comme pouvant seule satisfaire à ce goût. Mais, je me hâte de le reconnaître, elle n'emploiera plus qu'un petit nombre d'habiles ouvriers.

En compensation, on peut dire que la filature à la mécanique, en se développant, occupera presque exclusivement un grand nombre de femmes et d'enfants, et leur donnera un salaire journalier cinq à six fois plus fort que celui qu'ils gagnent aujourd'hui à filer à la main.

C'est donc dans l'intérêt de la filature à la mécanique que le droit est demandé ; et, reconnaissons en même temps que ce n'est pas pour protéger les trois ou quatre filatures existant en France jusqu'à ce jour; car, toutes recommandables qu'elles soient, leurs produits ne sont point assez importants pour motiver un changement dans la législation actuelle; mais bien pour favoriser, pour hâter le développement de la filature à la mécanique en France, pour exciter les capitaux à s'y porter : c'est bien là le but du droit réclamé.

En thèse générale, le Gouvernement doit être fort sobre de ces encouragements à donner aux industries qui ne trouvent pas en elles-

M. Legentil. mêmes assez de confiance pour se passer de ces excitations factices. Je n'insisterai pas sur cette observation; car il ne s'agit pas ici d'engager des discussions théoriques. J'admets le but proposé; mais je dis que, pour l'atteindre, ce n'est pas un droit de 10 à 12 p. 0/0, comme celui qu'on a demandé, qu'il faudrait établir; mais un droit assez fort pour être presque prohibitif. Que se passe-t-il, en général, quand on élève un droit de douane? Le vendeur voit diminuer la demande de son produit; pour en forcer l'écoulement, il prend sur lui une partie du droit nouveau, et l'acheteur en supporte l'autre. C'est ainsi qu'un droit de 10 à 12 p. 0/0 sur un produit étranger n'élève, en général, le produit similaire français que de 5 à 6 p. 0/0. J'en pourrais encore trouver un exemple en 1822 et en 1826, quand les droits ont été augmentés sur les toiles. Pensez-vous qu'une protection de 5 à 6 p. 0/0 soit suffisante pour déterminer des capitaux à se porter vers une industrie qui ne présenterait pas par elle-même des chances de succès. Ne voit-on pas, par mille causes accidentelles, les cours subir de plus fortes variations d'un marché à un autre. Évidemment un pareil droit n'obtiendrait pas le résultat désiré; il n'offre pas un appât assez fort aux capitaux. Pour être conséquent, il faut demander une addition de droit de 25 à 30 p. 0/0; mais on recule devant cette nécessité, au moins pour le présent; car je ne voudrais répondre de rien pour l'avenir. Tout à l'heure, je prouverai qu'un droit aussi fort est impossible, et qu'il serait désastreux pour la toilerie; car il entraînerait nécessairement une élévation corrélative du tarif sur les toiles, et la contrebande arriverait alors pour éluder un droit exagéré, et offrir ses services à meilleur marché.

689. *D.* Cependant, un homme qui s'occupe sérieusement d'établir une filature à la mécanique, et dont les prétentions sont modérées (M. Desportes), assurait à l'un de nous qu'une protection de 10 p. 0/0 lui paraîtrait suffisante, admettant même qu'elle pourrait être décroissante. Il pense que cette protection n'empêcherait pas l'importation des fils étrangers, mais qu'elle aurait un effet moral très-

favorable à la réunion des capitaux qui sont indispensables aux nouvelles entreprises? — *R.* J'allais moi-même en venir à cet encouragement, non direct mais moral, pour vous faire remarquer qu'il est inutile, puisque déjà des capitaux considérables sont placés dans cette industrie, et que beaucoup de projets sont sur le point de se réaliser. Je citerai de mémoire. M. Legentil.

Quatre filatures sont déjà en activité (je ne parle que des filatures fondées sur le nouveau système),

A Lille,
A Corbeil,
A Dunkerque,
A Abbeville.

J'estime qu'elles ont coûté à établir, environ.....	1,600,000f
D'autres sont seulement en cours d'exécution, savoir :	
Société Maberly, au capital de 4,000,000 fr. pouvant s'élever à 6,000,000 ci..................	4,000,000
Association de Boulogne..................	2,400,000
A Pont-Remy..........................	1,500,000
Au Blanc (Indre)..........................	1,200,000
	10,700,000

D'autres établissements se forment à Lisieux, auprès du Havre, à Fécamp, à Saint-Omer, dans les environs de Paris : à Paris même, deux projets d'établissements, dont un doit avoir une grande importance, s'organisent en ce moment. Les esprits sont en mouvement dans le Maine, dans la Bretagne. Je ne peux pas porter à moins de 18,000,000 à 20,000,000 fr. la somme des capitaux déjà engagés, et elle tend à s'accroître de jour en jour. L'élan est donné : M. Decoster, à Paris, M. Nicolas Schlumberger, M. Muller, M. André Kœchlin, en Alsace, vont être en mesure de construire des métiers sur les modèles anglais ; et déjà M. Schlumberger, qui a donné tant de preuves de son habileté, fait distribuer des prospectus de ses prix de construction. Tout est donc en marche vers le but : l'effet moral est produit ;

M. Legentil. et aller au delà serait peut-être outre-passer ce que la prudence exige. Dans une industrie encore nouvelle, il ne faut se lancer qu'avec réserve ; et une industrie a d'autant plus de chances d'avenir et de vitalité, qu'elle a essayé ses forces, et qu'elle puise les éléments de son succès dans ses propres moyens, et non dans des droits de douane.

On parle d'une protection qui pourrait être *décroissante*. L'expérience prouve qu'il est bien difficile de toucher aux droits, une fois qu'ils ont été établis. Une industrie est-elle à sa naissance, elle demande une protection pour lui donner les moyens de vivre et de grandir. S'est-elle largement développée, est-elle devenue grande et forte, elle réclame, elle exige le maintien des droits. N'a-t-elle pas enrichi le pays par ses établissements? N'est-elle pas en mesure de satisfaire à tous les besoins? Pourquoi lui chercher des concurrents chez les étrangers ? N'est-il pas juste de lui réserver le marché national? Voilà dans quel cercle vicieux le Gouvernement est enfermé, et comment il devient si difficile, pour ne pas dire impossible, de modifier les droits de douane qu'on appelle protecteurs.

690. *D.* Mais les établissements entrepris ou projetés ne se fondent-ils pas sur l'espoir que le Gouvernement les protégera ? — *R.* Je ne puis admettre une telle supposition ; ce n'est pas sur des espérances, ni même sur des promesses que des capitalistes sérieux et intelligents compromettent leur fortune. Il leur faut un motif déterminant, plus positif ; et ce motif ne peut être que la confiance dans l'industrie elle-même, dans les bénéfices qu'elle peut produire. Je vois effectivement que la société dont M. Maberly est directeur annonce, pour l'emploi d'un capital de 4000,000 fr. un bénéfice annuel de 1,580,000 francs ; que M. Gachet, de Lille, qui forme une usine au Blanc (Indre), calcule que les produits excéderont la dépense de 630,000 francs, pour un capital de 1,200,000 francs.

Je m'en tiens à ces deux exemples, quoiqu'il me fût facile d'en citer d'autres.

A-t-on besoin de droits protecteurs quand on peut promettre de pareils résultats ? M. Legentil.

691. *D.* Mais le langage des prospectus ne se traduit-il pas facilement aujourd'hui dans les affaires ? on fait leur part ; — *R.* A la bonne heure ; et je sais, aussi bien qu'un autre, ce qu'il faut rabattre de ces annonces si séduisantes ; mais vous conviendrez avec moi que leurs rédacteurs ont mauvaise grâce à venir demander des droits de protection. En faisant la part de l'exagération de ces prospectus, il n'est pas permis de croire que des hommes honorables et consciencieux, tels que MM. Desportes et Pierrugues, juges au tribunal de commerce de la Seine, aient appuyé de leur patronage une entreprise qui ne serait qu'une déception pour les actionnaires. J'en dirai autant des noms bien famés qui figurent dans l'association de Boulogne. Je remarque d'ailleurs, qu'en général, les industriels qui sont à la tête des établissements déjà créés, ou de ceux qui se créent, se recommandent à la confiance du pays par leur habileté bien connue et par leurs antécédents : MM. Scrive, de Lille ; Feray, d'Essonne ; Liénard, de Reims ; Fournay-Brochai, de Lisieux ; Adam, de Boulogne, et beaucoup d'autres doivent inspirer de la confiance dans l'avenir d'une industrie à laquelle ils se consacrent. Mais je puiserai cette confiance non-seulement dans leur exemple, mais dans les calculs même de celui de ces industriels dont l'expérience est la plus avancée, et qui demande avec instance l'élévation du droit, je veux parler de M. Feray lui-même. Je me rappelle que, dans une commission du Conseil général du commerce dont j'avais l'honneur de faire partie, il nous présenta des calculs sur les frais comparatifs de la filature mécanique en France et en Angleterre, desquels il résultait que nous avions un désavantage d'environ 12 p. 0/0. Eh bien ! j'accepte le résultat de ces calculs : s'ensuivra-t-il que nous ne pourrons soutenir la concurrence ? Je ne le crois pas. En effet, j'ai vu bien des comptes faits avec exactitude, établissant le prix de revient des fils importés d'Angleterre, et j'ai reconnu que, du numéro 14 au

M. Legentil. numéro 50, qui forment les limites dans lesquelles se fait la presque totalité de l'importation, les droits de douane, joints aux frais de commission, d'emballage, d'embarquement, de fret, d'assurance, etc., chargent le prix d'au moins 15 à 16 p. 0/0 en moyenne. A cet avantage il faut ajouter, pour le filateur français, celui d'être sur les lieux de production de la matière première, et de consommation de la marchandise fabriquée, d'économiser du temps et le service toujours onéreux des intermédiaires, et de pouvoir suivre de près les besoins variés de la consommation.

J'ai admis tout à l'heure les calculs de M. Feray; il en est cependant une partie qu'on peut contester: c'est la très-grande différence pour laquelle il fait entrer les frais du charbon de terre pour alimenter la pompe à vapeur. Nos industriels pourront se soustraire à cette surcharge, en utilisant les cours d'eau qui se rencontrent souvent sur notre sol. C'est le parti qu'ont adopté plusieurs des établissements qui se créent en ce moment.

M. Feray dit que ses bénéfices se réduisent à 3 p. 0/0. C'est peu, sans doute; mais les compte-t-il sur la somme de ses ventes ou sur le capital qu'il a employé? Ces deux manières de compter peuvent arriver à un résultat bien différent. Remarquez d'ailleurs que la filature de M. Feray est encore à ses débuts, et qu'elle n'a pas acquis le développement qu'il veut bien lui donner. Je sais par expérience combien il est difficile de connaître la vérité sur les bénéfices des fabricants: ils haussent ou ils baissent suivant qu'ils veulent amortir plus ou moins vite la première mise de fonds, et suivant la manière d'imputer les dépenses accidentelles et la charge des erreurs et des mécomptes inévitables dans la création d'un établissement dont on n'a pas de modèle dans le pays.

692. *D.* Nous croyons nous rappeler que M. Feray ne prétend amortir son premier capital que dans neuf ans; croyez-vous que ce soit mettre trop à la charge de chaque compte? — *R.* Oui et non : amortir en neuf ans la partie immobilière de son capital serait évidem-

ment un amortissement exagéré; mais éteindre le capital mobilier par dixième, d'année en année, c'est un usage qui est assez souvent suivi. Toutefois il y a beaucoup d'usines où l'amortissement annuel est de moitié moins fort. Je le répète, rien n'est plus contestable que des comptes de fabrique. Il vaut mieux baser son opinion sur des faits patents et non controversables. Si M. Feray ne retirait pas un intérêt convenable des fonds employés dans sa filature, et un prix légitime de ses soins et de son travail, songerait-il à doubler ou peut-être à tripler son établissement ? M. Legentil.

693. *D.* Ne serait-ce pas pour le seul besoin de la fabrication du linge de table ? — *R.* Je ne le pense pas ; car M. Feray est bien loin d'employer toute sa filature à son tissage ; il vend la plus grande partie de ses produits à l'état de fils.

Lorsque M. Feray se plaint du minime résultat de sa filature, il n'entend certainement pas parler de son tissage. Il fabrique en effet, avec ses fils, du linge de table de la plus grande beauté ; et je ne connais, dans son genre, rien d'aussi parfait en Belgique ou en Saxe. Avec une pareille perfection, et sans concurrence, il doit tirer un large parti de son industrie ; et ses prix de vente en font foi.

694. *D.* Cependant il a annoncé qu'il renoncerait à toute idée d'agrandir sa fabrique, et d'employer les 500 broches qu'il tient toutes prêtes, si le tarif n'arrêtait pas la baisse des fils étrangers, et leur importation toujours croissante ? — *R.* M. Feray me permettra de ne pas croire à cette résolution. Il est trop habile pour ne pas savoir que le moyen de diminuer ses frais généraux, c'est d'augmenter ses moyens de production, lorsqu'on se renferme dans une juste mesure.

Personne n'a une plus haute opinion que moi de l'habileté de M. Feray ; mais je le crois naturellement enclin à s'exagérer les difficultés, et à diminuer les résultats de l'industrie. J'ai entendu moi-

M. Legentil. même son associé, M. Sydenham, lui reprocher cette disposition d'esprit.

De quelque autorité que soit l'opinion de M. Feray, il faut aussi prendre en considération l'exemple de plusieurs autres fabricants très-recommandables et très-experts qui se sont lancés dans la filature du lin, avec une connaissance parfaite de l'état actuel de cette industrie chez nos rivaux, et qui ont basé leur calcul d'avenir sur des données que leur expérience a dû bien peser et réduire à leur juste valeur. Je remarquerai que ce n'est pas d'eux que sont parties les premières demandes de droits nouveaux. Je sais bien que si on les provoque, et si on leur demande : Voulez-vous qu'on vous protége? ils répondront : Bien volontiers. C'est une garantie de plus que chacun est disposé à accepter dans son intérêt privé : mais ils ne l'ont pas attendue pour engager de forts capitaux, et cette protection, donnée par surcroît, me semblerait plus dangereuse qu'utile. Il ne faut pas créer une industrie factice, si vous pouvez l'obtenir dans des conditions naturelles.

695. *D.* Toute la question est là. — *R.* Eh bien, les faits actuels prouvent que ces conditions existent en France, et que nous avons tous les moyens nécessaires pour nous emparer de la filature à la mécanique. Notre sol nous fournit la matière première en bonne qualité : nous avons une grande consommation de fil, soit pour la filerie, soit pour le tissage. Que nous manque-t-il? un bon système de filature à la mecanique. Or, les Anglais ont fait tous les frais de l'expérience; il ne nous reste qu'à les imiter, et, en vérité, ce serait faire injure à notre industrie que de la déclarer incapable de réussir dans cette voie d'imitation.

Je sais bien que les Anglais ont sur nous l'avantage d'être venus les premiers, d'obtenir les machines à plus bas prix, d'avoir des capitaux plus abondants et à meilleur marché, et de pouvoir réaliser quelques économies dans l'exploitation. Mais ces différences, pour un établissement de quelque importance, ont bien de la peine à élever les frais généraux annuels à 5 ou 6 p. 0/0. M. Feray, pour une usine de 2,000 broches, les porte environ à 12 p. 0/0. Mais, ainsi que je l'ai déjà dit, il suppose la machine à vapeur comme moteur obligé, et nous pourrons en France utiliser nos cours d'eau; il base le coût des machines à filer sur le prix auquel elles reviennent, aujourd'hui qu'il faut payer à la contrebande 70 à 80 p. 0/0 pour les faire sortir d'Angleterre; mais nos constructeurs français nous fourniront bientôt ces machines à des prix peu supérieurs à ceux de nos rivaux. Ainsi, par exemple, la broche qui revient en Angleterre de 33 à 35 francs, M. Nicolas Schlumberger offre de l'établir à 40 francs. Quant aux capitaux, l'expérience journalière prouve qu'il n'en manque pas en France, lorsqu'ils sont appelés par une industrie qui est dans de bonnes conditions. Nous avons sur les Anglais l'avantage d'une main d'œuvre moins chère, et d'être dans le pays de production de la matière première et de la consommation du produit fabriqué. M. Legentil.

C'est après examen, après comparaison des avantages et des inconvénients de notre position, que 18,000,000 à 20,000,000 fr. se sont déjà offerts, sans provocation de la part du Gouvernement; que de nouveaux projets d'établissements s'élaborent sur plusieurs points de la France, et sont à la veille de se réaliser. Si vous surexcitez cette tendance par des mesures de douane, vous ferez naître des risques et vous causerez peut-être de grands dommages. Les imprudents, que l'appât d'un bénéfice facile aura lancés dans des entreprises mal conçues et mal étudiées, viendront ensuite vous demander compte de leur détresse, et réclamer de nouvelles aggravations de droits, vous prouvant toujours que le tarif ne les protége pas assez puisqu'ils ne réussissent pas.

696. *D.* Mais ne doit-on pas considérer ce qu'il y a de particulier dans la position actuelle; ne doit-on pas considérer que c'est une révolution entière qui s'opère, presque subitement, dans une vaste industrie? — *R.* Je l'ai déjà reconnu : l'introduction de la filature à la mécanique est une véritable révolution industrielle; ses consé-

M. Legentil. quences pourront être momentanément fâcheuses pour la filature à la main, qu'elle supplantera en grande partie, et cela est à regretter sans doute; mais c'est l'effet inévitable de toutes les grandes innovations. Pour l'avenir il y aura accroissement de richesses et de travail. Ce résultat s'est manifesté pour toutes les industries dans lesquelles la mécanique s'est substituée au travail à la main. C'est cette perspective encourageante qui a déterminé les entrepreneurs de filatures mécaniques, et qui m'a engagé moi-même à m'intéresser dans une entreprise de ce genre.

697. *D.* Ne trouvez pas mauvais que nous allions au-devant d'une objection qui vous sera faite : on vous dira que les grands bénéfices que vous faites, comme négociant en toiles, vous font considérer comme bien peu de chose la part que vous prendrez dans une filature à la mécanique? — *R.* Cette objection m'a déjà été faite dans la réunion des conseils généraux du commerce, des manufactures et de l'agriculture; mais je l'ai trouvée peu sérieuse. On ne s'expose pas de gaieté de cœur à perdre dans une industrie, par cela seul qu'on gagne dans une autre. Si je me suis intéressé dans la filature mécanique, c'est que j'ai foi dans l'avenir de cette industrie. J'en ai déjà dit les raisons, et je ne puis croire que ce genre de fabrication, qui a donné tant et de si beaux résultats en Angleterre, soit stérile pour nous. Je ne demande pas mieux, toutefois, qu'on me mette hors de la question, et qu'on ne voie, dans mon exemple, qu'une expérimentation que j'ai voulu faire; en me citant, je n'ai eu pour but que de confirmer mon opinion par mes actions.

Au surplus, l'objection qui m'est faite pourrait s'appliquer aux autres industriels qui montent des filatures à la mécanique; car la plupart d'entre eux sont aussi propriétaires d'établissements productifs. Je citerai MM. Feray, Fournay-Brochai, Liénard, etc.

DU TISSAGE.

698. *D.* Pensez-vous qu'il en soit de même pour le tissage? —

R. Le premier intérêt d'une fabrique, c'est d'obtenir, au meilleur marché possible, la matière sur laquelle elle travaille. Lors donc qu'on voit le tissage, qui ne peut pas aujourd'hui se passer de fils mécaniques, se joindre à la filature pour demander une augmentation de droits sur les fils importés de l'étranger, on ne peut qu'être surpris de cette espèce de contradiction. Voici, pour moi, comment je me l'explique : l'industrie toilière est, en général, peu développée et stationnaire; elle a instinctivement peur de toutes les innovations, et elle cherche, par des mesures répulsives, à en reculer l'introduction. M. Legentil.

Lorsque, peu de temps après la révolution de juillet, feu M. Prosper Delaunay importa, dans la fabrique de Laval, des fils anglais, on lui en sut d'abord très-mauvais gré; il souleva contre lui des oppositions qui se manifestèrent même dans les élections départementales. Mais la raison fit bientôt justice de ces clameurs irréfléchies; à l'aide des fils anglais la fabrication des coutils se varia, se perfectionna et prit un grand essor, tant pour l'intérieur que pour l'extérieur, et M. Delaunay, avant sa mort, a été salué du titre de bienfaiteur de l'industrie de son pays.

Cet exemple n'est point une exception : il n'existe pas de fabrique de toilerie aujourd'hui qui puisse se passer des fils mécaniques. J'ai déjà cité Laval; Chollet n'emploie plus que ce genre de fils pour ses mouchoirs qu'il établit avec une économie de 20 à 25 p. 0/0. La fabrique même de Lisieux et de Vimoutiers, qui a pétitionné avec tant d'instance, que deviendrait-elle aujourd'hui si elle était privée des fils mécaniques? Je m'en rapporterai volontiers à la réponse du premier fabricant venu. Et la rubannerie et la fabrication de toutes les variétés de coutils? Ces industries et beaucoup d'autres ne s'alimentent que de fils mécaniques. Un des plus grands avantages de leur emploi, c'est d'avoir permis de produire en même temps avec bénéfice et à bien meilleur marché; c'est de procurer à l'ouvrier un meilleur salaire, car il fait avec les fils mécaniques un quart plus d'ouvrage qu'avec les fils à la main. L'irrégularité des fils était jusqu'à ce jour un grand obstacle à la fabrication : lorsqu'il s'agissait d'une toile fine, par exemple,

M. Legentil. le tisserand était souvent obligé de parcourir plusieurs marchés pour rassortir sa chaîne ou sa trame; il y réussissait souvent fort incomplétement, et n'avait pour se guider que la sûreté de son coup d'œil. Il y avait là temps perdu et chance d'erreurs. L'uniformité de la filature à la mécanique y remédie, et le paysan est déjà habitué à demander au marchand du fil de tel ou tel numéro pour chaîne ou pour trame. Les raisons et les exemples abondent pour démontrer que la tisseranderie ne peut pas, sans méconnaître ses intérêts, provoquer la proscription ou seulement la cherté des fils mécaniques, et que les réclamations élevées dans ce but ne servent que des intérêts privés et non l'intérêt général.

Mais ces réclamations ne cacheraient-elles pas un autre but, celui de faire passer, à la faveur des droits sur les fils, une forte augmentation du tarif sur les toiles étrangères? Il est bien certain qu'une élévation quelque peu considérable du droit sur les fils en entraîne virtuellement une sur les toiles : autrement le pays recevrait moins de fils, mais plus de toiles, et il y aurait surcroît de perte de la main-d'œuvre du tissage. Mais, en supposant que les droits soient élevés sur les fils, les droits sur les toiles ne devront-ils pas être augmentés proportionnellement, c'est-à-dire, en admettant que le fil entre pour moitié dans le prix de la toile, un droit de 10 p. 0/0 sur les fils se résoudra-t-il en un droit de 5 p. 0/0 sur les toiles? Je ne balance pas de dire que ce n'est point ainsi que l'entendent les fabricants : cela ne ferait pas leur compte. Qu'on leur pose la question dans ces termes, et vous les verrez tous demander le *statu quo;* et ils auraient raison; car une surtaxe parallèle et proportionnelle sur les fils et sur les toiles n'aurait pour effet, en augmentant les frais de fabrication, que de restreindre la vente à l'intérieur et de rendre plus défavorable la concurrence de l'extérieur, et, en résultat, de diminuer la production. Aussi, ce que veulent les fabricants, ce que quelques-uns ont demandé, c'est que, si on porte à 15 p. 0/0 le droit sur les fils, on élève jusqu'à 30 le droit sur les toiles.

699. *D.* Quel a été l'effet des réductions de droit sur les toiles de 8, 12 et 16 fils, prononcées par la loi du 5 mai 1836? — *R.* Il a été peu sensible; pour mon compte, je ne me suis pas aperçu qu'il ait diminué le taux proportionnel des droits comparés aux prix. Il y a à cela deux raisons : la première, c'est qu'au fait un seul fil, intercalé entre chacune des trois classes, est difficile à saisir dans l'application du droit, et ne peut pas modifier sensiblement chaque classification : la seconde, c'est que, depuis la promulgation de la loi, le cours des toiles a sensiblement fléchi, et que le droit, se payant au poids et non à la valeur, a dû s'élever dans la même proportion. M. Legentil

700. *D.* Maintenant, voulez-vous nous dire en quoi le commerce serait affecté d'un changement quelconque dans le tarif des fils et des toiles? — *R.* Parmi les plaintes qu'ont fait entendre les différentes fabriques de toiles contre l'introduction des toiles anglaises, il y en a de fort légitimes, j'en conviens; mais c'est l'effet de toutes les grandes innovations de jeter une perturbation, au moins momentanée, dans quelques branches particulières de l'industrie. L'intérêt général de la tisseranderie a-t-il souffert? Je ne le pense pas, et je vais appuyer mon opinion sur des faits.

De 1835 jusqu'au tiers de l'année 1837, les toiles ont été fort chères : les prix dépassaient de 25 à 30 p. 0/0 le cours de 1829. Une réaction en baisse était inévitable, et elle est arrivée : mais, grâce aux fils mécaniques, le fabricant a pu parer le coup de cette baisse, en établissant ses produits à meilleur marché; il y a trouvé son compte, et, depuis longues années, je ne crois pas que la fabrique de toileries ait plus travaillé qu'en 1837, année que je cite, parce que c'est elle qui a vu s'élever tant de réclamations. J'en appellerais volontiers au témoignage des fabriques du Calvados et de l'Orne. Pour mon compte, je n'ai, en aucune année précédente, vendu autant de toiles françaises. Les toiles de chanvre elles-mêmes, de la Sarthe et de l'Orne, se sont bien tirées; et la preuve, c'est que le cours en a peu fléchi bien qu'il fût assez haut.

M. Legentil. On a beaucoup crié contre l'invasion des toiles anglaises. Voici les chiffres que la douane nous fournit :

En 1836, il a été importé, en toiles, 5,013,351 francs, dont 4,257,521 de Belgique et 82,634 d'Angleterre. En 1837, il n'a été importé que 4,604,009 francs, dont 3,654,512 de Belgique et 181,813 d'Angleterre.

Ainsi, en somme, il y a eu, en 1837, environ 1/10e d'importation de moins qu'en 1836. Il y a eu, à la vérité, 400,000 kilogrammes de toiles anglaises en plus; mais il est entré en moins 600,000 kilogrammes de toiles de Belgique; or, celles-ci ayant bien plus de prix, en général, que les toiles anglaises, la différence de valeur importée est au moins, pour cet article seulement, de 1,500,000 kilogrammes que nos fabriques françaises ont eu à fournir. C'est donc moins à la fabrication indigène qu'aux fabrications étrangères que les toiles anglaises font concurrence; c'est surtout aux toiles de Westphalie, de la Bavière, de la Prusse rhénane. Je le répète, la fabrique française de toilerie, prise dans son ensemble, a vu plutôt augmenter que diminuer sa production; elle a obtenu aussi un grand perfectionnement. Des genres de toile, inconnus à nos fabriques, et que nous tirions constamment de l'étranger, ont été entrepris avec succès. Je citerai, par exemple, le linge de table ouvré que, malgré des droits énormes de 30 à 50 p. 0/0, nous apportions toujours du dehors; plusieurs maisons, et la mienne même, le font fabriquer maintenant en France avec des fils mécaniques qui donnent de très-beaux produits et une très-grande économie. On peut dire que, jusqu'aujourd'hui, le commerce et la fabrication de la toilerie se sont localisés dans chaque contrée. Chaque pays a son genre de toile spéciale, qui se consomme sur les lieux sans s'exporter. Il y a habitude, je dirai même routine, chez le producteur comme chez le consommateur. On n'essaie pas même de faire les genres de toiles que réclame la consommation; on laisse à l'étranger le soin de les fournir, pour s'en tenir à ses habitudes de fabrication.

C'est ainsi qu'en France, lorsqu'on demande une toile fine pour chemises, on n'a guère à vous offrir qu'une seule espèce de toile, celle dite demi-Hollande; mais, comme elle est généralement légère et chère, on est forcé d'avoir recours, presque exclusivement, aux toiles de la Belgique. Avec l'usage des fils mécaniques, un nouvel essor sera donné à notre fabrication : elle ne restera plus parquée dans certaines localités et soumise à l'empire de la routine : elle pourra s'étendre sur toute la surface du pays, et, avec la facilité de se procurer, sans peine et avec sécurité, des fils de qualités régulières et de finesses uniformes, elle arrivera à satisfaire à tous les besoins variés de la consommation, et, je l'espère, même à augmenter ses débouchés extérieurs ; ses produits seront, pour ainsi dire, plus marchands et moins spéciaux. Mais cet avenir ne peut s'obtenir qu'à deux conditions : de fabriquer bien et à bon marché. Des droits trop élevés non-seulement ne permettraient pas de réaliser cette espérance, mais ils compromettraient même l'état actuel. C'est un fait qui se reproduit constamment, et dont on ne tient pas assez compte, que la consommation se ralentit avec la cherté et progresse avec le bon marché, et cela d'une manière très sensible : je l'éprouve journellement dans le commerce. Il y a, en outre, une raison spéciale pour la toilerie; c'est que, quand les prix s'en élèvent, on se jette sur le coton, et cela est dangereux; car le consommateur contracte des habitudes que le retour du bon marché de la toile ne peut plus lui faire rompre.

M. Legentil.

J'ai envisagé l'augmentation des droits dans ses rapports avec notre production et notre consommation; mais, si je la considère sous le point de vue de nos relations avec l'étranger, j'y vois de nouvelles et bien fortes raisons de repousser cette mesure.

Nous recevons des toiles de presque tous les points de l'Europe, le midi excepté: de la Suisse, de la Bavière, de la Prusse, de la Silésie, de la Westphalie, des villes anséatiques, de la Saxe, de la Russie, de la Belgique, de l'Angleterre. En augmentant les droits sur les toiles, nous nous attaquons donc à toutes ces puissances à la fois; et, comme elles consomment une partie très-notable de nos exportations, nous nous exposons à des représailles dangereuses pour notre

M. Legentil. industrie. Quelques personnes paraissent faire bon marché de notre commerce extérieur. Je sais, comme elles, qu'il est loin d'égaler le commerce intérieur; mais je n'en suis pas moins d'avis qu'il faut y porter un vif intérêt et une sérieuse attention : avec le développement qu'ont pris nos fabriques nous avons absolument besoin de l'exportation pour absorber le trop plein de leur production. Un produit qui va chercher des consommateurs, et n'en trouve pas, se décuple, se centuple par son offre ; et, si peu important qu'il soit, il pèse fort lourdement sur le marché intérieur, et avilit les prix. Nous sommes assez près de la crise américaine, nous en ressentons encore trop les effets, pour méconnaître les conséquences désastreuses de la cessation ou du ralentissement de l'exportation.

Admettons, si l'on veut, que les États de l'Allemagne et la Prusse, se sont placés, à notre égard, dans un tel état d'hostilité douanière, que nous n'ayons rien de plus à craindre de leur mauvais vouloir; on conviendra du moins que notre position n'est pas la même vis-à-vis de l'Angleterre et de la Belgique. La première de ces deux puissances nous achète pour une somme double de ce qu'elle nous vend : toute mesure, qui tendrait donc à altérer nos rapports avec elle, nous serait essentiellement préjudiciable. Je laisse aux voix éloquentes, qui défendent les intérêts des vignobles et des soieries, à faire valoir ce côté de la question. Je me bornerai à dire qu'il y aurait, ce me semble, beaucoup plus d'intérêt, ponr notre pays, à provoquer et à accepter les dégrèvements sur certains de nos produits, que l'Angleterre paraît disposée à nous offrir, que de lui faire une guerre de tarif.

En ce qui concerne la Belgique, notre position est encore plus délicate. Irons-nous, par une mesure intempestive, et qui sera si impopulaire chez elle, ajouter encore aux embarras de son gouvernement? Est-ce là le prix que le roi Léopold apportera, à son peuple, de l'alliance qu'il a contractée avec notre dynastie? Ne craignez-vous pas de forcer les Belges à se jeter dans l'association des douanes allemandes, et nous faudra-t-il voir les douaniers prussiens faire le guet sur nos frontières?

On a cherché les moyens de frapper les toiles anglaises sans toucher aux autres; mais je les crois impossibles. M. Legentil.

700 *bis. D.* Ce n'est pas le gouvernement qui peut avoir eu cette idée; car jamais il n'a voulu faire acception de puissance en réglant ses tarifs. — *R.* Ainsi, vous confirmez mon opinion.

Il est une dernière considération sur laquelle j'appellerai votre attention : c'est que, si vous augmentez les droits sur les toiles, ils seront éludés par la contrebande, qui viendra offrir ses services à meilleur marché; et il y aura perte pour le trésor, sans profit, ou plutôt avec dommage pour l'industrie.

Les droits ont été calculés pour s'élever, en moyenne, à 15 p. 0/0 environ, et cette prévision s'est réalisée jusqu'à présent. Mais, les toiles venant à baisser de 20 à 25 p. 0/0, comme cela ne peut manquer d'arriver, les droits monteront à 20 p. 0/0. Je crois fermement qu'on ne peut pas les porter plus haut sans provoquer la contrebande; et remarquez que la fraude est facile sur un tissu qui ne laisse pas que d'avoir de la valeur, comparativement à son poids et à son volume, dont on n'a point besoin de ménager la fraîcheur, ni l'apprêt. On peut, en effet, charger la toile écrue en vrac, l'exposer à toutes sortes d'accidents, employer toute espèce de moyen pour la déguiser; elle souffrira tout; car, pour elle, tout se répare dans la cuve du blanchisseur. Cette contrebande se ferait en grand sur une frontière comme celle de la Belgique, qui est tracée au milieu de fabriques similaires dont on ne peut distinguer les produits : elle s'est déjà faite pour le linge de table, qu'il faut passer en blanc; elle se fera plus aisément pour la toile.

701. Pour la toile fine, peut-être; mais pour les autres? — *R.* Pour les toiles moyennes, j'en ai la conviction; dès qu'il y a une prime de 25 à 30 p. 0/0 à gagner, la fraude se présente. Or, sur une toile de 4 à 5 francs, dont la pièce vaut de 200 à 250 francs, il y aura de 50 à 75 francs à gagner, et je vous réponds qu'on les gagnera.

M. Legentil. 702. Ainsi, vous pensez qu'il n'y a pas lieu de changer le tarif des toiles, malgré la baisse qu'elles éprouvent? — *R.* J'ai déjà dit qu'avec l'emploi des fils mécaniques le fabricant produirait à meilleur marché. Le bas prix n'est donc pas regrettable; il augmente au contraire la demande, et encourage la production; l'ouvrier peut renouveler sa chemise et sa blouse de travail; la pauvre mère de famille, acheter la layette de ses enfants.

703. Mais n'a-t-on pas à les défendre contre le tissage à la mécanique? — *R.* Il n'est pas bien démontré que, même en Angleterre, le tissage mécanique soit plus économique que le tissage à la main. On m'a dit qu'en Écosse de grandes fabriques y renonçaient pour revenir au tissage manuel. En Irlande, on tisse peu à la mécanique. En France, le tissage de la toile est très-répandu, et se fait au plus bas prix possible. En jugeant par analogie, je vois que, pour le coton même, dont la matière se prête si bien au travail des machines, le tissage à la main soutient la concurrence avec le tissage à la mécanique, et est en général préféré pour les qualités fortes. Or, il en sera de même, à plus forte raison, pour la fabrication de la toile, dans laquelle la force est préférée à la finesse. Il faut remarquer, d'ailleurs, que la mécanique produit des qualités constamment uniformes; mais, dans la toile, il faut une grande variété de qualités. Leur échelle se gradue depuis 1 franc jusqu'à 20 francs l'aune, et il s'en demande surtout une grande quantité de 2 francs à 6 francs. Or, pour satisfaire à un besoin, il faut varier sa fabrication, et le tissage à la main en fournit bien mieux les moyens que la mécanique.

DE L'AGRICUTURE.

704. *D.* Ne pensez-vous pas qu'en laissant suivre aux choses le cours qu'elles ont pris, l'agriculture française aura à souffrir de la mévente de ses produits, remplacés par ceux de l'étranger que l'on importe sous forme de fil ou de toile? — *R.* Ce qu'il faut à l'agriculture, pour qu'elle vende bien ses produits, c'est qu'il s'établisse en France bon nombre de filatures mécaniques, dirigées par des hommes

assez habiles pour ne pas compromettre l'avenir de cette industrie. Quand la demande du lin sera active, quand le cultivateur sera sûr de trouver des acheteurs importants, quand les approvisionnements seront obligés, le cultivateur pourra se livrer avec plus de sécurité à la culture du lin, et, en la faisant plus en grand, il pourra obtenir des économies en même temps qu'il devra apporter plus de soin à ses préparations; car j'ai souvent entendu, sous ce rapport, faire des reproches à nos cultivateurs, et attribuer à cette cause le moins bon parti qu'ils tiraient de leurs produits. M. Legentil.

Un droit sur le fil n'atteindrait pas le but que se propose l'agriculture; car, si ses produits sont trop chers, les filatures françaises qui s'établiront seront forcées de s'alimenter de lins étrangers, sous peine de ne pouvoir soutenir la concurrence avec leurs rivaux. Il faudra donc, pour en avoir un placement facile, que l'agriculture livre à la filature des produits bons, bien soignés et à bon marché. Quand je dis bon marché, je ne parle pas d'un bon marché absolu, mais d'un bon marché relatif. J'entends dire de tous les côtés que les lins du Nord nous arrivent à plus bas prix, que nous ne pouvons cultiver les nôtres; mais on ajoute en même temps qu'ils sont plus communs et moins bien conditionnés. Or, ce n'est pas le bas prix nominal qu'on recherche pour la fabrication de la toile; il faut avant tout de la qualité. On conçoit que cette condition de qualité est un élément indispensable pour la fabrication d'un tissu qui varie de prix de 1 franc à 20 francs. Voyez l'exemple de M. Feray, que j'aime toujours à citer; il vend ses fils 10 p. 0/0 de plus que les fils anglais! Est-ce parce qu'il file mieux que ses concurrents d'outre-mer? Non; mais il emploie de plus belles matières, et le fabricant consent à payer son fil en conséquence. La toile ne se vend pas au compte comme les tissus de coton : la qualité se paye avant la finesse, et, pour faire de belles toiles, il faut de belles matières. Dans notre pays, où l'on est si amateur de beau linge, on saura toujours mettre le prix à la qualité. Notre sol fournit des lins magnifiques; c'est à l'agriculteur à seconder la fertilité de la terre, et la fabrication ne lui fera pas faute.

M. Legentil. On a dit aussi que, depuis quelques années, la culture de la betterave et des graines oléagineuses avait disputé au lin les meilleurs fonds de terre, et avait ainsi contribué à diminuer son abondance, et surtout sa qualité. Si ce fait était vrai, les plaintes de l'agriculture ne seraient pas fondées.

705. *D.* En admettant que la question doive être envisagée et résolue comme vous l'entendez, faudrait-il laisser, tel qu'il est, le tarif du fil, quoiqu'il ne réponde plus à l'état actuel des choses? — *R.* Non; il y a, à mon avis, lieu de le modifier par la suppression du droit sur l'étoupe. Lorsque la loi a distingué les fils d'étoupe des fils de lin, on ne connaissait sous la première dénomination qu'une matière jarreuse, grossière et presque de rebut; mais aujourd'hui la mécanique prépare et file l'étoupe avec une telle perfection qu'il est difficile, à l'œil et à la main le plus exercés, de reconnaître un fil d'étoupe d'un fil de lin. La distinction entre ces deux espèces de fils devient donc impossible dans la pratique; elle prête à la fraude, et n'est plus d'ailleurs en harmonie, ni avec les faits ni avec l'esprit de la loi.

Conservera-t-on le droit unique de 24 francs, ou bien établira-t-on des droits gradués d'après la finesse des fils importés? Le premier parti serait plus simple et plus commode pour l'administration : le second est plus rationnel. Dans le cas où le Gouvernement se déciderait pour une échelle de progression dans les droits, il aurait à la graduer d'après les proportions dans lesquelles les fils des divers numéros sont importés. Des renseignements, que je crois assez positifs, m'ont appris que ces proportions peuvent se calculer de la manière suivante.

Il entre en France, du numéro 1 au numéro 24 anglais, soit 7,200 mètres, au demi-kilogramme environ,..................	6/16
Du numéro 24, exclusivement au numéro 50, soit 15,000 mètres..............................	6/16
Du numéro 50 au numéro 100, soit 30,000 mètres...	3/16
Du numéro 100 et au-dessus,.....................	1/16
TOTAL.....................	16/16

706. *D.* En vue de ces données, comment penseriez-vous que l'on pourrait graduer le tarif? — *R.* Puisque vous me demandez un mode de tarification, je proposerais d'imposer : M. Legentil.

La 1re classe, à	14f
La 2e ——, à	24
La 3e ——, à	50
La 4e ——, à	100

La moyenne, d'après les proportions ci-dessus, donnerait un chiffre de près de 30 francs, c'est-à-dire de 1/4 en sus du droit actuel sur le fil de lin, et de plus de moitié sur la moyenne des deux droits de 14 et de 24 fr. tels qu'ils existent. En admettant que ces droits équivalent à p. 6 0/0 de la valeur du fil, l'augmentation serait donc de 1/4, ou de 3 p. 0/0, suivant le mode de comparaison adopté. Cette différence serait presque insensible sur les toiles, puisqu'elle ne porterait pas sur les deux premières classes qui font plus des 3/4 de la consommation, et que, sur les deux autres classes, la valeur élevée du produit diminue beaucoup la proportionnalité des droits. Faudrait-il, pour une différence aussi minime, modifier le tarif sur les toiles? Je ne le pense pas. Ce qui me confirme dans cette pensée, c'est que, les toiles ayant baissé de prix, les droits, qui ne devaient être, dans l'esprit et le but de la loi, que de 15 p. 0/0 de la valeur, montent aujourd'hui, par la baisse des toiles, à 17 ou 18 p. 0/0, et que, par la même cause, ils doivent dans peu s'élever jusqu'à 20. Remarquez, d'ailleurs, que si, comme tout porte à le croire, la filature à la mécanique s'organise dans tous les pays qui travaillent le lin, les prix deviendront à peu près uniformes partout; et, en admettant que les fils coûtent en France 12 à 15 p. 0/0 plus cher qu'en Angleterre, soit qu'on les fasse venir du dehors, soit qu'on les produise chez nous, comme le fil n'entre dans le coût de la toile que pour moitié environ, nos tisserands, pour compenser une charge de 6 à 7 1/2 p. 0/0, auront un droit de protection de 18 à 20 p. 0/0. N'est-ce pas plus que suffisant?

M. Legentil. 707. *D.* Pourriez-vous nous dire quel est le *revient* du fil dans les fabriques d'Écosse ? — *R.* Non : le prix de revient est le secret de chaque fabricant; et celui qui veut dire vrai, ne dit encore rien qui puisse servir de point de départ; car, ainsi que je l'ai déjà dit, chaque industriel a son mode de compter avec lui-même, et il est difficile d'en faire la base d'une mesure générale.

SÉANCE DU 27 JUILLET 1838.

M. Saint-Léger, représentant des filetiers, retordeurs et apprêteurs de Lille.

708. *D.* Vous savez qu'il est question de décider si, à cause du changement considérable qui s'est produit dans l'industrie des lins, il y a lieu d'augmenter le tarif sur les fils étrangers. Quel intérêt avez-vous à cette question? — *R.* Les filetiers de l'arrondissement de Lille m'ont chargé de vous expliquer cet intérêt; il est facile à saisir. Il s'agit pour eux d'obtenir le fil simple, qui est leur matière première, facilement et à bas prix.

709. *D.* Quelle est l'importance de l'industrie des retordeurs? — *R.* Cette industrie, l'une des plus anciennes de l'arrondissement, s'exerce à Lille, à Bailleul, à Verwick, à Comines, au Quesnoy et à Turcoing; elle livre annuellement au commerce pour 15,000,000 à 20,000,000 fr. de fil retors.

710. *D.* Cette somme n'est-elle pas exagérée? — *R.* L'opinion de mes confrères est que le chiffre de 20,000,000 fr. peut être admis; mais je tiens, pour moi, que celui de 15,000,000 fr. est plus près de la vérité.

711. *D.* La valeur que vous assignez aux produits de la fileterie comprend celle du fil même qui a été préparé? — *R.* Cela est bien entendu.

712. *D.* Alors, dites-nous quelle est la valeur du travail que cette industrie ajoute au prix d'un kilogramme de fil, quel que soit le prix d'achat? — *R.* Le blanc ou la teinture, le retordage et les autres manipulations élèvent de 1/4 la valeur première du fil; ainsi, ce que le filetier aura payé 4 francs, il le revendra 5 francs.

713. *D.* Votre réponse ne satisfait pas complétement à la question;

M. Saint Léger. car les frais de préparation sont toujours à peu près les mêmes ; tandis que le prix du fil peut varier beaucoup ? — *R.* En effet, la valeur du fil varie plus que le prix et la dépense de la main-d'œuvre ; mais, en général, sauf de grandes et subites variations dans les prix du fil, variations sur lesquelles on ne peut pas établir de moyennes, la dépense des apprêts se proportionne assez à la valeur du fil.

714. *D.* Quelles espèces de fil prépare-t-on en plus grande quantité ? — *R.* En fil d'étoupe, généralement jusqu'au numéro 20 ; et, en fil de lin, du numéro 20 au 90 anglais ; peu en qualité supérieure, et pas du tout au-dessus du numéro 150.

715. *D.* D'où les tirez-vous ? — *R.* D'Angleterre : autrefois, c'était de la Belgique, pour les 7/8. Nous tirons encore de ce pays une certaine partie de fils faits à la main, parce que, dans les Flandres belges, les fileuses, qui n'ont pas d'autre industrie, travaillent, pour ainsi dire, sans salaire : deux ou trois sous par jour ne peuvent pas s'appeler un salaire. Chez nous, dans l'arrondissement de Lille, la filature à la main est déjà tombée des 7/8 ; mais les femmes trouvent à s'employer dans les fabriques : ce n'est qu'un déclassement.

716. *D.* A quel prix et à quelles conditions le fil est-il vendu aux retordeurs ? — *R.* Nous ne sommes plus maîtres du cours ; car il faut que nous achetions, au prix où il nous est offert, le fil à la mécanique que les Anglais sont encore seuls en pouvoir de nous fournir. Ce fil, maintenant qu'il est connu, doit obtenir la préférence : il a la première qualité que recherche son emploi, la régularité.

717. *D.* Les filetiers achètent-ils leurs fils directement dans les manufactures anglaises ? — *R.* En général, non ; on traite volontiers avec les commissionnaires qui, étant chargés de l'achat des lins et de la vente des fils, se contentent d'une commission très-modérée, et qui ne dépasse pas 2 p. 0/0.

718. *D.* Mais les lins que nous exportons ne couvrent pas la valeur des fils reçus? — *R.* Ce ne sont pas non plus uniquement des lins de France que les commissionnaires sont chargés de recueillir pour l'Angleterre; ce sont aussi des lins de Belgique qui transitent par notre territoire. M. Saint-Léger.

719. *D.* Quelle est la différence entre les prix actuels et ceux de 1823? — *R.* De 20 p. 0/0 en baisse.

720. *D.* Sur quels marchés s'expédient les fils apprêtés et retordus? — *R.* Sur tous les marchés de France, qui en absorbent les 4/5; le reste s'exporte en Italie, en Suisse et particulièrement en Espagne, où il passe en contrebande, et où déjà nous rencontrons la concurrence des fils anglais, du moins à Barcelone.

721. *D.* Quel est l'emploi des fils retors? — *R.* Ils servent principalement à la couture dans tous les genres; quelque peu s'emploie pour former des *lames* ou *harnais* de tisserands. Autrefois on en préparait pour la dentelle : mais l'usage du tulle a supprimé ce travail.

722. *D.* Vous venez de nous dire que le fil simple, qui est votre matière première, avait baissé de 20 p. 0/0 dans ces cinq dernières années. La main-d'œuvre des filetiers a-t-elle baissé proportionnellement? — *R.* Oui.

723. *D.* Est-ce que la concurrence anglaise se fait aussi sentir pour le fil apprêté? — *R.* Très-peu : les Anglais ne s'occupent pas encore de ce genre de travail. Avant la guerre et le blocus maritime, ils ne se servaient, pour la couture, que de fils de lin qu'ils venaient acheter chez nous : mais, pendant la longue interruption de tous rapports entre les deux pays, ils furent contraints de s'accoutumer à l'emploi du fil de coton, et, maintenant encore, ils n'emploient le fil de lin que pour la cordonnerie, la sellerie et la chapellerie.

M. Saint Léger. 724. *D.* Coud-on aussi les habits de drap avec du fil de coton? —*R.* On le peut ; mais on préfère la soie. M. Marshall commence à faire retordre; mais il nous est inférieur, et ne vend pas encore pour l'étranger.

725. *D.* Quelle autre cause a donc fait baisser les prix de la fileterie? — *R.* C'est la concurrence des fils de coton qui s'offrent toujours à meilleur marché; le fil, que l'on appelle fil d'Écosse, prend déjà la moitié de la consommation de France.

726. *D.* Le fil à coudre se débite en petite quantité par les merciers? — *R.* Oui, par écheveaux, dans le menu détail.

727. *D.* Et, comme il se divise encore plus dans l'emploi, on ne comprend guère qu'une petite différence de prix, à la livre, puisse déterminer le consommateur à préferer une échevette de coton, lorsqu'il a une raison quelconque de vouloir employer du fil de lin? — *R.* L'acheteur regarde à un centime; aussi, avons-nous toute raison de craindre que, pour protéger la filature française, on ne mette sur le fil étranger un droit excessif, qui, nous obligeant à élever nos prix, nuirait à notre industrie de deux manières: d'abord, en faisant prévaloir le fil de coton, et ensuite en excitant la fraude, qui est déjà très-active sur la frontière du Nord, où l'on fait arriver par infiltration tout le fil de coton que les tullistes emploient.

728. *D.* Mais on en acquitte 80,000 kilogrammes? — *R.* C'est bien peu comparativement à la consommation effective.

729. *D.* Que considéreriez-vous donc comme un droit excessif? —*R.* Tout droit qui nous empêcherait de recevoir le fil à la mécanique, et qui ferait arriver par contrebande des fils retors de l'étranger.

730. *D.* Vous désirez naturellement que le tarif reste ce qu'il est?

— *R.* Oui, sans doute; cependant nous reconnaissons qu'il serait juste de ne plus faire de distinction en faveur du fil d'étoupe. Il ne faudrait admettre qu'une seule espèce divisée en deux qualités : celle du numéro 1 à 25, qui payerait le droit minimum de 14 francs, et celle de tous les numéros supérieurs qui payeraient 24 francs. M. Saint L.

731. *D.* Votre proposition ne revient pas seulement à demander que l'on maintienne le *statu quo*, mais bien que l'on réduise le droit de 24 francs à 14 francs, pour tous les fils de lin, proprement dits, qui n'arrivent pas au numéro 26? — *R.* Au-dessous de ce numéro, on ne file plus guère maintenant que des étoupes.

732. *D.* Vous entendez sans doute que cette division, entre les fils au-dessous et au-dessus des numéros 25-26, s'appliquerait à tous les genres de fil, soit simples, soit retors, teints ou blanchis? — *R.* Oui.

733. *D.* Mais trouvez-vous que le fil simple, à 14 et 24 francs, soit taxé dans un juste rapport avec les fils préparés qui payent 44 et 123 francs. — *R.* Oui; car je calcule que le droit actuel équivaut à 12 pour o/o de la valeur des fils simples.

734. *D.* Ce ne peut pas être de celle des hauts numéros. Comment l'entendez-vous? — *R.* Je m'arrête à la moyenne des numéros qui entrent en plus grande masse, et qui sont des numéros inférieurs.

735. Cependant, si on augmentait le droit des fils simples, il n'y aurait pas nécessité d'augmenter proportionnellement le droit des fils retors; car vous nous avez dit que la filleterie n'ajoutait qu'un quart à la valeur du fil, et le droit sur le fil retors écru, autre que le fil à voiles, est presque double de celui du fil simple (44 au lieu de 24 ou 14)? — *R.* J'en tombe d'accord : mais seulement en supposant que l'élévation du droit sur les fils simples serait peu considérable; car, autrement, nous aurions à redouter la concurrence des Belges

M. Saint-Léger. pour la consommation intérieure, et celle des Anglais pour la vente au dehors.

736. *D.* La Belgique a-t-elle déjà des filatures à la mécanique, et où sont-elles établies? — *R.* Je ne connais pas la position des établissements nouveaux : mais je sais que M. Cockerill fabrique déjà dans les numéros de 60 à 80; il a un dépôt à Lille.

737. *D.* Ses produits sont-ils semblables aux produits anglais, et s'offrent-ils aux mêmes prix? — *R.* Oui; car, autrement, ils ne se vendraient pas. On m'a bien assuré que les fils qu'il nous envoie étaient réellement le produit de ses manufactures. Ainsi, nous aurions bientôt à redouter la concurrence belge autant que la concurrence anglaise, si l'on forçait le tarif.

738. *D.* En dernière analyse, n'êtes-vous pas frappé de la perturbation qu'éprouve l'industrie de la filature en France, et de la difficulté qu'on éprouve d'en changer le système? — *R.* Tous les inconvénients sont pour le filage à la main, qui a fait son temps, et qu'on ne peut plus soutenir : mais il se produit aussi des avantages incontestables; le tissage de la toile a considérablement augmenté, et nous faisons avec le fil mécanique des tissus que nous ne pourrions absolument pas faire avec le fil à la main; par exemple, les coutils, qui sont devenus d'un si grand usage, et mieux encore le linge damassé, que nous faisons maintenant plus beau qu'en Saxe. C'est une belle industrie que nous avons acquise tout d'un coup, et qui compensera bien des pertes.

RAPPORT

DE LA SOUS-COMMISSION D'ENQUÊTE,

PRÉSENTÉ

AU CONSEIL SUPÉRIEUR DE COMMERCE.

MESSIEURS,

La plus importante des inventions, qui, de nos jours, ont développé l'industrie manufacturière, celle qui a produit les résultats les plus instantanés et les plus brillants, est sans contredit l'invention des ingénieuses machines qui répètent, avec régularité, promptitude et économie, tous les mouvements si divers et si complexes que la main de l'homme, son intelligence et son attention pouvaient seules exécuter pour carder ou peigner, pour étirer, filer, retordre et enrouler le coton et la laine.

En inventant le moyen de filer le coton par des laminoirs successifs, tournant avec des vitesses différentes, invention qui nous paraît simple aujourd'hui, le barbier Arkwright (Arkrey) donna, en 1768, le signal d'une immense révolution dans le cours de la richesse [1].

[1] James Hargraves avait été son précurseur en inventant, en 1767, la mull-jenny.

Lorsque, trente ans plus tard, son invention eut produit de vastes conséquences, les peuples du continent commencèrent à vouloir en profiter; de là, des mesures de douane que les luttes politiques transformèrent en hostilités.

En voyant le prodige qui s'opérait pour le traitement de la laine et du coton, il était naturel de se demander si le filage du lin et du chanvre n'en profiterait pas. Napoléon se le demanda tout d'abord; mais, peu satisfait de la réponse banale : « *Le lin est un filament d'une nature différente : il ne crispe pas comme le coton : il est lisse, rigide et couvert d'une gomme-résine : il faut, pour l'étirer, les doigts et même la salive de la fileuse,* » Napoléon s'adressa aux industriels de tous les pays, et, par son décret du 7 mai 1810, il promit un million de récompense *à l'inventeur de la meilleure machine propre à filer le lin.*

Cet éclair du génie alluma bien des intelligences, et, sans le bruit des événements qui suivirent bientôt après, et qui bouleversèrent l'Europe, nous aurions pu assister à tous les essais par lesquels on s'efforçait de toutes parts à répondre au défi de l'Empereur.

Au retour de la paix, on ne pouvait pas dire que le problème fût résolu; mais il existait déjà des machines qui fonctionnaient çà et là, imparfaites, irrégulières, et n'offrant que bien peu d'avantages sur le travail manuel. C'est peu à peu et sans bruit que ces machines reçurent des perfectionnements. Enfin, à une époque qui remonte à 1825 ou 1826, les manufacturiers anglais trouvèrent le moyen, non pas de changer le mode de filage, mais de donner au lin des préparations si bien entendues, que la filasse se présentait à l'étirage dans des conditions presque aussi favorables que la laine et le coton. Dès lors, le succès fut assuré : Leeds, Dundee et Belfast devinrent le foyer de toute la production nécessaire au Royaume uni. L'Angleterre cessa de demander du fil à la France, à l'Allemagne et à la Belgique, et bientôt après, c'est-à-dire vers 1830, les exportations commencèrent à devenir considérables. Dans cette dernière année, la France reçut 3,000 kilogrammes; en 1831, 14,000, et en 1832, 56,000 kilogrammes.

Tels étaient les faits connus en 1833 : ils fixèrent l'attention du ministre du commerce. Dans un voyage qu'il fit à Lille et en Angleterre, il s'informa soigneusement de tout ce qui avait rapport à la fabrication et au commerce des fils de lin, et il jugea que cet objet avait assez d'importance pour que les Conseils généraux de l'agriculture, des fabriques et du commerce, qui s'assemblaient alors, eussent à s'en occuper.

Le Conseil général du commerce jugea qu'il n'y avait rien à faire; celui des manufactures nomma une commission dont l'avis fut de porter, de 24 à 100 francs, le droit sur le fil de lin; mais le conseil se borna à voter le doublement du droit.

C'est d'après ce vote que le Gouvernement présenta, le 4 février 1834, un projet de loi dont voici les termes :

Fils de lin	en écru	simples	50f	par 100 kilogrammes.
		retors	70	
	blanchis, bis ou herbés		90	
	teints..	simples	90	
		retors	150	

La commission de la Chambre des Députés en adopta le principe, en proposant toutefois de réduire au quart l'augmentation demandée, et de dire :

Fils de lin	en écru	simples	30f	par 100 kilogrammes.
		retors	55	
	blanchis, bis ou herbés		80	
	teints..	simples	55	
		retors	150	

Elle désirait, suivant son rapporteur, *sanctionner* l'augmentation demandée par le Gouvernement; mais, d'une part, elle n'était pas en mesure de refaire en même temps le tarif des toiles, comme il lui eût paru juste de le faire par voie de conséquence; et, d'autre part, « plusieurs membres de la commission avaient pensé qu'il était utile « de soumettre à un essai le principe de la libre concurrence. » (343.)

Ce projet ne fut ni discuté par les Chambres, ni reproduit par le Gouvernement; l'expérience que l'on invoquait a été faite sans entraves. Les 56,000 kilogrammes de 1832 se seront élevés à près de 6,000,000, dès l'année courante.

Le rapide accroissement, dans l'importation des fils de lin qui naguère était nulle, coïncidant avec une plus forte importation des toiles, occasionna nécessairement la détresse de tous ceux qui concouraient en France à la production des marchandises remplacées par celles du dehors.

Dans le mois de décembre 1837, les Conseils généraux de l'agriculture, des fabriques et du commerce furent, pour la seconde fois, saisis de cet objet, et ils votèrent, les deux premiers, pour une augmentation, et le dernier, pour un plus ample informé.

Mais en même temps de nombreuses pétitions attiraient l'attention des deux Chambres, et accusaient l'inertie du Gouvernement.

C'était d'abord l'agriculture réclamant un moyen de rendre à ses produits la valeur qui va se perdant à mesure que le fil et la toile étrangère entrent en plus forte proportion.

C'était la partie des populations de l'Ouest qui vit encore du filage à la main, et qui, ne se rendant pas bien compte de la fatalité qui pèse sur elle, faisait entendre ses clameurs.

Venaient ensuite les industriels qui ont entrepris de fonder des établissements à l'instar des Anglais, et qui se sentent étouffés, dès le début, par des concurrents qui peuvent déjà faire de grands sacrifices et dire à leurs mandataires : Vendez à tous prix [1].

Enfin, les tisserands de diverses sortes, qui d'abord ne voulaient pas que l'on surtaxât le fil anglais dont ils font usage, joignaient leurs réclamations à toutes les autres, comprenant, disaient-ils, qu'ils ne peuvent pas faire dépendre l'existence de leurs fabriques du bon plaisir des filateurs étrangers, ni par conséquent des chances d'une première collision.

[1] C'est, assure-t-on, le dernier mot des instructions de M. Marshall, de Leeds, à ceux qui tiennent son magasin à Lille.

Ces demandes étaient de nature à provoquer les plus vives résistances de la part d'un grand nombre d'intérêts, aussi bien des vignicoles du Midi que de la fabrique de Lyon, aussi bien des commerçants en fils et en toiles étrangères que de tous ceux qui voudraient que l'on se confiât aux chances de la liberté commerciale, ou qui seulement répugnent à de nouvelles restrictions.

C'est pour éviter une discussion intempestive, et qui n'aurait pas eu de bases certaines, que M. le ministre du commerce a demandé et obtenu qu'on lui confiât d'abord le soin de constater les faits, et d'élaborer la question par une enquête préalable. Toutes les pétitions lui ont donc été renvoyées par les deux Chambres, pour qu'il en fût ainsi, et l'engagement qu'il venait de prendre, M. le ministre du commerce s'est mis en devoir de le remplir, dès le 28 mai dernier, par l'arrêté qui nous a chargé d'entendre tous les intérêts, et de présenter au Conseil supérieur de commerce le résultat de notre travail.

Telle est la tâche que nous venons remplir aujourd'hui. Les procès-verbaux des interrogatoires auxquels nous avons procédé, et que nous avons l'honneur de soumettre au conseil, témoigneront, nous en avons l'espérance, de notre zèle et du soin que nous avons mis à obtenir toutes les indications utiles que chaque déposant pouvait nous fournir, en même temps que nous lui donnions le moyen d'exprimer sa pensée toute entière, et même de formuler les vœux que commandait sa position ou son mandat.

AGRICULTURE.

Nous avons dû étudier d'abord en quoi l'agriculture se trouvait engagée dans la question des lins. Qu'elle y ait un intérêt direct et majeur, c'est ce qu'il est facile de concevoir du premier mot. Aussi était-ce pour elle que l'Empereur désirait qu'on découvrît le moyen de mettre en valeur un produit de notre sol auquel il ne voyait pas, sans une jalousie toute nationale, qu'on substituât le coton, cette matière exotique transmarine, qu'il n'était pas maître de s'approprier. Il aurait voulu au contraire que le chanvre et le lin pussent remplacer le coton, comme il croyait que le pastel remplacerait l'indigo, et que le raisin et, plus tard, la betterave remplaceraient le sucre[1].

Parmi les cultures qui peuvent venir en aide à la culture des céréales, il n'en est pas de plus utile que celle du lin, qui exige des terres de première classe (328), qui fait sarcler les terres, qui demande un assolement régulier, qui fournit des tourteaux pour l'engrais du bétail, et qui, en définitive, procure un revenu très-avantageux.

Nous ne devons pas essayer de réduire les observations si claires et si judicieuses qui ont été présentées par MM. Defitte et Moret.

Quoique aucune statistique digne de foi n'ait encore pu décrire ce que la culture du lin et du chanvre occupe de terres dans chacun de nos départements, nous croyons pouvoir admettre, avec ces honorables déposants, qu'il s'agit d'une superficie de 180,000 hectares, dont le produit total représente une valeur de 175,000,000 fr., après avoir mis en roulement 115,000,000 fr. qui se répartissent en frais et en salaires, sur le pied de 640 francs par hectare (665). C'est, comme on le voit, une branche de notre agriculture bien autrement importante que celle de la betterave cultivée pour la fabrication du sucre; car il est reconnu que 80,000 hectares suffiraient pour fournir à toute la consommation du royaume. La discussion dans les Chambres a montré, d'ailleurs, que l'assolement, qui devait tripler au moins la superficie que l'on affecte à la betterave, ne saurait avoir lieu, puisque ce sont toujours les mêmes champs contigus aux usines qui doivent, à force d'engrais, alimenter la fabrication; attendu que, si l'on voulait cultiver au loin, les frais de transport absorberaient tous les bénéfices.

[1] Un décret impérial, du 15 janvier 1812, ordonnait de faire semer, dans l'étendue de l'empire, 100,000 arpents métriques de betterave; il ordonnait la création de quatre fabriques impériales, outre une fabrique à établir dans le domaine de Rambouillet, aux frais et profit de la couronne, pour produire 20,000 kilogrammes de sucre brut dans l'année; et enfin il voulait que 500 licences fussent délivrées à divers pour la même fabrication, avec la promesse d'une exemption de tous droits et impositions, pendant quatre ans, pour ceux qui auraient produit au moins 10,000 kilogrammes de sucre brut dans la première année. Ceux qui auraient perfectionné ou simplifié la fabrication du sucre devaient obtenir licence pour un plus long terme, et toujours en franchise de tous droits et impôts.

Pour le lin, *qui aime à changer de terre* (326), il n'en est pas ainsi, et l'on peut hardiment admettre que les 180,000 hectares. dont il a été parlé, se multiplient par 3 ou 4 (8) et même par 7 (492).

Or cette branche de notre industrie agricole si digne d'intérêt estelle menacée par l'importation des fils et des toiles?

Sur ce point, nous avons entendu des plaintes bien amères. La culture du lin, nous a-t-on dit, est perdue dans les départements de l'Ouest. Dans les Côtes-du-Nord, les récoltes restent invendues (17). Dans la Mayenne, la culture est en souffrance; on cultive moins, et ce qui valut 1 fr. 20 cent. ne se vend plus que 75 centimes (275). Dans la Sarthe, on ne cultive pas en lin toutes les terres qui y sont propres (577); là on n'en était encore qu'aux essais, mais ils sont découragés par ce qui se passe en ce moment (346); on voit que cette culture est sur le point d'être anéantie (582). En Picardie, le lin éprouve une dépréciation si considérable que les paysans abandonnent la culture (567). Dans l'Orne, on n'ose plus risquer de semence depuis l'importation des fils étrangers; car la récolte de l'année dernière n'a pas trouvé son entier écoulement (626). On s'est plaint qu'on n'eût encore rien fait pour mettre l'agriculture en état de produire autant et plus qu'autrefois (342). On a dit qu'il était impossible de placer le cultivateur français en concurrence avec le cultivateur russe (337, 250), et que pourtant c'était ce qui avait lieu en admettant, sans droits suffisants, les fils et les toiles fabriqués avec du lin du Nord. On a ajouté qu'au-dessous des prix actuels du lin de France il y a perte pour le cultivateur (578), et que l'importation des produits étrangers ferme à l'agriculture ses marchés habituels (18).

Nous avons recueilli avec d'autant plus de soin les plaintes de l'agriculture, qu'elles sont toujours modérées et même timides, et qu'elles n'ont pas le retentissement que donne, à celles des autres intérêts, la facilité avec laquelle ils se groupent et s'associent.

Mais, après avoir attentivement examiné la manière dont les intérêts de l'agriculture se lient, dans la question des lins, à ceux de l'industrie manufacturière, nous avons dû reconnaître que ce n'était par aucune mesure directe que l'on pouvait obtenir que la valeur du chanvre et du lin s'augmentât dans l'intérieur; en effet, personne n'a eu la pensée de vouloir repousser l'importation des lins et des chanvres étrangers, plus que ne le fait déjà un droit de 5 fr. par 100 kilog. de lin teillé, ni d'accorder quelque prime pour favoriser la sortie de nos produits. A quoi cela servirait-il? Nous recevons, il est vrai, 6,000 à 7,000 tonnes de chanvre, et habituellement 300 à 400 tonnes de lin; mais ces quantités ont un emploi spécial qui obligerait encore à les faire venir, quand même la différence du prix serait toute à notre avantage (480). Quelle influence pourraient avoir, sur nos mercuriales, d'aussi faibles quantités mises en regard de ce qui se produit et se consomme dans le royaume? Nous avons dû admettre, avec M. Moret, que 180,000 hectares de terre servaient en France à la culture du lin et du chanvre (665), et M. Rouxel nous a dit (4-11), que chaque hectare fournissait 625 kilog. de filasse; ce qui donne un total de 112,500 tonnes. Ainsi, l'importation ne représente guère que le 20e de nos besoins; elle est d'ailleurs commandée par l'insuffisance de nos produits, comme on l'a vu il y a peu d'années.

Et quant à la sortie qui, en moyenne, est de 1,364 tonnes, elle n'a jamais été la mesure des bénéfices du cultivateur (485); elle dépend aussi des résultats très-variables de nos récoltes comparés à ceux des pays qui nous avoisinent, et où les conditions de la culture sont à peu près les mêmes que chez nous. Tout se borne à des échanges de voisinage, en dehors des grandes spéculations de l'industrie et du commerce : celles-ci, étant libres dans leur choix, cherchent le bon marché dans le Nord, et la qualité, en Belgique et en Hollande. A ce dernier titre, nous pouvons aussi espérer, à cause de la bonne qualité de notre sol, que les lins de France soutiendront partout la concurrence, lorsque nos cultivateurs, répudiant quelques mauvaises routines, soigneront, comme les Belges, le rouissage et les autres apprêts de leurs produits, choses que le tarif des douanes n'a pas le pouvoir de les engager à faire (513).

Nous ne mentionnons, que parce qu'elle nous a été faite, l'observation suivante : si, comme on le croit, la betterave et les graines oléagineuses ont depuis quelques années disputé les meilleures terres à la culture du lin, et réduit son abondance et sa qualité, l'agriculture n'aurait pas droit de se plaindre (704).

En dernière analyse, la prospérité de la culture du lin, en France, ne peut résulter que de l'accroissement de notre propre consommation servie par des fabriques du pays auxquelles il ne sera pas nécessaire d'imposer l'obligation d'employer la matière première qu'elles auront sous la main, et qui se trouvera exempte des droits de douane et des frais de transport (704).

Cet avenir de prospérité, pour la culture du lin, nous paraît indubitable : mais nous verrons, plus loin, de quelles circonstances il dépend, et pourquoi il faut encore demander aujourd'hui, que l'agriculture *patiente* (307), et se confie dans les efforts que les manufactures font pour elles-mêmes.

Nous pouvons dire que, dès à présent, elle reçoit une certaine part des bénéfices que lui promet la nouvelle industrie. En effet, c'est un grand avantage pour elle que, par des machines préparatoires, on soit parvenu à redresser les étoupes et à les rendre propres au filage des plus fins numéros. Il est certain que, par cela seul, le produit de la terre a reçu un véritable accroissement de valeur; car nous voyons déjà que les étoupes sont recherchées partout où la filature mécanique s'établit, et que l'étranger s'empare de ce que nous ne savons pas encore mettre en œuvre (231, 288).

Évidemment, il se passera, à l'égard de la culture du lin, quelque chose d'analogue à ce qui s'est passé pour la culture du coton, qui, depuis l'invention d'Arkwright, et surtout depuis qu'on emploie la vapeur, est devenue 120 fois plus considérable. Ce phénomène est résulté tout naturellement de l'économie obtenue par l'emploi des machines, et qui, en moins de dix ans, a fait tomber la façon d'une livre de fil n° 100, de 10 shillings à 8 pence, et son prix de 38 à 6 et même à 4 shillings : cela est résulté aussi de ce que des perfectionnements ont été introduits dans la culture du coton ; perfectionnements qu'appellent toujours les produits dont les débouchés sont vastes et réguliers.

Déjà même on nous dit (490, 491, 492) que la culture du lin augmente; que, dans le département du Nord on en a semé beaucoup cette année, et qu'aux prix actuels cette plante procure de tels bénéfices aux cultivateurs, qu'elle remplacerait toutes les autres, s'il ne fallait pas que la terre se reposât sept ans (492).

Comment ne serait-on pas convaincu des avantages que l'avenir réserve à l'emploi du lin, lorsqu'on jette un regard sur les causes de sa langueur à côté de l'industrie du coton? Il y a trente ans que celle-ci n'employait encore que 800,000 livres de filaments, et c'est le centuple aujourd'hui. N'en devait-il pas être ainsi lors qu'on substituait une matière valant 3 sous dans l'Inde, et qui se filait à la mécanique, à une matière valant 20 sous, et que l'on filait à la quenouille? Ce doit être un sujet de regret; car, si la fabrication du lin avait suivi les progrès des autres industries, elle n'aurait pas seulement enrichi les manufacturiers, elle aurait aussi répandu l'aisance parmi les laboureurs (666).

Or, ce progrès s'opère en ce moment : il est rapide, et, en toute hypothèse, il tournera au profit de l'agriculture, aussi bien de la France que des autres contrées de l'Europe. C'est donc en vue d'un mal passager que, lorsque nous avons demandé ce que deviendra le lin récolté en France, si l'Angleterre nous pourvoit de fil, on a pu nous répondre : *c'est là le mauvais côté de la question* (397).

Nous espérons que l'on comprendra, sans peine, que, si nous écartons, pour l'instant, l'idée de toute mesure directe et spéciale que l'on voudrait demander en faveur de l'agriculture, nous n'entendons pas négliger ses intérêts, et que, dans l'examen de toutes les autres parties de la question, ces mêmes intérêts, si chers à la France, nous seront toujours présents.

FILATURE A LA MAIN.

Mais il est un autre intérêt dont il n'est pas possible de se dissimuler la détresse; elle ressort de toutes les pages de l'enquête : c'est l'intérêt des fileuses à la main. Leur industrie, pour ainsi dire patriarcale, est incontestablement frappée à mort, et personne n'aperçoit ni motif ni moyen de la défendre. Et cependant la révolution mercantile, qui doit la faire disparaître, inspire aux amis du pays des regrets amers que MM. Defitte et Goupil de Préfeln ont exprimés avec franchise.

Comme toutes les choses de ce monde, l'invention des machines a son côté malheureux; mais, en aucun genre, il ne s'est montré ni si vite ni si étendu.

C'est tout à coup que la filature à la mécanique déprécie et bientôt après anéantit le filage à la quenouille; ses progrès ont une telle rapidité, que les pauvres fileuses de Bretagne y voient de la sorcellerie (257). Déjà les femmes qui gagnaient leur pain en filant vont ramasser des pierres sur les routes (301). Si elles filent encore, c'est pour recevoir ce qui n'équivaut pas au prix de leur nourriture (224); cela fait mal à voir (298). Et le dernier mot de ceux qui veulent se faire illusion, est qu'elles peuvent mendier comme toujours (419). Aussi leur exaspération est-elle grande (24), comme il est naturel que cela soit, puisque la mécanique arrache violemment de leurs mains un travail productif qui se combinait heureusement avec les autres occupations des champs; elle leur dérobe un élément de bonheur, une garantie de bonne conduite; car la filature est pour les paysannes ce que la broderie ou la musique est pour les dames de la ville, un moyen d'occuper des loisirs qui sans elle deviendraient pesants ou dangereux.

Aussi, le ministre qui le premier a parlé aux Chambres de l'objet de notre enquête (343) a pu dire, avec la sagacité qui le distingue, que, s'il était maître d'accepter ou de refuser ce moyen d'épargner le travail manuel, il hésiterait. Mais, a-t-il ajouté, ce moyen existe; on l'emploie chez nos voisins, et il va se propager dans tous les pays industriels: il ne s'agit plus pour nous que d'en tirer avantage au plus tôt; car il n'est donné à personne d'étouffer une invention qui, après tout, permet de faire mieux, plus vite et à meilleur marché.

Nous le dirons donc franchement, Messieurs; notre avis est que l'on doit renoncer à défendre la filature à la main, non pas, comme on nous l'a dit (298), parce qu'il nous est impossible de comprendre le malaise de ceux qui vivaient de ce genre de travail, mais parce que ce serait nuire à d'autres existences, et surtout à l'intérêt général du pays. Nous nous confions d'ailleurs dans la pensée que la révolution qui retire aux campagnes la filature du lin en amènera une autre qui leur rendra un travail d'intérieur. D'abord, on croit généralement que, pour les trames, le fil à la main pourra encore être recherché (688), aussi bien que pour les batistes et les toiles de luxe, qui sont d'usage en France plus qu'ailleurs. A la vérité, ce genre de travail n'exigera plus qu'un petit nombre de fileuses habiles; mais elles gagneront beaucoup (688).

Ensuite il arrivera que la force et l'adresse des femmes seront appliquées à des ouvrages quelque peu compliqués, que la mécanique n'est pas près d'envahir (351). Ce sera peut-être à la couture du linge et des vêtements, à la confection des souliers, comme cela a lieu dans quelques états de l'Amérique du Nord, à l'horlogerie, au métier à bas, à la dentelle (351); on finira par étendre considérablement l'usage des choses qui maintenant sont trop chères. Enfin, il arrivera, mais dans quelques localités seulement, que les fileuses trouveront à se placer dans les nouvelles filatures. Nous voyons, en effet (228) qu'un seul établissement de Leeds entretient 400 *peigneuses,* outre 1,700 ouvriers.

En parlant de l'agriculture, nous avons dit que l'emploi des machines ferait consommer les produits ruraux dans une proportion immensément plus considérable qu'à cette heure, comme cela est arrivé pour le coton. Eh bien! nous pouvons nous prévaloir encore du même exemple pour dire que, malgré la progression décroissante du prix de façon et de vente du fil de lin, les ouvriers devenant plus habiles gagneront plus qu'autrefois. Le raisonnement et l'expérience autorisent à l'affirmer: seulement, il faut détourner les yeux des souffrances inséparables d'une transition que rien ne peut éviter; il n'est pas un seul déposant qui n'ait reconnu ce dernier point, quelle que fût d'ailleurs sa manière d'envisager la question (31-256-274-317-340-349-419-632-684-688-738), si ce n'est ceux qui espèrent, contre toute espérance, que les fils mouillés faits à la main, avec de bonnes matières, finiront par être préférés. (120).

FILATURE A L'ANCIENNE MÉCANIQUE.

On a vu plus haut que, dès le retour de la paix, on avait commencé à se servir de machines plus ou moins imparfaites pour la filature du lin, et même pour sa préparation à différents degrés (675), mais sans obtenir de résultats décisifs, et sans que l'industrie des campagnes en éprouvât le moindre dommage.

Ces mécaniques exigeaient un peignage répété qui occasionnait beaucoup de déchet et par conséquent beaucoup de perte, attendu qu'on ne savait pas encore remettre les étoupes à fils droits pour les employer comme le long brin (468). Elles employaient une ouvrière par 28 ou 36 broches, tandis qu'une seule ouvrière mène jusqu'à 132 broches de la nouvelle machine. Les bénéfices qu'elles procuraient devaient donc être assez faibles. Cependant plusieurs fabriques se sont établies à Lille ou en quelques autres endroits : celles-ci sont, comme le filage à la main, frappées de stérilité par l'invention de machines déjà si parfaites et si progressives qu'il n'est désormais, pour soutenir leur concurrence, d'autre moyen que de les employer soi-même. C'est ce que l'un des principaux manufacturiers qui, jusqu'à cette heure, travaillait avec des mécaniques de l'ancien système, vient de reconnaître (228). Après avoir été entendu dans l'enquête, il est parti pour l'Angleterre, où il a admiré les prodiges de la nouvelle industrie. Nous avons eu sous les yeux les lettres par lesquelles il s'étonnait avec candeur d'avoir pu rester si longtemps étranger à la connaissance positive de ce qui se passait chez nos voisins, et d'avoir fait tant d'efforts pour suivre un mode de travail dont la seule vue d'une fabrique de Leeds lui démontrait la défectuosité. Mais, ajoutait-il, rien ne sert de gémir sur le passé; il faut prendre courage et travailler sur de nouveaux errements. Tout consiste à avoir de bonnes machines; j'en aurai, quoiqu'il en coûte cher pour les faire sortir de ce pays, et qu'en France on vous demande encore 15 p. 0/0 de leur valeur. Toute machine parfaite réussira avec du soin; il n'y a plus d'essai à faire (228-229).

Nous aimons à voir cet honorable déposant formuler lui-même le jugement que nous avons à porter sur l'industrie qu'il semblait devoir défendre. Nous aimons à le voir reconnaître tout d'abord qu'il n'a plus rien à réclamer de la protection de la loi en sa qualité de filateur à la vieille mécanique, et que l'on ne doit plus s'occuper que de la position qu'il aura prise, dès qu'il sera muni de tous les appareils dont les Anglais se servent aujourd'hui (24).

Nous dirons donc à tous les fabricants de l'ancien système mécanique : Votre industrie ne peut pas être défendue plus que le filage à la main; mais heureusement pour vous il n'y a pas ruine; il vous suffit de changer vos machines, de donner une autre direction à l'expérience que vous avez acquise et à l'habileté que vous appliquiez malheureusement à une œuvre mal conçue : le soldat le plus courageux veut combattre à armes égales; soyez donc filateurs comme on l'est à Leeds et en Écosse.

FILATURE A LA MÉCANIQUE PERFECTIONNÉE.

En rattachant les espérances de l'agriculture au développement des fabriques qui doivent étendre la consommation des tissus de lin, et en exhortant les anciennes fabriques à passer dans le système nouveau, nous avons déjà fait pressentir que notre plus sérieux examen se porterait sur la question de savoir si ce nouveau système pouvait s'établir en France, ainsi que sur la recherche des moyens par lesquels la France doit entrer en partage d'une invention qu'elle a fait éclore.

Mais les filatures qui existent déjà et celles dont on annonce la formation, sans qu'aucune mesure législative ait encore été prise pour les encourager, n'offrent-elles pas d'elles-mêmes la réponse la plus affirmative? Depuis quatre ans, n'avons-nous pas vu s'établir en plusieurs endroits des métiers mécaniques importés d'Angleterre et déjà imités chez nous? Ceux qui en ont fait l'avance ont nécessairement calculé toutes leurs chances de succès, et reconnu qu'avec le tarif tel qu'il a été fait il y a douze ans, défendus d'ailleurs par le surcroît de frais que supportent les produits étrangers, ils pourront placer avantageusement les leurs dans l'intérieur du pays.

Et cependant c'est le cri de détresse poussé par ces industriels, et par tous ceux dont ils servent les intérêts, qui appelle le Gouvernement et les Chambres à s'occuper de l'industrie du lin.

Pour que ce fait puisse se comprendre, disons d'abord que l'espèce d'engagement tacite, que les nouveaux filateurs semblaient avoir pris de travailler à l'abri du tarif actuel, est en quelque sorte rompu par la force majeure qui les domine aujourd'hui. Ils avaient calculé sur les prix et sur les importations de 1833; mais, ce qui alors se vendait 110 et 120 francs, n'en vaut plus que 75; on obtenait à 35 p. 0/0 de prime des machines anglaises, et maintenant il faut payer 80 p. 0/0 (521); l'importation de 1832, en vue de laquelle on agissait, n'était encore que de 700,000 kilogrammes, et, dès cette année, elle atteindra 6,000,000; on avait compris que le droit de 24 francs s'appliquait à tous les fils de lin, tandis que, au contraire, c'est le droit de 14 francs qui profite à tous les numéros qui forment la plus grande consommation, parce qu'il n'est plus possible à la douane de distinguer le fil d'étoupe d'avec le fil de longs brins (188).

C'est donc en présence de quelques fabriques ainsi établies et déçues dans leurs premiers calculs que nous avons à examiner tout ce qui a été dit, soit pour défendre, soit pour combattre la proposition d'augmenter le tarif des fils de lin et de chanvre.

Disons d'abord qu'il ne s'agit pas de s'opposer à un progrès, mais de savoir si le Gouvernement est en puissance de prendre quelques mesures transitoires qui encourageraient en France l'établissement des filatures à la mécanique, afin que le travail perdu pour une classe de Français soit attribué à une autre classe, et ne tombe pas forcément, d'une manière exclusive, entre les mains des étrangers (174-340).

S'opposer à un progrès industriel quelconque, c'est-à-dire s'attaquer à la force des choses, ne doit jamais être le fait du Gouvernement. Mais amortir les conséquences d'une révolution inévitable, donner à ceux qui doivent cesser d'être sous une forme le temps d'en adopter une autre, sera toujours son premier devoir, puisqu'il a pour mission essentielle de conserver, de faire que les intérêts particuliers convergent vers l'intérêt général, et que le jeu de la concurrence ne soit pas désordonné.

Et d'abord on ne peut se dissimuler que la position des industriels qui veulent rendre à la France la filature par la mécanique ne soit fort délicate. Ils doivent avancer des capitaux considérables, et s'exposer à une foule de mécomptes, sans pouvoir, comme leurs devanciers, profiter des premier avantages de la découverte; car il faut qu'ils débutent lorsque la concurrence a déjà fait baisser les prix; lorsque leurs rivaux, ou pour mieux dire leurs maîtres, enrichis par les bénéfices qu'ils faisaient quand ils n'avaient à lutter que contre le filage à la quenouille, sont en état de faire des sacrifices qui défendent aux nouveaux venus d'oser marcher sur leur terrain. Mais ils rencontrent encore bien d'autres désavantages.

La première condition pour établir une filature est d'avoir des machines du système le plus avancé, parfaitement semblables à celles qu'on emploie en Angleterre. Mais, pour se les procurer, en éludant la prohibition de sortie qui existe encore en ce pays, il faut payer une prime de contrebande de 80 p. 0/0 de la valeur, et subir une perte d'intérêts de six mois au moins; car il faut tout ce temps pour épier l'occasion d'exporter, successivement et par différents ports, les parties détachées de chaque machine, que l'on a ensuite bien de la peine à réunir en France sur un même point (530). Et si la douane anglaise confisque les machines, le remboursement fait par l'assureur n'indemnise pas le fabricant français du dommage que lui cause un long retard dans la mise en jeu de l'établissement qu'il a dû tenir prêt. Telle machine de 70,000 francs, ayant été saisie et rachetée, est revenue, tout compte fait, à 142,000 francs (148). Que la condition des nouvelles entreprises est différente en Angleterre! Un contre-maître, qui jouit de la confiance des constructeurs, obtient d'eux des machines dont il ne commence à payer le prix qu'un an après la mise en train; ce qui lui donne sur le filateur français l'avantage immense de deux années (530-531). Il faut d'ailleurs que les nouvelles fabriques attirent des ouvriers ou des contre-maîtres anglais, dont le traitement sort des proportions ordinaires (158); ou, si on s'en dispense, on a besoin d'un plus grand nombre d'ouvriers du pays, parce qu'ils n'ont ni l'habitude ni l'attention soutenue des Anglais (157).

On fait voir, par différents décomptes, qu'en général tous les frais de premier établissement, les constructions en fonte et en briques, les machines à vapeur, le combustible, l'entretien des machines, l'éclairage et la prime d'assurance sont plus considérables chez nous que chez les Anglais. Pour une filature de 300 broches, on a fait ressortir à 53,580 francs le surcroît de dépenses que nous avons à supporter; sans compter que les filateurs anglais se procurent à crédit les machines que nous n'arrachons qu'à force d'argent et de temps, et sans compter l'habileté supérieure de leurs ouvriers (543).

Par l'un de ces décomptes, on nous a montré que, pour fabriquer 4,500 kilogrammes de fil des numéros 16, 12 et 7, une filature anglaise de 600 broches, mue par une machine à vapeur de 15 chevaux, ne dépensait que 4,191 fr. 50 cent.; tandis qu'un établissement français de même importance dépensait 5,490 fr. 53 cent. (65).

Nous nous sommes tenus en défiance contre l'exagération qui se glisse toujours dans ces comptes simulés où la multiplication joue un si grand rôle. Mais, en définitive, nous avons dû reconnaître que toutes les chances favorables à la production se trouvaient actuellement réunies dans les établissements anglais, et qu'aucun des nôtres ne les possédait au même degré. Mais ce qui nous a le plus frappés, c'est, d'une part, que nos voisins travaillent sur une échelle immense, ce qui les met à même d'atténuer les frais généraux et d'amortir promptement les capitaux engagés; et d'autre part, qu'ils achètent les matières en masse et de première main ; et qu'ils attirent les acheteurs par la facilité des crédits. Tous ces avantages, ils les doivent à l'abondance de leurs capitaux; abondance qui sera toujours la première et la plus victorieuse cause des succès que l'on peut obtenir en tous genres d'industrie et de spéculation.

Il ne faut donc pas s'étonner si, malgré le zèle et l'habileté de nos manufacturiers, si, avec un tarif qui, quoique faible, leur assure une certaine prime dans l'intérieur, ils ne peuvent pas produire le fil de lin à aussi bas prix que les Anglais, et si même ils ne peuvent pas comprendre comment la baisse des fils anglais dépasse la limite qu'ils avaient cru être celle du possible (530).

Il ne faut pas s'étonner s'ils demandent que le droit actuel, qui ne s'élève pas, pour les numéros les plus taxés, au delà de 5 p. 0/0, soit porté aux taux de 11, 16, 17 et 19 p. 0/0, selon les finesses, et qu'en outre on ne fasse plus aucune distinction entre le fil de lin et le fil d'étoupe. C'est en effet là que se borne la demande la plus positive qui nous a été faite par M. Féray (545—546), et cette proposition a encore été réduite par un autre défenseur de la filature, qui, au lieu d'atteindre le maximum de 40 cent. par kilog. pour les nos 20 et au-dessous, ne demande que 20 cent.; pour les nos 1 à 40, que 30 cent. ; pour les nos 41 à 70, que 50 cent. au lieu de 1 fr. 30 cent.; et, pour tout ce qui est au-dessus, 1 fr. au lieu de 1 fr. 90 cent (283).

Maintenant, Messieurs, écoutons ceux qui n'admettent pas la nécessité de faire autre chose qu'une simple régularisation du tarif.

La filature à la main est, quoi que l'on fasse, destinée à périr; elle a fait son temps (738); il ne faut plus songer à la défendre, ni même à ménager la transition, ce qu'on ne pourrait faire sans recourir à un droit prohibitif (688).

Le seul parti à prendre dans l'intérêt du pays, c'est celui que les industriels prennent d'eux-mêmes, en se hâtant d'établir des filatures à la mécanique: ceux-là méritent sans doute d'être encouragés; mais que ce ne soit pas par des droits qui, pour être réellement protecteurs, devraient s'élever au moins à 30 p. 0/0. En effet, si l'on s'arrêtait à 10 ou 12 p. 0/0, on n'augmenterait, en définitive, le prix des fils français que de 5 ou 6 p. 0/0, et cela serait inefficace; car, d'un marché à l'autre, dans l'intérieur, il y a souvent des variations plus considérables.

Et où mènerait une taxe de 30 p. 0/0 sur les fils?

Nécessairement à prohiber les toiles, comme l'entendent bien les tisseurs qui poussent à l'augmentation du tarif des fils, et qui ne voudraient plus en entendre parler, s'il n'était question pour eux que de la juste différence qui doit exister entre les deux droits, la valeur du fil étant prise pour moitié de la valeur de la toile (699).

Il faudrait donc d'abord arrêter les progrès que fait maintenant le tissage, par l'emploi désormais indispensable et forcé (398) du fil mécanique; puis jeter la perturbation dans le commerce (689), et dans nos rapports avec des puissances amies.

N'est-ce pas depuis qu'on vend beaucoup de toiles étrangères que les nôtres ont eu le plus d'écoulement (699)?

C'est, on ne peut trop le redire, c'est à l'emploi des fils de nouvelle fabrication que tient désormais le succès du tissage et le progrès de la consommation. Laval et Chollet ne prospèrent aujourd'hui que parce qu'on y a pris le parti de les employer et de se ménager une économie de 25 pour 0/0 (358-419).

La fabrication des tissus de lin (toile, linge de table et coutil) a pris un accroissement considérable; elle est d'un tiers plus forte qu'il y a trois ans (356).

Ce qui le prouve, c'est qu'en même temps qu'il s'importe d'assez fortes quantités de fil l'on n'importe pas plus de toiles : en effet, 1837 a reçu quelques 100,000 kilogrammes de moins que 1836. (356-358).

Et, en voyant que dans l'importation réduite, l'Angleterre prend une plus forte part que la Belgique, on en conclut que la valeur importée a été moins forte, attendu que les toiles anglaises sont généralement de qualités inférieures, et que les toiles fines, que nous produisons avec le plus d'avantage, ont été moins exposées à la concurrence belge. Cela doit être, puisqu'à l'avantage, que nous avons toujours eu, de tisser mieux nous joignons maintenant celui d'employer des fils plus réguliers et plus *coulants* (208).

Et quel ne sera pas l'avenir de cette industrie, lorsqu'avec le fil mécanique le travail devra se régulariser partout; que les routines locales seront oubliées, et que les toiles, en quelque coin de la France qu'on les fabrique, deviendront ce qu'on peut appeler *marchandes*, au lieu de n'être appropriées qu'aux habitudes de certains lieux?

Or, cet avenir serait perdu par des droits sur les fils, qui feraient renchérir un genre de tissu qui a cédé au coton, malgré ses avantages incontestables, parce qu'il était trop cher (391).

Que deviendraient les fabriques de Lizieux et de Vimoutiers, si elles étaient privées des fils mécaniques? La rubannerie et la fabrication des coutils ne peuvent plus employer une autre matière. L'ouvrier la veut, parce qu'elle lui donne le moyen de travailler avec bénéfice, quoiqu'à meilleur marché, faisant un quart de plus d'ouvrage qu'avec les fils à la main : il ne perd plus son temps à assortir les chaînes et les trames : il trouve toujours et identiquement les numéros qu'il doit mettre en œuvre (357-358-386).

Tenez donc pour certain qu'il faudrait recourir à la violence pour empêcher que ce fil, devenu si nécessaire, continuât d'être importé; et cette violence serait un malheur (386).

Vous ouvririez d'ailleurs de nouvelles chances à la contrebande qui certainement se ferait en grand, si l'on portait le tarif des toiles à plus de 10 p. 0/0 (703).

Enfin, le droit que l'on établirait sur le fil ne servirait pas à l'agriculture; car, pour échapper à l'effet de ce droit, et soutenir la concurrence de leurs rivaux, les filateurs français seraient obligés d'acheter du lin de Russie qui est moins cher que le nôtre. On ne préfère pas aujourd'hui les lins du Nord, parce qu'on fait encore attention à la qualité qui est une condition de bonne fabrication ; mais, si l'on violente les choses, il faudra préférer le bas prix.

Nous soutenons qu'il est inutile d'élever le tarif des toiles, parce qu'il a été calculé sur 15 p. 0/0 de la valeur, et que ce taux est maintenant fort excédé par la baisse progressive du prix des toiles à l'étranger, et parce que l'emploi du fil mécanique rapproche le prix de nos toiles de celui des toiles étrangères.

Quand même le fil reviendrait, en France, à 15 p. 0/0 plus cher, comme il n'entre que pour moitié dans la valeur des toiles, il suffirait d'accorder à celles-ci une prime de 7 p. 0/0 pour rétablir l'équilibre[1].

Que si vous voulez faire des calculs sur les prix de revient, soit en France, soit en Angleterre, vous n'aurez rien de vrai; car ces prix sont le secret des fabricants : chacun d'eux a ses conditions propres, et ses prix ne dépendent pas de sa volonté (707).

Toujours est-il certain que les Anglais ont une assez grande marge pour détruire, par des baisses momentanées, l'effet des mesures mal entendues que l'on voudrait prendre (389-707).

Bornez-vous donc à supprimer toute distinction entre le fil de lin et d'étoupe (393-394-395).

Que l'industrie française n'ait pas attendu les secours de la législation pour enrichir la France du nouveau mode de filature, c'est ce que les faits démontrent. Nous avons déjà quatre fabriques qui travaillent depuis plusieurs années; quatre sont en voie d'installation, et l'on sait qu'il y en a six autres en projet. Ces seuls établissements engagent déjà un capital de 18,000,000 à 20,000,000 fr. Dans le Maine, dans la Bretagne, partout, les esprits sont en mouvement; l'effet moral est produit; on construit des machines : tout est en marche et rien ne doit faire craindre que l'on s'arrête; car tout prouve que, pour les

[1] Ce rapport, entre la valeur du fil et celui de la toile, est très-difficile à établir; car la variété des fils et des toiles est infinie; et toutefois l'on peut dire, d'après les calculs de M. Cohin (396), que, dans les toiles ordinaires faites avec des fils n° 16 à 20, c'est pour 2/3 que le prix de ces fils compte dans celui de la toile. Cette proportion des 2/3 est également indiquée par MM. Millescamp et Labérard (244) : moitié, n'est vrai que pour la toile très-fine (245).

habiles, il y aura de grands bénéfices à recueillir, puisque tel fabricant affirme qu'une filature, pour laquelle il engage 1,200,000 fr., en produira 030,000 en excédant des dépenses (384-690).

Il est bon sans doute de se défier de l'exagération des prospectus; mais il en est qui sont garantis par des noms si honorables (691), qu'on peut y ajouter foi, lorsque d'ailleurs le raisonnement conduit à reconnaître que les nouvelles entreprises, favorisées par plusieurs accidents naturels, et couvertes déjà par une protection de 10 à 15 p. 0/0 (390), ne peuvent manquer de faire de beaux bénéfices. Les établissements, qu'on forme en France, ne sont-ils pas sur le point même où la matière ouvrable se récolte, et tout près de la consommation? Si nos fabricants mettent au nombre de leurs désavantages relatifs la cherté du combustible, c'est qu'ils le veulent bien; car pourquoi recourir à la vapeur quand on a des chutes d'eau? (561).

Tel d'entre eux se dit en désavantage de 12 p. 0/0. Eh bien! ce désavantage est couvert par les frais de toute nature qui chargent le prix d'achat d'au moins 15 à 16 p. 0/0.

S'il ajoute qu'il n'a que 3 p. 0/0 de bénéfice, il faut lui demander comment il en fait le compte. Est-ce sur le capital employé ou sur la somme des ventes; car cela est bien différent? Au reste, il est bien difficile d'admettre des calculs dont les bases sont incertaines; qu'on s'en tienne aux faits extérieurs et que l'on fasse attention qu'il faut bien que le filage mécanique donne des profits, puisque l'établissement d'Essonne, habilement dirigé, double et triple ses moyens de produire (692).

Si les Anglais ont l'avantage de la priorité, s'ils ont des machines à plus bas prix, des capitaux plus abondants et à meilleur marché, nous sommes aussi dans de bonnes conditions. Le sol français fournit de belles matières; nous faisons nous-mêmes une grande consommation de fils et de toiles. Si les Anglais réalisent des économies dans leurs exploitations établies sur une grande échelle, la différence qui en résulte ne doit pas s'élever, en frais généraux, à 5 ou 6 p. 0/0 pour nos établissements un peu considérables (695).

Au reste, tous ces désavantages vont se réduire d'eux-mêmes, lorsqu'on évitera l'emploi de la houille (561);

Lorsque les mécaniciens français fourniront des métiers à 40 francs, par broche.

Les capitaux ne manquent pas chez nous, et la main-d'œuvre est moins chère (385).

Le problème est bien connu; tous les essais sont faits. Désormais rien ne peut empêcher que nous ne soyons bientôt en possession du nouveau système de filature et de tissage. Il est inutile que le Gouvernement intervienne pour cela: il doit même craindre de se rendre complice ou responsable des exagérations auxquelles on n'est que trop enclin à se livrer (695).

Nous assistons à une révolution qui a ses effets irrésistibles, d'abord embarrassants, mais bientôt profitables (696).

C'est l'ensemble des choses qu'il faut voir et le but vers lequel elles gravitent quoi qu'on fasse (384).

Enfin il ne faut pas créer une industrie factice, lorsque l'on peut l'obtenir dans des conditions naturelles (694).

Tels sont, Messieurs, les arguments que l'on a fait valoir, tour à tour, pour soutenir et pour combattre la demande d'une augmentation sur le tarif des fils de lin. De part ni d'autre, on n'a supposé que le Gouvernement fût en disposition de prendre des mesures fortement restrictives; et il est à remarquer que, lorsqu'ils arrivent à chiffrer leurs demandes, les contradicteurs les plus capables, ceux qui, malgré leur propre intérêt, savent embrasser la question dans son ensemble, se rapprochent d'une certaine limite, et semblent tout prêts à se concilier.

Ainsi, nous n'avons pas entendu dans l'enquête un seul déposant qui n'ait demandé ou concédé, comme une chose juste et nécessaire, la suppression de la différence dans la quotité du droit qui affecte les fils de lin et les fils d'étoupe. Tous ont reconnu que le fil d'étoupe ne se distinguait plus du fil de lin, et qu'à l'époque où la loi actuelle fut rendue on ne connaissait, sous la première dénomination, qu'une matière jarreuse, grossière et presque de rebut; tandis qu'à présent la mécanique prépare et file l'étoupe avec une telle perfection, qu'il est difficile, à l'œil et à la main la plus exercée, de reconnaître la matière qui a servi à faire le fil. Il a été admis, après démonstration complète, que la distinction, entre les deux expèces de fil, est désormais impossible dans la pratique, qu'elle prête à la fraude, et n'est plus en harmonie avec les faits ni avec l'esprit de la loi (705).

Il n'est pas besoin de dire qu'à cet égard l'enquête n'a fait que confirmer l'opinion que chacun de nous s'était déjà faite par l'examen que la question provoque depuis longtemps.

Or, ce seul point ainsi entendu explique et justifie la nécessité de changer le tarif des fils, puisque la distinction entre le lin et les étoupes en forme la base.

Aussi avons-nous dû proposer d'abord à chaque déposant la question de savoir comment il entendrait établir et graduer la taxe qui deviendrait commune aux fils de lin et d'étoupe.

Voici les réponses qui nous ont été faites :

1° Taxez à 40 centimes, par kilogramme, tout fil au-dessous du numéro 20, et le surplus comme vous l'entendrez (70-77).

2° Établissez 7 classes dont la première comprendra les 20 premiers numéros; celle-là payera 26 fr. 40 cent. par 100 kilogrammes; toutes les autres, en proportion ascendante suivant la finesse (141).

3° Je fais 4 classes :

La première comprendrait les fils des n°s 1 à 19, et payerait, par kilogramme . . . . 0^f 40^c

La deuxième, des n°s 20 à 39 . . . . 0 80

La troisième, des n°s 40 à 69 . . . . 1 30

Et tous les numéros supérieurs . . . . 2 00 (191).

4° Je pense qu'il serait sage de ne porter le droit sur le fil qu'à 25 ou 30 p. 0/0 (216);

5° On devrait graduer le tarif unique comme suit :

Première classe, n°s 1 à 19 anglais...... 42f les 100 kilog.
Deuxième *idem.* 20 à 39............ 85 *idem.*

Les numéros supérieurs ne nous importent pas (240):

6° Je voudrais que le tarif fût fixé en raison des degrés de finesse, savoir :

Jusqu'au n° 20 anglais................	20f les 100 kilog.
——— 21 à 40.....................	30 *idem.*
——— 41 à 70.....................	50 *idem.*
Du n° 71 et au-dessus................	100 *idem.*

Ce qui ne ferait encore, en moyenne, que 8 à 9 p. 0/0 (283).

7° Voici comment j'entendrais la protection que je réclame :

Des n°s 1 à 19 anglais................	40f les 100 kilog.
——— 20 à 39.....................	80 *idem.*
——— 40 à 79.....................	160 *idem.*

Au-dessus, ce qu'on voudra (300).

8° Il ne faudrait maintenir qu'un seul droit, celui de 24 francs, sans distinction d'espèces ni de qualités (393). Cela serait modéré pour les hauts numéros; mais cela encouragerait la fabrication des fils communs par laquelle il est bon de commencer (394-395).

9° Ne touchez pas au tarif des fils pour ne pas avoir à toucher au tarif des toiles (430-431).

10° Je crois que la filature à la mécanique n'a besoin, pour réussir en France, que d'un droit *harmonisé*, qui se répartisse modérément entre certaines classes de finesse (446-447).

11° Je pense qu'il faut s'abstenir d'augmenter le tarif des fils; mais il faut lui donner une meilleure classification en distinguant les espèces par numéros; mais, comme le droit ne peut être considérable, je me contenterais de deux grandes divisions séparées par le n° 25. Si cependant on voulait graduer le droit d'une manière plus minutieuse, j'indiquerais, comme bonne en soi, la division ci-après :

N° 20 et au-dessous;
21 à 40;
41 à 70;
70 et au-dessus.

Si la 1re classe devait payer 10 francs, on devrait mettre 15 francs pour la 2e; 20 francs, pour la 3e, et 30 francs, pour la 4e. Les numéros élevés n'ont pas besoin d'une grande protection (476-477-478).

12° Je diviserais les fils en 4 classes, sur lesquelles il me paraît indispensable d'établir les droits suivants :

Des nos 1 à 20 inclusivement	0f 35c à 0f 40c par kilogramme		
——— 21 à 40...........	0 75 à 0 80		
——— 41 à 75...........	1 20 à 1 30		
Au-dessus de 75..........	1 80 à 2 00		(545)

13° Je voudrais que la protection fût de 30 francs, par 100 kilogrammes, sur les numéros 20 et au-dessus; ce qui reviendrait à 15 p. 0/0 pour les plus bas numéros; mais, pour ceux de 15 à 20, ce ne serait que 10 (573-574).

14° Je demanderais que le droit, sur les fils, fût élevé à 25 p. 0/0 de la valeur : cette protection encouragerait l'établissement des filatures mécaniques en France; et, si la filature à la main doit s'éteindre, la transition serait moins brusque (597).

15° Je ne suis pas à même de fixer le taux des droits : mais je vous assure qu'on ne peut se tromper qu'en moins, et qu'il n'y a aucun mauvais résultat à craindre d'une protection qui assurerait, à notre pays la filature du lin (637).

16° Je crois qu'il faudrait combler, par le tarif des douanes, la différence qui existe entre le prix des fils d'Angleterre et celui des nôtres (656).

17° Je n'ai pas calculé par quel droit on pourrait protéger l'agriculture, en restreignant l'entrée des fils : mais on ne demande pas, en faveur du lin, ce qu'on a fait en faveur du coton, quoiqu'il s'agisse de conserver chez nous un travail qui donne de la valeur aux champs, et l'existence à une grande partie de la population. En somme, nous éprouvons une baisse de 25 à 30 p. 0/0 sur nos fils (686).

18° J'ai démontré qu'il ne fallait surtaxer ni les fils, ni les toiles, et cependant je reconnais qu'il y a lieu de modifier le tarif pour le mettre en rapport avec les faits actuels et l'esprit de la loi qui l'a établi. Conserver le droit unique de 24 fr. serait plus simple et plus commode pour l'administration; mais il est plus rationnel de le graduer sur la finesse des fils et d'après la proportion dans laquelle les divers numéros sont importés. Si tel était le vœu du Gouvernement, je proposerais d'établir 4 classes qui payeraient :

La 1re 14 fr. par 100 kil.
La 2e 24
La 3e 50
La 4e 100.

Ce ne serait que 6 p. 0/0 sur les deux premières classes, et beaucoup moins sur les deux autres (705-706.)

19° Enfin, il nous a été dit qu'il n'y avait d'autres changements à faire au tarif que de déclarer que le droit de 14 francs s'appliquera, sans distinction d'espèces, à tous les fils, des n° 1 à 25, et le droit de 24 francs à tous les numéros supérieurs (730).

C'est après avoir apprécié chacune de ces demandes et les motifs divers qui en étaient le principe, que nous avons compris qu'il était indispensable d'adopter un tarif gradué plutôt qu'une taxe unique qui frapperait inégalement la valeur relative de marchandises de prix fort différents.

Et nous avons adopté la division en quatre classes, comme cela était demandé par les personnes les plus compétentes.

Mais quelle série de numéros chaque classe devrait-elle comprendre? Il est résulté, pour nous, de tout ce qui a été dit et débattu dans l'enquête, que le classement le plus naturel et le plus simple serait celui qui, ne faisant acception que des numéros les plus ordinairement employés, admettrait 4 classes ainsi limitées :

N°s 1 à 20;
21 à 40;
41 à 75;
76 et au-dessus.

Restait à fixer, comme point de départ, le droit *minimum* applicable à la 1re classe.

Nous avons d'abord considéré que, puisqu'en fait l'emploi des nouvelles mécaniques donne les moyens de ramener les étoupes au même état que le lin propre à la filature, ce n'était plus que par une interprétation judaïque de la loi qu'on appliquait encore le droit de 14 francs à tout ce que l'on voulait bien appeler fils d'étoupe; car évidemment il avait été dans l'intention du législateur d'imposer à 24 fr. tout fil susceptible de faire autre chose que de la toile grossière, dite *d'étoupe*. Nous pouvions donc admettre, comme base du nouveau tarif, ce droit de 24 francs, et l'appliquer à tous les numéros de 1 à 20: mais nous avons considéré que, cette première série comprenant des qualités très-inférieures que l'usage a toujours fait admettre au droit de 14 fr., sans que l'on recherchât si elles étaient produites par du lin ou des étoupes, il convenait de s'arrêter, à leur égard, au taux de 20 fr., et cela avec d'autant plus de raison que nous avions reconnu que pour la 2e classe, celle des n°s 21 à 40, il suffisait d'augmenter d'un quart le droit actuel de 24 francs.

Nous nous arrêterons un moment sur ce dernier chiffre, qui a le plus d'importance, afin d'apprécier son rapport avec la valeur de l'objet qu'il doit affecter.

Mais, avant tout, nous devons déclarer que nous n'entendons, en aucune manière, soutenir l'exactitude rigoureuse d'aucun des prix que nous citons, parce qu'il est impossible d'en trouver ou d'en admettre qui ne soient très-contestables. Toutes les personnes entendues, tous les documents recueillis ont présenté des chiffres différents, et la comparaison entre ces chiffres divers était impossible. Cela devait être, sans doute, parce qu'aussitôt que l'on veut compter à la vigueur, on ne sait plus quelle valeur on doit attribuer à chacun des prix à comparer. Tous deux dépendent de la qualité des matières employées, de la régularité du fil, qui varie dans un même numéro et de fabrique à fabrique, de l'habileté du fabricant, de l'époque où ce prix a été vrai, des circonstances commerciales qui dominaient alors, et encore du point où se trouvait la marchandise, des escomptes, des terme de payement, etc., etc.

Mais il suffit d'approcher de la vérité des faits, comme nous le faisons certainement ici, lorsqu'on ne veut pas exagérer les conséquences qu'il s'agit d'en tirer.

Or, nous dirons qu'un droit de 33 centimes par kilogramme, pour les fils des n°s 21 à 40, nous paraît suffisant, quoique, d'après un tableau fourni par M. Féray (546), il ne doive pas représenter plus de 8 p. 0/0 de la valeur[1].

Il nous paraît suffisant parce que nous admettons ce qui a été dit, avec beaucoup de justesse, sur la nécessité de ménager les intérêts du tissage, et de ne pas entraver les relations de commerce dont le fil de lin est l'occasion. Nous ne désirons pas non plus forcer le mouvement qui déjà porte les industriels et les capitalistes vers les entreprises de filature. Sachant bien que la valeur d'un poids donné, en fil de lin, diffère selon les degrés de finesse, et que, par exemple, le n° 16 vaut 2 fr. 25 cent. par kilogramme, quand le n° 200 en vaut 50, nous voudrions éviter que la même quotité de taxe atteignît le poids d'un trop grand nombre de numéros; mais il est impossible de graduer le tarif de manière à ce qu'il réponde exactement à la valeur de chaque numéro, surtout à cause de la vérification à faire par les douanes. Au reste, en adoptant, comme le font les fabricants eux-mêmes, des séries de numéros, et en s'arrêtant à celles qui font l'objet du principal commerce, on arrive à ce qui est juste et praticable.

[1] Ce tableau suppose qu'au prix d'achat, en Angleterre, on a déjà ajouté les frais pour arriver dans un port de France; cependant il est d'accord avec les prix actuels de fabrique, depuis que les affaires avec l'Amérique du Nord ont repris leur cours.

En effet, les fabricants anglais ne cotent pas leurs prix, numéro par numéro, mais par groupes de cinq numéros au moins, parce qu'ils obligent les acheteurs à prendre des assortiments. Or, en adoptant leur méthode et en nous référant aux détails que nous avons donnés, page XXVI du présent volume, sur la manière de traduire les prix courants anglais, nous établissons, comme suit, le rapport qui existera entre le droit proposé et la valeur des fils des n°s 21 à 40.

NUMÉROS.	PRIX D'ACHAT au kilogramme.	DROIT PROPOSÉ.	RAPPORT du droit à la valeur.
21 à 25.	3f 80c	0f 33c	10 p. 0/0.
26 à 30.	4 40	0 33	7 1/2 p. 0/0.
31 à 35.	5 00	0 33	6 1/2 p. 0/0.
36 à 40.	5 50	0 33	6 p. 0/0.
			30 p. 0/0.
	Moyenne................		7 1/2 p. 0/0.

C'est là, ne manquera-t-on pas de dire, une bien faible protection, ou, si l'on veut, un bien faible impôt pour une marchandise que nous avons un si grand intérêt à fabriquer en France, et qui assurément devrait produire davantage au trésor, dans le cas même où l'on voudrait se résigner à ne l'obtenir que de l'étranger.

Mais nous croyons qu'à l'époque où nous sommes, l'industrie est devenue, en France, assez confiante en elle-même, assez forte de ses progrès, du secours des sciences et des arts et du mouvement de la consommation, pour n'avoir plus besoin des appuis que la législation lui offrait à d'autres époques.

Ce ne sont plus des fabricants, aussi habiles que ceux dont nous voyons déjà les premiers efforts, qui ont besoin d'être défendus par des lois prohibitives. Et, qu'on le remarque bien, la filature du lin, dont la mécanique a eu tant de peine à s'emparer, est, maintenant que le problème se trouve résolu, plus facile à pratiquer que celle du coton. C'est probablement à cause de son extrême simplicité, nous a dit un filateur, que le nouveau système a été si difficile à découvrir (564-614).

Encore aujourd'hui, nous entendons les tullistes reprocher, aux filateurs français qui travaillent depuis trente ans, de ne pas leur fournir du *fil de coton* aussi solide et aussi régulier que le fil anglais, tandis que tout le monde s'accorde à reconnaître que déjà, après trois ans d'existence, la filature mécanique d'Essonne produit des *fils de lin* au moins aussi beaux que ceux qui sortent des premières fabriques de Leeds : on consent même à le payer plus cher. On ferait donc un anachronisme en voulant établir autre chose qu'un droit relatif à celui des autres marchandises, et qui peut être aussi bien réclamé par le trésor que par les manufacturiers.

Nous ne méconnaissons pas les grands avantages que possèdent les fabricants anglais, ni toutes les difficultés qui s'offrent à ceux qui veulent se mesurer avec eux . mais, en définitive, la nouvelle industrie devra appartenir à tous les pays d'Europe qui produisent du lin et consomment des tissus, et la France, entre ceux-là, est certainement la première.

Il n'est pas inutile de remarquer encore que les frais, qui, indépendamment des droits de douane, s'ajoutent toujours au prix d'achat, offrent une prime qu'il ne faut pas laisser en dehors des calculs. Elle ne sera pas, pour le fil de lin, de 8 à 9 p. 0/0, comme on nous l'a dit (464) : mais ce sera tout au moins 5 p. 0/0, comme on nous l'a avoué (533).

Loin de craindre qu'on nous accuse d'être resté trop en deçà de la limite qu'il s'agissait d'atteindre, nous éprouvons au contraire le besoin de justifier le chiffre de 20 et 30 fr. que nous avons admis pour les espèces de fils les plus ordinaires.

C'est d'abord témoigner de son extrême modération que de dire que le droit moyen de 30 fr. que nous admettons pour le fil, est justement celui qu'avait proposé, en 1834, la commission de la Chambre des Députés (voir page 3); celle-là même qui déclarait vouloir s'en tenir à un taux si minime, qu'il ne dût pas entraîner la révision du tarif des toiles; celle-là même qui désirait que l'on essayât du principe de la liberté commerciale.

Chacune des quotités de 20 et 30 fr. s'appliquant à une série de 20 numéros, on pourra peut-être la trouver relativement trop forte pour les plus basses qualités; mais, comme l'ont dit MM. Cohin et Vayson (304-574), ce sont ceux-là qu'il est d'abord le plus facile de produire en France et qu'il importe de favoriser dans l'intérêt de la Picardie et de la Bretagne. Pour la sommité des deux catégories, nous restons dans des termes très-modérés : et, par exemple, ce taux de 20 fr. présentera, pour les basses qualités, le rapport le plus considérable avec la valeur; mais, à partir du n° 14, qui vaut à Lille 2 fr. 20 c. le kilog., ce rapport ne sera plus déjà que de 10 p. 0/0; le n° 20, qui vaut 3 fr. 80 c. en lin, et 2 fr. 80 c. en étoupes, soit en moyenne 3 fr. 10 c., ne sera plus affecté que de 6 p. 0/0 environ.

Supposons qu'il ne s'agisse en aucune manière de protéger l'établissement des nouvelles filatures, mais uniquement d'*harmoniser* le tarif, comme on nous l'a conseillé (446); supposons qu'il ne s'agisse que d'un simple droit fiscal, on reconnaîtra encore que le taux de 20 fr., d'où nous faisons partir notre graduation, n'a rien d'exagéré, et forme convenablement le point intermédiaire entre le droit de 5 f. qui affecte le lin et les étoupes, dont le prix moyen est de 72 fr. (65), et le droit de 36 et 65 fr. qui affecte les toiles, jusqu'aux 8 fils; car c'est avec des fils n°s 20 et au-dessous qu'on fabrique les toiles comprises dans les deux premières classes du tarif. Or, il est clair que 20 pour 0/0 représentent bien les 2/3 pour lesquels la valeur du fil entre dans celle de la toile (244, 245, 396)[1].

Si l'on admet les motifs qui nous déterminent à fixer de la sorte le droit des n°s 1 à 40, il ne se présentera probablement aucune difficulté pour admettre aussi la taxe de 50 francs que nous demandons pour tous les numéros supérieurs à 40; car on saisira facilement

[1] D'après M. Boudin Devergers (660), le fil n° 18 fait même de la toile de 13, 14 et 15 fils aux 5 millimètres.

la double raison qui le justifie, savoir, que la valeur de ces deux numéros s'élève beaucoup plus sensiblement que notre échelle de droits, et qu'ils n'ont pas, pour notre industrie, la même importance que les autres. Effectivement, nous trouvons que le droit de 50 francs ne reviendra, en moyenne, pour les numéros de 41 à 80, qu'à 7 pour 0/0 [1].

Et d'ailleurs les fabricants de fil se sont accordés à dire que les numéros élevés n'entraient que pour une faible part dans les besoins de la consommation. Ce sont ceux-là que nous avons le moins besoin d'imiter aujourd'hui, et par conséquent de repousser, d'autant moins que, pour les toiles de luxe, on préférera toujours le fil à la main (688).

Ces considérations nous paraissent tellement décisives qu'elles nous engagent à ne pas proposer de taxe spéciale pour les fils des numéros supérieurs. Nous avons bien reconnu d'abord qu'il était rationnel de faire quatre classes dont la dernière, partant du n° 76, embrasserait tous les fils dont le prix atteint et dépasse le taux de 6 francs par kilogramme; mais, comme l'a dit un fabricant, ces numéros *sont d'une consommation trop minime pour qu'il faille en tenir compte.*

---

[1]

NUMÉROS.	PRIX au KILOGRAMME.	DROIT.	RAPPORT.
45...........	6f 20c	0f 55c	9 p. 0/0
50...........	7 00	0 55	7 p. 0/0
70...........	9 40	0 55	6 p. 0/0
80...........	10 40	0 55	5 p. 0/0
			27 p. 0/0
En moyenne............			6 3/4

Dès lors, quelle nécessité y a-t-il d'écrire, dans le tarif, un droit qui semblerait vouloir être prohibitif, et qui, de fait, n'aurait pas d'application utile? Il y a, au contraire, autant d'avantage que de convenance à rester dans les termes de ce qui est actuellement praticable, et d'attendre que de nouveaux faits nous disent s'il est à propos de faire plus. Remarquons d'ailleurs qu'il n'y a nulle chance pour que la fraude parvienne à faire admettre des numéros très-fins au droit de la seconde classe. Ce sera un des mérites du tarif, tel que nous le proposons, d'être d'une application simple et facile, et de ne susciter aucun débat entre la douane et les déclarants.

Nous proposons donc, en ce qui concerne le tarif des fils, de s'en tenir aux termes ci-après :

Fils de lin et de chanvre simples, en écru et en écheveau, sans distinction des fils d'étoupe.	Du n° 20 anglais (n° 6 de France, de 6,000 mètres au 1/2 kil.) et au-dessous. . .	20f 00c	les 100 kil.
	Du n° 21 à 40 inclus.	30 00	
	Du n° 41 et au-dessus.	50 00	

Si l'importation de tous les numéros s'effectuait en quantités égales, ce ne serait, sur le droit actuel de 24 francs, qu'une augmentation moyenne de 9 francs par 100 kilogrammes.

Ces bases étant adoptées pour les fils simples et écrus, rien ne sera plus facile que de graduer le tarif des fils retors, et ensuite celui des fils soit simples, soit retors, qui sont teints ou blanchis; on pourra le faire dans la juste proportion de la valeur que l'on sait être ajoutée aux fils simples écrus par le travail des appréteurs (708-737).

TARIF DES TOILES.

Ici, Messieurs, commence une autre tâche pour nous. Vous avez vu, dans tout le cours de l'enquête, que la demande reproduite avec le plus d'instance était celle d'une augmentation du tarif des toiles. Ceux qui représentaient spécialement l'intérêt de la filature avaient soin de nous dire que, pour eux, il est entendu que la conséquence inévitable de ce que l'on ferait à leur profit serait un exhaussement proportionnel du tarif des toiles (78-242-243-822-354-549-595). Tous ceux qui parlaient dans l'intérêt du tissage reconnaissaient bien qu'il fallait changer le tarif des fils, mais en établissant d'abord que celui des toiles le serait en toute hypothèse, et que, par delà ce qu'ils attendaient pour leur propre compte, on leur accorderait l'équivalent de l'augmentation dont les fils pourraient être frappés (105-106). Enfin, les partisans de l'intérêt purement commercial, tout en demandant que le *statu quo* fût maintenu, avouaient que, si la filature devait être plus protégée qu'elle ne l'est à présent, il y aurait plus de confiance et d'activité dans la nouvelle entreprise; mais ils ajoutaient que la conséquence logique et inévitable de cette protection, devant être l'aggravation du tarif des toiles, ils la tenaient pour impossible (384-385-706). C'est aussi, Messieurs, parce que cette conséquence ne pouvait être mise en oubli que nous avons apporté la plus extrême circonspection dans le remaniement du tarif des fils, et que nous avons voulu rester dans des limites telles, que nous pussions dire, comme l'une des personnes les plus compétentes parmi celles qui ont été entendues (706) : « Faudrait-il, pour une différence aussi minime, augmenter le tarif sur les toiles? « Je ne le pense pas. »

Il est vrai que nous avons dû nous départir des bases que cet honorable déposant admettait pour les deux classes inférieures du tarif des fils. C'est 20 francs, au lieu de 14, que nous avons adopté pour les fils des n°s 20 et au-dessous : c'est 30 francs, au lieu de 24, pour les n^os^ de 21 à 40.

Or, comme toutes les plaintes, que nous avons entendues sur la dépréciation du prix des toiles et sur l'excès des importations, se rapportaient exclusivement aux espèces qui se font avec les fils destinés à subir une aggravation de 6 ou 16 francs, suivant qu'ils sont de lin ou d'étoupe, il est impossible de ne pas admettre de certaines mesures à prendre à l'égard de ces espèces de toiles, si maintenant le tarif les traitait comme toutes les autres, et dans les mêmes proportions.

Mais il faut se rappeler qu'indépendamment de ce que nous pro-

38

posons pour les fils, il existe, dans le tarif actuellement en vigueur, une lacune qu'il faudra nécessairement remplir.

Cette lacune a été produite par la loi du 5 juillet 1836, qui, sans toucher à l'ensemble du tarif de 1826, qu'on avait calculé sur le pied de 15 p. 0/0 de la valeur, a retiré, des classes où elles étaient comprises, les toiles de 8, 12, 16 et 17 fils, pour assigner à chacune d'elles un droit particulier fort inférieur à celui dont, jusque-là, elles étaient passibles. Ainsi, la toile 8 fils a été abaissée de 65 à 36 fr.; la toile 12 fils, de 105 à 75, et la toile 16 fils, de 170 à 150 fr.

Les faits antérieurs semblaient, il est vrai, avoir prouvé que, pour ces trois espèces de toile, le taux commun de 15 p. 0/0 se trouvait dépassé par suite de l'abaissement du prix.

On croyait donc rétablir l'ancienne proportion qui avait existé entre les produits français et ceux qui, à l'étranger, se fabriquaient de la même manière et aux mêmes conditions. Mais il est arrivé que ce qui était vrai et régulièrement constaté en 1835, à l'époque où l'on préparait la loi qui est sortie en 1836, ne répondait plus, lorsque cette loi fut mise à exécution, aux circonstances qui venaient de se produire : c'était alors que la filature et le tissage mécaniques du lin arrivaient au plus haut degré de développement qu'ils eussent encore reçu ; et, par une coïncidence malheureuse, c'était alors aussi que se faisait ressentir, aux fabriques du continent, le contre-coup de la crise commerciale dont vous connaissez l'origine.

La production devenait surabondante; de grands débouchés se fermaient tout à coup; la baisse des prix était rapide et les producteurs étrangers éprouvaient le besoin de vendre à tout prix. Or, c'est dans ce moment même que notre tarif s'abaissait de 65 fr. à 36, de 105 à 75, et de 170 à 150, pour les trois espèces de toiles de la consommation la plus considérable. Aussi ne faut-il pas s'étonner si tout à coup les toiles, tissées à la mécanique et avec du fil mécanique, ont fait irruption (646) sur notre marché; si leur bas prix a surpris les consommateurs (432) et a provoqué des achats *d'enthousiasme* (365, 366);

si, au lieu de 13,000 kilogrammes, montant de l'importation de 1835, nous en avons reçu 84,000 dès 1836, et 475,000 en 1837.

L'effet était si rapproché de sa cause, que tout le monde a pu juger l'un par l'autre; et vous aurez pu voir dans l'enquête avec quelle sorte d'unanimité se dirigent, contre la loi du 5 juillet 1836, les récriminations de tous ceux qui ont à défendre l'intérêt du tissage.

Voici comme ils s'expriment : « Cette loi n'a pas été sans influence sur le mauvais état de nos affaires (35). Les importations ne se seraient pas accrues aussi rapidement si le tarif était resté ce qu'il était; je crois pouvoir dire que tout le mal vient de là (87). Si nous ressentons la concurrence des toiles d'Écosse, c'est parce qu'en 1836 on a changé le classement et les droits des toiles qui conviennent à la plus grande consommation: cela a fait appel aux toiles d'Écosse qui, pour les 8 fils, par exemple, se trouvaient dégrevées de 8 fr. 40 cent. Le mal vient de là (121). Je puis d'autant mieux vous dire que le tarif de 1836 nous a été dommageable, que j'ai contribué à la formation du tarif du 17 mai 1826, dont le changement rend notre position tout à fait intolérable. Il est nécessaire de la changer, de manière à donner au tissage un droit protecteur de 35 à 40 p. 0/0 (213-215). Il faudrait d'abord arrêter le mal que nous fait la loi de 1836, en rétablissant la classification des droits antérieurs (242). Je sais qu'en faisant le tarif actuel, on n'avait en vue que la concurrence de la Belgique : mais l'événement a trompé les prévisions de la loi, et a ménagé tous les profits à l'Angleterre. (354). La loi de 1836 a été particulièrement nuisible aux toiles communes de 8 à 12 fils, et la première chose à faire serait de revenir à la classification établie par la loi de 1826, qui avait été soigneusement étudiée par une réunion de fabricants et de négociants (596). »

Cette sorte d'unanimité, dans l'indication du mal et de son remède, a dû frapper la commission d'enquête; et, lorsque nous avons rapproché toutes les assertions des faits officiellement constatés, nous avons compris qu'en effet la modification du tarif de 1826 avait été malencontreuse, et que la première chose à faire était de revenir, d'une manière pure et simple, au régime antérieur qui n'a rien d'exa-

38.

géré, puisqu'il est reconnu que ce régime ne tend qu'à une perception moyenne de 15 p. 0/0 sur une marchandise dont la fabrication pourrait encore, comme autrefois, être entièrement dévolue à la France.

On nous a bien dit : Le cours des toiles ayant fléchi depuis 1826, le droit se trouve, avec la valeur des toiles, dans un rapport plus élevé (690). Cela serait concluant si la loi avait pour but unique, et sans égard à toute autre circonstance, d'obtenir ces 15 p. 0/0 ; mais il n'en est pas ainsi. Lorsque le législateur s'est arrêté à 15 p. 0/0, il avait calculé que ce taux comblerait la différence qui existait alors entre le prix des toiles de France et de l'étranger. Mais, lorsqu'il arrive que, par la substitution des mécaniques au travail de l'homme, ou par tel autre événement décisif, la production devient considérablement moins chère à l'étranger, l'équation est détruite; car le droit, tout en devenant plus considérable relativement à la valeur des produits, ne satisfait plus au vœu de la loi.

On nous a bien dit aussi que les toiles de nouvelle origine ne tenaient pas, à l'*user*, ce que promet leur belle apparence, et que l'importation en diminuerait progressivement; que même certaines espèces disparaîtraient entièrement du marché (429, 366). Mais c'est ce que ne justifient pas les faits qui s'accomplissent aujourd'hui, puisqu'il est vrai que, d'après le relevé des huit premiers mois, nous aurons reçu, en 1838, 5,500,000 kilogrammes de toiles, au lieu de 4,600,000 qui forment le total de 1837.

Nous proposons donc, Messieurs, le rétablissement pur et simple du tarif de 1826.

C'est bien en vue de celui-là qu'on pourra dire, à bon escient, que les légères augmentations proposées pour le fil n'exigent pas que l'on se préoccupe de leurs conséquences, relativement aux toiles. Mais, en restant dans de telles limites, il faudra s'attendre aux plaintes des fabricants de toiles, malgré les nouveaux avantages dont ils se trouvent en possession; aux plaintes des fabricants de coutils et de tissus croisés, qui dès à présent travaillent à l'abri d'un droit qui dépasse les proportions que le tarif de 1826 avait admises pour les toiles unies ;

et même aux plaintes des apprêteurs que l'on nomme *filetiers,* quoique, dans toutes les combinaisons possibles, ils se trouvent suffisamment garantis par la différence, que l'on maintient toujours, entre le droit des fils simples, écrus ou mi-blancs, et celui des fils retors et des fils teints (726-727).

Mais ces plaintes, il a bien fallu les apprécier d'avance, puisqu'on nous a tant de fois répété que nous traitions une question de vie ou de mort pour chacune des industries qui se mettaient en cause.

C'est donc après avoir scrupuleusement étudié les faits et pesé toutes les demandes, que nous croyons pouvoir affirmer qu'avec le tarif indiqué par nous on doit se confier à l'habileté de nos tisseurs, qui est maintenant si bien servie par l'emploi du fil mécanique, c'est-à-dire d'un fil régulier et coulant, qu'ils peuvent assortir sans se déplacer, et qui leur fait gagner un temps précieux. Cette habileté est telle qu'on a vainement engagé les ouvriers anglais à imiter leur travail en leur envoyant des échantillons de toile de cretonne (418); elle est si bien reconnue que, pour donner plus de valeur aux toiles venant du dehors, il faudrait faire accroire qu'elles sont françaises et leur donner le *cachet national* (363). Au reste, le tissage mécanique, qu'il est si facile de s'approprier, a, *quant à présent,* des désavantages qui n'en doivent pas faire redouter la concurrence à nos tisserands (364).

Voilà ce que nous aurons à répondre à ceux qui trouveraient que ce n'est pas faire assez que de rétablir seulement le tarif de 1826.

Si l'on nous faisait un reproche contraire, il faudrait dire :

La réduction, opérée par la loi de 1826, sur les toiles 8, 12 et 16 fils, était considérable, il est vrai, et dès lors il peut sembler que le simple rétablissement du droit antérieur exagère la conséquence à tirer du nouveau tarif des fils; mais n'est il pas démontré qu'indépendamment de ce nouveau tarif, il aurait toujours fallu revenir aux combinaisons de la loi de 1826, pour arrêter un dommage très-réel? Si on avait voulu, pour la toile 8 fils, par exemple, ne pas remonter tout à coup de 36 à 65 francs, et admettre une taxe intermédiaire de 50 ou 55 francs, il aurait fallu refondre entièrement le tarif des toiles de toute espèce, des toiles blanchies comme des toiles écrues, des tissus croisés et du linge de table; c'est-à-dire qu'il aurait fallu recommencer tout le travail qui a été fait en 1826, et auquel tout le monde se réfère avec tant de confiance; il aurait fallu agrandir indéfiniment le terrain de la discussion et changer l'objet de l'enquête. Le conseil approuvera sans doute que nous ne nous soyons pas engagés dans cette voie et que maintenant nous nous bornions à demander le maintien d'une loi qui a pour elle douze années d'expérience et l'assentiment général.

Ainsi, Messieurs, toute l'économie de notre travail se réduit à régulariser plutôt qu'à augmenter les deux tarifs des fils et des toiles.

Et cependant, au moyen de ces dispositions restreintes, nous espérons encourager les industriels qui s'occupent sérieusement, avec l'intelligence et les capitaux nécessaires, de nous rendre, sous une forme nouvelle, le travail qui échappe aux mains de tant d'ouvriers français.

Nous espérons faire cesser la perte que le trésor éprouve depuis que, la distinction entre les fils de lin et les fils d'étoupe étant devenue impossible, on ne lui paye que 14 francs au lieu de 24 qui lui sont réellement dus.

Après avoir lu l'enquête, vous ne vous étonnerez pas qu'elle nous ait suggéré l'idée d'un autre moyen de venir en aide aux nouvelles filatures à la mécanique.

Nous avons lieu d'espérer que la France possédera à son tour des fabriques de machines à filer qui pourront satisfaire à tous les besoins. C'est avec un vif intérêt que nous avons recueilli la déposition de M. Decoster, et que nous avons visité ses ateliers. Nous nous sommes livrés, avec plaisir, à l'assurance qu'il donne de pouvoir bientôt vendre ses mécaniques à un prix qui n'excédera pas de 20 p. 0/0 celui des mécaniques les plus parfaites achetées en Angleterre. Il n'est d'ailleurs pas le seul qui s'occupe de satisfaire aux nouvelles demandes de l'industrie. D'habiles mécaniciens, plus anciennement connus, soit à Paris, soit à Lille, soit en Alsace, s'occupent d'atteindre le même but, et nous regardons leur succès comme entièrement assuré. Mais, dans le moment actuel, on ne peut pas dire que celui qui est en mesure de monter unefilature puisse obtenir, des mécaniciens français, tout de suite et pour tous les numéros, des machines prêtes à fonctionner. Il faut, de toute nécessité, qu'il s'adresse à l'Angleterre; et cependant notre tarif d'importation ajoute, à tous les frais et à tous les inconvénients que nous venons de signaler, une charge de 15 p. 0/0 de la valeur qui s'aggrave encore par les formalités qu'il faut subir pour ménager, au comité consultatif résidant à Paris, les moyens de contrôler l'exactitude de la déclaration. Nous n'avons pu faire cette remarque, sans désirer d'en faire disparaître l'occasion. En effet, nous voyons que notre industrie va pouvoir donner à un prix qui, à 20 p. 0/0 près, sera aussi bas que celui des constructeurs anglais. Or, dès qu'une machine française, remplissant toutes les conditions requises (conditions, il faut le dire, sur lesquelles il n'y a pas à transiger), sera prête à être livrée, on lui donnera inévitablement la préférence, puisque, indépendamment du droit d'entrée, la machine anglaise coûtera, en prime d'assurance, 60 p. 0/0 de plus, sans compter des frais d'embarquement et de transport par mer. Alors le droit de 15 p. 0/0 sera certainement inutile; aujourd'hui, il est préjudiciable à nos intérêts les plus manifestes. Aussi nous proposerons d'en suspendre l'application, jusqu'à l'époque où l'Angleterre fera disparaître de son tarif la défense d'exporter les machines à filer le lin : d'ici là, c'est elle-même qui se charge d'accorder à nos constructeurs la protection dont, au reste, M. Decoster déclare ne s'être jamais soucié (628).

Il est une observation délicate qui peut-être ne devait pas s'adresser à une commission d'enquête, dont la tâche consistait uniquement à constater les faits matériels qui se passent dans l'intérieur du royaume, et qui ne peuvent déterminer une résolution qu'après que les hommes placés au timon des affaires les auront appréciés dans des vues d'ensemble, d'intérêt général et d'opportunité; cependant, puisqu'elle nous a été faite par l'un des déposants, nous croyons devoir y répondre.

« Ne devez-vous pas craindre, nous a-t-il dit, si vous aggravez le tarif des fils et des toiles, de mécontenter les puissances qui nous approvisionnent aujourd'hui à différents degrés, et de provoquer, de leur part, des représailles qui restreindraient encore le débouché de nos produits?»

Non, pouvons-nous lui répondre; car, vous venez de le voir, nous résistons à la demande de tous droits qui pourraient être restrictifs du commerce avec l'étranger, et nous nous bornons à de simples rectifications de tarif qui ne doivent et ne peuvent avoir pour résultat que de mettre un terme à une baisse qui est trop rapide pour n'être pas ruineuse? Nous apportons au tarif une rectification que le bon sens réclame. Eh! qui donc pourrait vouloir d'un tarif de douanes qui resterait immuable lorsque les faits en vue desquels il est donné changent incessamment et veulent être obéis? Un tel tarif ne présenterait bientôt plus qu'une suite d'anomalies plus nuisibles les unes que les autres. Ce résultat se produirait certainement à l'égard des fils et des toiles de lin, si, aujourd'hui, il fallait s'en tenir au tarif tel qu'il a été conçu à l'époque où la filature du lin se répandait sur toute la surface de l'Europe, et où elle était le partage des femmes travaillant isolément; c'est-à-dire à l'époque où il y avait peu de différence dans le prix auquel le fil pouvait revenir, soit en deçà, soit au delà des frontières, et où la plus légère taxe suffisait, parce qu'il était impossible que la production s'accrût à volonté?

Eh! qui donc pourrait avoir à se plaindre des changements nécessaires que l'on introduirait dans le tarif des fils et des toiles? Ce ne seraient pas les puissances de l'Est et du Midi que la question ne touche pour ainsi dire plus, depuis l'emploi des machines. Ce ne serait pas l'Angleterre; car elle sait bien que nos vues économiques, d'accord avec les siennes, nous font tendre vers ce but, de ramener tous les tarifs à ce qu'exige l'impérieuse loi de la conservation. Comme nous, elle connaît l'empire de cette loi et celui des faits accomplis; et quand elle croit devoir y obéir, nous sommes loin de lui supposer aucune vue malveillante et jalouse. Nous attendons avec confiance la fin des embarras qui l'empêchent encore de réduire les énormes taxes qui, chez elle, affectent nos eaux-de-vie nos vins, et nos tissus de soie.

Et comment supposerait-on, sans lui faire injure, qu'elle se récrierait contre une taxe de 6 à 10 p. 0/0 sur les fils, lorsque la sienne est de 26 fr. 37 cent. pour les fils à câbles ; de 400, de 500, de 1,300 fr. sur les fils retors, par 100 kilogrammes, et de 25 p. 0/0 de la valeur, sur les fils non dénommés? Comment se récrierait-elle contre notre tarif des toiles, calculé sur le pied de 15 p. 0/0 de la valeur, lorsque le sien s'élève à 40 p. 0/0, lorsque, obéissant toujours aux exigences de sa position, elle prohibe la sortie des mécaniques qui nous seraient actuellement nécessaires pour essayer la concurrence ?

Il serait injuste d'accueillir cette supposition lorsqu'elle est déjà démentie par l'événement. En effet, c'est lorsque la loi du 17 mai 1826 venait de régler notre tarif des toiles sur le pied de 15 p. 0/0, que l'Angleterre adopta, le 26 du même mois, le bill qui a levé la prohibition des soieries, et a établi un droit de 30 p. 0/0 de la valeur. Certes, si elle avait pu croire alors que le droit de 15 p. 0/0 fût exagéré, elle était bien en droit de nous en faire la remarque; mais il était trop visible qu'il ne procédait ni de l'envie de repousser les importations étrangères, ni d'aucune vue qui aurait mal répondu à ce que la nouvelle législation anglaise avait d'avantageux pour nous. Aussi, pendant les dix ans qu'a duré l'application du tarif de 1826, aucune plainte ne s'est fait entendre.

Or, c'est à ce même tarif que nous voulons revenir.

Qu'on ne perde pas de vue qu'il s'agit ici d'un cas extraordinaire et tout à fait exceptionnel; en un mot, d'une révolution dans la plus importante de toutes les industries, et que, pour subir les dommages immédiats qu'elle entraîne, pour rendre supportable la transition de l'ancien au nouveau mode d'existence, il faut que les nations s'entr'aident comme doivent le faire tous les citoyens d'un même état. Et serait-ce donc la Grande-Bretagne, dont les fabriques prospèrent, et qui trouve chez nous un immense débouché qu'on ne leur dispute pas ; serait-ce elle, qui a tous les bénéfices de la révolution dont il s'agit, qui se montrerait la moins patiente, et trouverait que nous avons tort de donner quelques soins à ceux qui sont blessés par elle ?

Quant à la Belgique, sa position n'est-elle pas parfaitement identique avec la nôtre? Ce sont ses fils et ses toiles que remplacent, dans notre consommation, les nouveaux produits de la mécanique. Ce n'est plus à elle que profitent les dispositions favorables de notre tarif, et nous la voyons occupée à se défendre, sur son propre sol, de la concurrence étrangère. Dès à présent elle est, comme nous, forcée de changer son mode de fabrication, et de se donner les mêmes garanties contre la trop facile concurrence de l'étranger [1]. Aussi, Messieurs, est-il fort curieux de remarquer comment la force des choses a conduit la France et la Belgique à l'adoption des mêmes mesures. Qu'on en juge : le droit de 30 francs, que nous proposons pour la classe moyenne des fils simples en écru, est précisément celui que le gouvernement belge veut établir, et qu'il a déjà fait adopter par la Chambre des Représentants.

[1] On voit, par un tableau qui vient de l'administration anglaise et qui est joint à la présente enquête, que, sur 8,000,000 livres de fil exporté de la Grande-Bretagne en 1837, il y en a eu 7,000,000 pour la France, tandis que d'autres pays, adonnés comme nous à la filature et au tissage du lin, en ont reçu des quantités bien moins fortes. Mais, en comparant ce qu'étaient, pour ces pays, les importations antérieures, on voit qu'ils ne résistent pas plus que nous à la puissance de la nouvelle industrie. En effet, si l'on rapproche les faits distants de trois années seulement, on voit :

	liv.		liv.	
Que l'Allemagne, qui recevait, en 1833,	0	a reçu, en 1837,	320,000	
Que la Hollande, ———	260	———	324,000	— 1,246 fois plus ;
Que la Belgique, ———	12,260	———	588,000	– Près de 45 fois plus.
Que la France, ———	867,000	———	7,000,000	— 8 fois plus.

Ainsi le progrès est, pour ces états, relativement plus fort que pour la France. Il le deviendra toujours davantage ; car l'Allemagne, la Hollande et la Belgique ne grèvent l'entrée du fil que d'un droit fort au-dessous du taux de 24 francs ou même de 14 francs, que présente notre tarif pour le fil simple écru. L'importance absolue de nos achats s'explique d'ailleurs par la plus grande facilité que le voisinage et la fréquence des rapports, entre la France et la Grande-Bretagne, donnent pour former des relations de commerce.

Ajoutons que la solidité des engagements contractés par les négociants français attire la confiance et leur vaut des consignations empressées.

Ajoutons encore qu'en général nous tirons plus vite qu'aucun autre peuple toutes les conséquences d'un principe, d'une idée ou d'un fait. Dès qu'il a été connu que le fil mécanique valait mieux pour le tissage, il y a eu presse à l'achat (196-348). Enfin c'est en France que la toile se fabrique le plus en grand pour la consommation, et qu'elle se fabriquait aussi pour le dehors, avant que le tissage à la mécanique eût donné les avances à l'Angleterre. En 1825 nous exportions encore 1,100,000 kilogrammes de toiles; en 1837, ce n'a plus été que moitié.

Et quant aux toiles, le tarif maintenant en vigueur en Belgique est, dans toutes ses parties, identique avec celui que nous réclamons, si bien que l'on peut satisfaire aux doléances des tisserands français en les renvoyant indifféremment, soit à la loi du 17 mai 1826, soit au tarif belge tel qu'il s'applique aujourd'hui.

Ce pays nous donne encore un autre exemple à suivre; il forme des associations pour encourager la bonne culture et les premières préparations du lin, pour soutenir la filature des numéros élevés, aussi bien que le tissage des belles toiles de Flandre. Cet exemple ne sera pas perdu; car nous savons déjà que des mesures qui tendent au même but occupent la sollicitude de M. le ministre du commerce.

Nous terminons, Messieurs, en demandant, d'après tous les motifs d'urgence que l'enquête met hors de doute, que les mesures proposées soient prises immédiatement par une ordonnance. Nous sommes persuadés qu'une question de la nature de celle-ci, qui implique tant d'intérêts divers, si différemment compris, ne saurait arriver utilement aux Chambres qu'après une initiative réelle et un commencement d'expérience qui a déjà eu ce double effet de mettre tous les intéressés en demeure d'accourir à leur propre défense, et, ce qui n'est pas moins avantageux, d'avoir été au-devant d'une multitude d'objections, et d'avoir résolu, par le fait, des difficultés que le raisonnement fait souvent apparaître comme insurmontables. Il vous est facile de le comprendre par tous les détails que renferme ce rapport si long, si fastidieux, et cependant encore si incomplet.

Signé ODIER, *Président.*

GAUTIER, GANNERON, JOSEPH PÉRIER, DAVID, GRÉTERIN.

Le Secrétaire de la Commission,

Isidore DAVID, Auditeur au Conseil d'État.

IMPRIMERIE ROYALE. — Novembre 1838.

TABLE DES MATIÈRES [1].

A

(1) Les chiffres romains renvoient aux *Documents recueillis* à l'occasion de l'enquête; les chiffres arabes, aux questions mêmes de l'enquête.

39

B

C

D

E

F

G

H

I

L

M

N

O

P

Q

R

S

T

V

www.ingramcontent.com/pod-product-compliance
Lightning Source LLC
Chambersburg PA
CBHW061118220326
41599CB00024B/4077

* 9 7 8 2 0 1 2 6 6 0 1 0 6 *